历史深处

告诉你一个真实的赵匡胤

王宏伟——著

中国画报出版社·北京

图书在版编目（CIP）数据

告诉你一个真实的赵匡胤 / 王宏伟著. -- 北京：
中国画报出版社, 2024.5
（历史深处）
ISBN 978-7-5146-2233-1

Ⅰ.①告… Ⅱ.①王… Ⅲ.①赵匡胤（927-976）—
传记 Ⅳ.①K827=441

中国国家版本馆CIP数据核字(2023)第247670号

告诉你一个真实的赵匡胤

王宏伟 著

出 版 人：方允仲
责任编辑：郭翠青
内文排版：姚 雪
封面设计：王建东
责任印制：焦 洋

出版发行：中国画报出版社
地　　址：中国北京市海淀区车公庄西路33号　邮编：100048
发 行 部：010-88417418　010-68414683（传真）
总编室兼传真：010-88417359　版权部：010-88417359

开　　本：16开（787mm×1092mm）
印　　张：16.75
字　　数：217千字
版　　次：2024年5月第1版　　2024年5月第1次印刷
印　　刷：三河市金兆印刷装订有限公司
书　　号：ISBN 978-7-5146-2233-1
定　　价：58.00元

出版说明

历史长河，星光灿烂。《历史深处》系列丛书汇集了帝王传记、历史名人以及重要朝代的兴衰历程，带读者穿越时空，纵览历史长河中的璀璨星辰。

本套丛书通过对历史资料的搜集和整理，努力还原历史人物和历史事件，让读者更好地了解历史人物的思想、行为，以及历史事件产生的背景。同时，也通过对历史事件的描述和分析，揭示了历史人物的影响，以使读者更好地理解历史进程和社会变迁。

本套丛书是按照历史脉络来叙述的，综合了各类文献资料，采用了基本的历史事实，讲述的是历史典籍中存在的人物。但在某些事件和场景中，为了使人物形象更加丰满，提升作品的可读性和趣味性，使这套大众读物更具表现力和感染力，作者在创作时运用了一些文学手法，增加了场景的描写、人物心理描写和情感描写。所以，不可避免地会有一些虚构的成分和细节，请读者在阅读的时候予以注意。

前　言

在中国两千多年的封建历史长河中，由篡位而来的政权大都短命，唯有宋朝例外，而且在其鼎盛时期，经济、文化和科技都达到了前所未有的水平，被今人评为最想生活在其中的历史十大王朝之一。

赵匡胤在位十六年，与历史上其他著名的王朝相比，赵匡胤所创建的宋朝以其鲜明的文人政治特色而登上中国文治盛世的顶峰，可谓中国君主专制史上最开明的一个王朝，因此，尽管在宋朝三百年的基业中，长期积弱，但在民间却享有盛誉，并对后世历代产生深远影响。

本书不但记述了赵匡胤传奇的人生经历，也描述了他所参与和指挥的各个精彩的战役，深度挖掘了他成功的各个要素，比如：极强的军事谋略、极高的政治手腕、高超的驭人之术，以及他作为皇帝最难得的人设——仁厚。所以，这本书里的赵匡胤将是一个立体的、全面的，有血有肉的杰出人物。

目　录

第八章　烛影斧声

赵匡胤一生年表及大事件

生逢乱世

第一章

天降香孩

司马光有言："若问古今兴废事，请君只看洛阳城。"在他看来，"九朝古都"洛阳简直就是一部中华民族发展的活历史。

自公元前770年周平王避犬戎由镐京东迁洛邑开始，历东汉、曹魏、西晋、北魏、隋、唐、武周，五代时的后梁、后唐九朝的经营，这座中原重镇以其近千年的历史奠立起煌煌国都的地位。

洛阳北依邙山、黄河，南望洛河、伊河，西据秦岭、潼关之险，东靠虎牢、黑石之固，雄踞天下之中，自古为中原逐鹿之地。周公东征、楚汉争霸、吴楚平叛等著名战争都与这一战略要地密切相关，历史上有名的将军、皇帝，像周成王、周平王、项羽、刘邦、周亚夫、刘秀、曹操、刘渊、拓跋宏、杨广、武则天、朱全忠、李存勖都曾在这里施展过身手。范仲淹曾拿开封和洛阳做过一个比较，他说："洛阳险固……太平宜居汴，即有事，必居洛阳。"

洛阳近千年来衣冠文物，风教远播。东汉许慎著《说文解字》、王充作《论衡》、班氏兄妹修《汉书》、蔡伦试制蔡侯纸、张衡创制浑天仪、神医华佗四方行医，皆为一时盛事。

"洛阳富才雄。"东汉末年的"建安七子"、曹魏时期的三曹父子、西晋时期的"竹林七贤"、金谷二十四友，均为驰名一时的文人。左思《三都赋》成，一时"洛阳纸贵"，传为美谈。744年，李白、杜甫在洛阳双星相会，奠立终生不渝的友谊。白居易晚年居洛阳18年，以香山居士自号，为洛阳文化增添了灿烂光彩。

"东贾齐鲁，南贾梁楚"，战国时期的白圭被天下经营者奉为始祖，一时间，巨商大贾，风行天下。唐代的洛阳城"飞观紫烟中，层台碧云上"，"嚣尘暗天起，箫管从风飐"，繁华和富足于此可见一斑。

洛阳城近千年的文治武功，为它自身的历史书写了极为光彩的一页。

时间转眼到了927年3月21日，时令已是仲春，乍暖还寒，阵阵北风吹来，仍让人觉得寒意逼人。

这本是极为寻常的一天，但对于洛阳夹马营（今河南省洛阳市瀍河回族区东关爽明街北段）赵氏府邸来说，这一天却不同寻常。恐怕谁也没有想到，就是在这座不太起眼的府邸中发生的一件极为平常的事，会对后来的中国历史产生巨大的影响。

此时，整个府邸笼罩在一片紧张不安的气氛中。仆从们轻手轻脚忙碌有序地进出着，而客厅中的家主赵弘殷，耳听内室里夫人由于临产的阵痛而一声紧似一声的呻吟声，不禁心揪如焚，坐立难安。这个即将出生的婴儿，就是未来大宋王朝的开国皇帝——赵匡胤。

据传：在赵匡胤出生的那一刻，红光环绕产房，有如太阳的光辉，一种特异的香味扑鼻而来，经月不散，婴儿的身体上闪耀着金光，一连持续了三天。当然，事实是否如此，无从考证。

赵匡胤出生的地方有的史书中写作"夹马营"，地处洛阳旧城东关，西邻瀍水，南靠洛河。这一带原是周朝王都成周的东郊，成周建成后，殷顽民就被安置在这里。当时，周王朝为了加强对他们的控制，曾派八师兵力（一师为二千五百人）驻扎于此，以监视殷顽民。东周以后，由于东汉、曹魏、西晋、北魏（孝文帝以后）、隋（炀帝）、唐（武周），五代的后梁、后唐等朝代先后在洛阳建都，这一带也发生了沧桑巨变，到赵匡胤诞生时，这里已属后唐的大内了。

后唐王朝是唐河东节度使、晋王沙陀族李克用之子李存勖建立的沙陀族王朝。李存勖于后梁龙德三年（923年）四月在魏州称帝，国号唐，史称后唐。灭梁后迁都洛阳，以洛阳为洛京，后又改称东都，与邺都魏州、西都长安、北都太原并称四大都城。

到了赵匡胤出生时，洛阳城早已不见了当年的盛景。唐朝后期安史之乱后，洛阳城"宫室焚烧，十不存一"，周围也荒凉得很，几至"人烟断绝，千里萧条"。朱温建梁后，曾下令修葺，至后唐，洛阳又成为都城，才渐渐复兴起来，但比起先时却是大为逊色。

后唐的皇宫，无论规模还是建筑，都远不及唐朝。但不管怎么说，这个传说体有异香的婴儿还是非同一般。在当时的人看来，诞生于大内的生命岂会是寻常人家的凡夫俗子？

赵匡胤出生地之所以在大内夹马营，完全是因为他父亲赵弘殷的身份。赵弘殷此时正担任飞捷军指挥使，"飞捷"是禁军番号，作为主要军事力量的后唐禁军有羽林、龙武、神武等多种番号，"飞捷"是其中之一。赵弘殷担任的指挥使属中级军官，其上还有军司、厢、军，长官为都指挥使，其下有都、队等编制，都的头目叫领兵官，队的头目叫队长。指挥使掌管的兵士四五百人，但因其来源不同，承担的军事任务不同，地位、待遇也有差异。

赵家居住在大内夹马营显然与其侍卫亲军的身份有关。

史书上说，赵弘殷"少骁勇，善骑射"，曾为赵王王镕的部下，因率五百骑兵援助晋王李存勖有功，得到李存勖的赏识。李存勖即是后唐开国之君庄宗，庄宗爱其勇，让他掌管禁军。李存勖在他称帝的这年十月亲率大军与梁军进行了最后的决战，一举灭梁，于十二月间迁都洛阳。唐庄宗又在他称帝的第三年（925年）十一月灭掉了前蜀。庄宗在五个月后的一次内乱中，中流矢而死，其子李嗣源拾庄宗尸骨于灰烬中而殡之，柩前继位，改元天成，是为明宗。

赵匡胤即出生在李嗣源继帝位的第二年，此时的赵弘殷仍担任指挥使之职。他凭着往日的战功、显赫的家世和先王的厚爱，在皇宫之中担任侍卫。赵弘殷祖籍河北涿州，赵氏家族是当地的名门望族，赵弘殷的曾祖叫赵朓，在唐朝历任永清、文安、幽都县令；祖父叫赵珽，曾任唐朝藩镇从事，累官至御史中丞；父亲叫赵敬，历任营、蓟、涿三州刺史。

现在，我们再说说赵匡胤的母亲。其母杜氏是定州安喜人，有记载说，赵弘殷曾在一个大雪纷飞的日子途经杜家庄，因避风雪暂住于庄主杜爽家中，杜爽见其一表人才，精明强干，遂将四女儿嫁给他。杜氏在赵弘殷掌管禁军后随夫定居洛阳夹马营，梦日入怀而生赵匡胤。杜氏"治家严毅，有礼法"，《宋史·后妃传》称她为"内助之贤，母仪之正，盖有以开宋世之基业者焉"。

再回到洛阳夹马营那间香气四溢的居室，此时，这个通体金色的婴儿正在父母和家人温暖的目光中度过他生命的最初时光。喜得贵子的赵弘殷夫妇也在冥思苦想地给孩子起名字，一时不知怎样为名门赵家的新一代命名，再三忖度之后，先给婴儿起了个乳名：香孩儿。婴儿体有异香，是个名副其实的"香孩儿"；此外，此儿出生时正值明宗皇帝李嗣源在宫中焚香祭祀。"真龙天子"祭祀神灵的香烟袅袅飘来，与夹马营这个婴儿的体香浑然交合，名门又沾富贵之气，骄子喜沐皇家春风，真是一幅绝妙的景象……

弃文习武

赵匡胤在弥漫着期盼和厚望的氛围中进入了少年时代，毫无疑问，他得到了这个家庭所能给予的最好的抚育和呵护。他是父母的掌上明珠，是群星拱卫的赵家的月亮。为了使小匡胤得到良好的教养，赵弘殷让儿子拜师于一位叫辛文悦的儒师，让他尽早地接受儒家文化的熏陶。夹马营前还有一间私塾，老师姓陈，赵弘殷又把儿子送了去，成为这间私塾的生徒。

赵匡胤12岁时（939年），杜氏又生一子，取名匡义。十分有趣的是，这又是一个"香孩儿"。《宋史·太宗本纪》称，赵匡义出生的那个夜晚，"赤光上腾如火，闾巷闻有异香"。《宋人轶事汇编》还杜撰了这样一个故事：某日，溃兵逃至夹马营，烧杀掠抢，无恶不作。其时，赵弘殷外出，只有杜氏带着赵匡胤、赵匡义兄弟二人在家。为避兵祸，杜氏用箩筐担着兄弟二人逃出夹马营，路上遇到隐士陈抟，他一眼看见坐于箩筐中的赵家两兄弟，仰天长歌道："莫道当今无天子，都将天子上担挑。"意即杜氏一担挑着两个天子。赵匡义即后来的宋太宗，一母生二帝虽属罕见，但以上记载，只能姑妄听之，因为此等离奇的故事很难找到事实上的依据，那位奇人陈抟也不大会有如此高远的预见。

赵匡义小时候很喜欢读书，这一点不像他的哥哥。或许是因为这个将校之家的影响，赵匡胤从小便喜欢习武，对儒家经典没有什么兴趣。他不大习惯整日静坐在学堂之内，屏息倾听塾师枯燥无味的讲授，他热衷的是舞枪弄棒、纵马驰骋，他觉得外面的世界要比这沉闷的学堂丰富得多、有趣得多。他读书时经常心不在焉，面对塾师的提问不知所言，加之他疾恶如仇不容人过，陈学究对他管教很严乃至声严色厉地训斥。正因如此，赵匡胤不仅不喜欢这间私塾，也不喜欢他的老师。陈学究拿他没办法，常常两手一摊，叹道："孺子不可教也！"赵家搬到汴梁后，陈学究曾被杜夫人召到门下做门客，赵匡胤也不大理他。赵匡胤当了皇帝，陈学究仍至陈州村舍开馆聚徒教书为业。其时弟弟赵匡义判南衙，召陈学究前来计事，赵匡胤很生气，送他一些白金，把他打发走了。迂腐的陈学究路上遇到强盗，所带白金全被抢光。此后陈学究又在陈州重操旧业，也极不景气，生徒很少，开馆于官家驿舍，也颇窘迫。一天傍晚，他独自饮着闷酒，醉倒后再也没有起来，当然，这是后话。

赵匡胤在陈学究执教的私塾里学业没有什么长进，他厌烦那个毫无生气的环境和同样毫无生气的老师，听讲读书无异于活受罪。但是，一等到学堂放学，生性好动的赵匡胤就像是换了个人。他颇具号召力，把一起就读的孩子们组织起来，排成一队，喊着口令整齐前行，俨然一支出征的队伍。赵匡胤走在队伍后面，自封为督队官，十分威武。这支队伍雄赳赳气昂昂地穿过洛阳的街巷，引来了众多行人驻足观看。每到这个时候，赵匡胤便感到莫大的荣耀，似乎一下子长大了许多。此时，那沉闷的读书声也似乎离他远去，他不再记起那呆板的说教、那冷冰冰的面孔、那令人生厌的教训，只是忘情地陶醉于督队行列之中。他自豪于能够成为小伙伴的统领，更向往长大之后统领起一支真正的队伍，杀敌立功，成就事业。

赵匡胤幼年时很喜欢游戏，对斗草之戏情有独钟，每逢春夏草长之时，赵匡胤时常和小伙伴们到草地上拔取许多草来，然后每人手持数茎，勒在一起比输赢。赵匡胤很会选取那些韧性强、抗拉拽的草，比赛时也很会用力，因此常为赢家，小伙伴们都很佩服他。

赵匡胤对斗蟋蟀也有极大的兴趣。那时候，洛阳城中斗蟋蟀的很多，卖者多为乡民，斗赢三两个，便能卖上一两贯钱。若生得大，又会斗，更能卖大价钱。赵匡胤和小伙伴们的蟋蟀多是自己捉来的，赵匡胤能够很准确地找到蟋蟀的藏身之处，然后悄悄地走近，敏捷地用手一捂，蟋蟀便在他手中了。每捉到一只，他总要与小伙伴们摆开斗场，一边用草棍逗弄陶罐中的蟋蟀，一边观看两蟋蟀相斗。兴趣正浓时，他甚至会情不自禁地大喊起来，为自己的蟋蟀助威，一旦斗赢，则如同打了胜仗一样欢呼雀跃。

在距赵匡胤家不远的地方有一尊与真马大小相近的石马，半身埋在地下，半身露出地面。听老人说，石马已埋在这里好几百年，是古时一位大将军宅邸前的雕塑。这大将军勇武强悍，武功卓著，曾称雄于当时。大将军的坐骑是天下少有的良骥，战阵之中一往无前，迅捷灵活，效命主人，大将军多得其功。大将军也十分喜爱自己的战马，视它为最忠实的伙伴。但是，在一次战事中此马却中了从暗中射来的毒箭，等到它驮着将军冲出重围后便箭毒发作死去了。将军悲痛万分，如丧爱子。为了表达自己的无尽思念，他请人仿照战马的样子雕刻了这尊石马，立于门前，朝夕相伴，四时供奉。

这个英雄故事深深地打动了赵匡胤幼小的心灵，对那位不知名的大将军和那匹似通人性的战马怀有深深的敬慕之情。每至石马前，他总是浮想联翩，威武悲壮的一幕犹如就在眼前。他还不止一次地骑在石马上，遥想战马当年，耳畔似有杀声响起。此时，他心中便平添了几分英武、几分豪迈。他痴迷地憧憬着，将来有一天他也要骑上一匹这样的战马，冲杀于刀光剑影的沙场，建立绝不逊色于那位大将军的英雄业绩！

少年赵匡胤长得很像他的父亲，身体强壮，个子很高，力气很大，天生就是耍刀弄枪的料。《宋史·太祖本纪》这样描述道："既长，容貌雄伟，器度豁如，识者知其非常人。"

赵匡胤幼年，只经历了五六年的太平岁月。在他七岁的时候，933年，后唐明宗死了，宋王李从厚即位，是为闵帝。李从厚刚当了三个月的皇帝，潞王李从珂就起兵凤翔，扬言将率兵入朝，以清君侧。李从厚派兵征讨，诸道兵马却投降了潞王。次年三月，潞王举兵东下，沿途诸军闻风溃降，闵帝逃奔卫州，接着，李从珂兵进洛阳，夺了帝位，将闵帝杀死在卫州。两年半以后，契丹大败唐兵于晋阳城外，契丹主耶律德光册立河东节度使石敬瑭为大晋皇帝，后唐灭亡，后晋继立。这时候，赵匡胤才十岁。

连年的兵戈扰攘，频繁的王朝更迭，社会的动荡不安，对赵匡胤来说无异于一种再教育，远比学塾中的教育要深刻得多、有力得多，因此，他不甘于这种读书生活亦在情理之中。他只是对他的业师、饱学宿儒辛文悦怀有一种敬意，因为辛文悦学识渊博，待人和蔼，那个古板严厉的陈学究根本无法与之相比。但是，仅仅如此而已，赵匡胤绝不想步辛老先生的后尘，终生苦守书斋，令他心驰神往的是外面的世界。

武人出身的赵弘殷对他儿子的学业渐渐失去了信心。政局的动乱使赵弘殷很难从书本上看到儿子的出路，因为连他自己也对这条读书求仕之路感到前路渺茫，同样是崇尚武力的他不得不重新安排儿子的前程。他惊讶地发现，赵匡胤有良好的习武特质，具备成长为一代将才的难以估量的潜能。特别是赵匡胤颇醉心于此，一听说学习武艺便欢呼雀跃。经过反复忖度，赵弘殷终于同意小匡胤离开学堂，习武学兵。赵弘殷认定，"此儿可教也"，于是他自己当起了赵匡胤的老师，将半生练就的武艺全部传授给了他。当赵弘殷看到儿子练武刻苦、技艺锐进的时候，就不禁喜在心头，在他的眼前仿佛出现了一片阳光灿烂的天空。

赵匡胤没有辜负父亲的希望，他不仅对习武投注了极大的热情，而且付出了辛勤的汗水。没过多久，他已经渐通骑射，技艺高居一般人之上。

最令人叹服的是赵匡胤的马上功夫，他骑马时往往不配马鞍和笼头，连他的父亲也自叹不如。传说曾有一匹尚未驯化的烈马，一般人很难接近它，赵匡胤听闻，决计去试一试。他把这个想法讲给了父亲，赵弘殷先是摇头不允，后来，经不住儿子的百般缠磨，只好勉强答应下来。

赵匡胤镇定自若地走近那匹烈马，他先用征服者的目光将那匹马审视了一回，然后趁其不备，飞身而上，稳稳地骑在马背上。这时，烈马被激怒了，它"咴咴"地吼叫着，四蹄猛烈地腾踏，试图将赵匡胤甩下来。赵匡胤用两腿紧紧夹住马腹，任凭烈马怎样折腾，岿然不动。烈马又使出全身力气拼命奔跑，赵匡胤照样镇定自若。不甘役使的烈马又奔向城门内，赵匡胤因来不及防备，一头撞在城楼门楣上，被烈马甩出几丈之外。在场的人都惊呆了，赵弘殷更是惊骇万分，以为儿子必死无疑。正在这时，奇迹出现了：只见赵匡胤从容地从地上站了起来，"更追马腾上，一无所伤"。

《宋史》的这段记述可谓惊心动魄，足以印证赵匡胤骑术不凡、性情坚毅。赵匡胤从小便不惧艰险，不甘服输，有着强烈的征服欲和百折不挠的奋争精神，只要是他认定了的目标，一定会勇猛向前，努力实现。

赵匡胤不仅有一身好骑术，而且力气很大。他有一位好朋友，叫韩令坤，也是将门之子，其父亲韩伦少年时便以勇武著称，隶成德军兵籍，累迁徐州下邳镇将兼守御指挥使。韩令坤有才略，识治道，在以后的岁月里和赵匡胤一起奉事在周太祖和周世宗帐下，赵匡胤当皇帝后，韩令坤统领太平军，加侍卫马步军都指挥使、平章事。他在和赵匡胤年少时的友好交往中有这样一件事：有一次，二人在一间低矮的土屋中玩博戏，正当兴趣甚浓、不相上下之时，忽听屋外传来一阵鸟叫，抬头望去，见是一群麻雀在那里逗闹。两人甚觉好奇，竞相奔向屋外，捉取麻雀，因屋门窄小，两人用力过猛，轰然一声，门墙倒塌，土屋崩坏。

赵匡胤不乐学业，迷恋习武，使业师辛文悦深感遗憾。他曾对赵匡胤百般诱导，并以历代文人大儒的辉煌成就和苦学精神激励他，希望他重返学堂，专心致志于经书。但是，赵匡胤却不予理会，他的心思早已不在经书上了。

赵匡胤的母亲杜氏有着和辛文悦一样的心情，她虽然不是大家闺秀，但从小受到良好的教育，颇知礼法，严于治家。从传统的观念出发，她希望儿子学以致仕，不愿儿子舞枪弄棒。多年的兵荒马乱把她吓怕了，她担心儿子一旦介入兵事，置身战阵之中，会有不测，所以，她苦口婆心地劝儿子不要再去习武，安下心来读书。赵匡胤非常孝敬母亲，但垂手静听完母亲的教导之后，却很有主见地说道："母亲之言，自有道理，但儿子却以为，儒学虽然高深，亦可使人成器，不过今世却不合时宜。"

杜氏愕然问："儿所言不合时宜指的是什么？"

赵匡胤道："当今之世，兵革不息，烽火遍地，怎能不问世事，躲在房中读书？儿子听说，治世用文，乱世用武，现在正是用武之时。"

杜氏道："从武多风险，沙场之上吉凶难卜，儿若置身行伍，怎不让为娘担忧？"

赵匡胤道："从武之路当然不平坦，但事在人为，至关重要的在于自身的才干。儿愿娴习武事，留得后用，从武同样可以光耀门楣。"

杜氏见匡胤志向已定，只好不再劝阻，任凭他去。

赵匡胤又一如既往地出现在练武场上，他潜心钻研武艺，风雨无阻地练习。经过一个个寒暑的磨炼后，他技艺大进。赵弘殷不禁暗自欢喜，由衷地希望儿子继承他的事业，并且比他更强。

闯荡天涯

第二章

新婚大别

石敬瑭在中国历史上是一个卑贱无耻的角色，他被耶律德光册立为晋帝以后，对契丹毕恭毕敬，将燕云十六州割让给契丹，每年输帛三十万匹。石敬瑭还向耶律德光献媚说："若使晋得天下，将竭中国之财以奉大国。"石敬瑭对契丹的奴颜婢膝为世人所不齿，但因他拥兵在手，又有契丹做靠山，他人也奈何不得。石敬瑭建立晋后，很快举兵南下，直指洛阳。后唐的兵力远不是石敬瑭的对手，不战而降。后唐废帝李从珂见大势已去，携传国宝玺登宣武楼自焚而死，洛阳城落入石敬瑭手中。

洛阳城在一夜之间更换新主，使少年赵匡胤受到极大的震撼，他又一次看到了强权和武力的神威，更加坚定了自己的选择。

后晋天福三年（938年）七月，石敬瑭向契丹上表称臣，谓契丹主为"父皇帝"，契丹主令其称"儿皇帝"，厚颜无耻的石敬瑭竟然接受了这一屈辱的称谓。这年十月，后晋迁都汴州，以汴州为开封府，称东京；以东都洛阳为西京，以西都长安为晋昌军节度。随着后晋迁都，赵匡胤全家也迁至开封龙巷。

在告别洛阳的时候，赵匡胤很是恋恋不舍。他舍不得这块生于斯、长于斯的土地，舍不得和他一起读书习武的伙伴。洛阳的山川名胜、风土人情留给他的记忆太深了，他甚至觉得这是他生命中极宝贵的滋养。那天，他怀着依依惜别的深情，去看了看那尊石马，脑海中又浮现起那威武英雄的故事。他依恋地抚摸着那尊石马，喃喃地说："日后我若得了天下，一定要建都于此，让洛阳成为天下人向往的都城！"

赵匡胤随家来到开封时年方十二岁。他看到这个新王朝毫无生气，目之所及，皆衰败残破。他从父亲那里得知，这个新王朝辖境已比前朝大大减少，仅有一百零九州。他还时常看到许多车子络绎不绝地运送金帛宝物出城，长辈告诉他，这是献给契丹的。皇帝为了报答契丹主的扶植，除了依约定每年贡奉金帛三十万外，逢时过节、吉凶庆吊还要额外贡奉，并以此为国策，全然不顾国计民生。看到这些情况，赵匡胤心中深感不平，他觉得皇帝太屈辱、太低下了。不遗余力地搜刮民财，奉事异邦，怎可长久？与此同时，他也对为害中原的契丹贵族怀有深深的怨恨。

在赵匡胤一家初到开封的那几年，天下很不太平，天灾人祸严重，百业凋敝，民不聊生。天福六年（941年）九月，黄河在滑州决口，东泻千里，百姓死伤无数。次年五月的一个月里，就有五个州郡发生大水，十八个州郡遭旱、蝗灾害，一时间饿殍遍野，流民遍地。也就是在这一年，一向愤恨契丹的成德军节度使安重荣大集境内饥民，举兵造反，后因兵败被杀，首级被涂抹上油漆，献给了契丹。石敬瑭这样做本想得到契丹主的宽恕，但耶律德光仍然派人前来谴责，石敬瑭忧虑成疾，于天福七年（942年）六月死去。

石敬瑭的继承人少帝石重贵也是个无能之主，他只知宴乐，不问国事，大权被少数几个有实力的大臣操纵。石重贵承袭了他父亲的做法，尽力讨好契丹，卑称"孙皇帝"。但因晋与契丹早有嫌隙，朝臣对向契丹称臣怨愤已久，少帝在大臣的劝说下也有意对契丹开战。天福八年（943年），晋国形势十分恶劣，春夏旱，秋冬涝，百姓流离失所，饥馁而死者数十万人，县令们往往因为征不到粮食，挂印逃去。契丹得知后晋国内的情况，遂于次年初南下攻晋，后晋于是又处于战争之中。

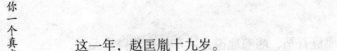

这一年，赵匡胤十九岁。

按照汉末以来的早婚习俗，赵匡胤已过了成亲的年龄，这主要是因为战乱的影响。年复一年的兵荒马乱打乱了人们的正常生活秩序，早成家室、早生贵子的传统习俗已渐被淡忘，人们关心的是生计，担忧的是全家老小的颠沛流离，婚龄大都因此而推迟。

赵弘殷夫妇选定的儿媳是右千牛卫贺景思的长女。右千牛卫是东宫六率府之一，千牛，佩刀名，据说锐利可屠千牛。贺景思因系禁卫军校，和禁军将领赵弘殷同居护圣营，两家关系甚密。赵弘殷看好了贺家长女"性温柔恭顺，动以礼法"，因此"为太祖聘焉"。

先是由媒人以草帖子相通，双方各在帖子上写明三代官品职位及名、讳、生日等情况，进行占卜，两家通报，择日过帖。接着便是相亲、下定礼、送聘等程序，定下了这门亲事。在一个阳光灿烂的日子，赵家按照规定的吉时，在乐队、鼓吹的引导下，将贺家长女迎进赵家。

赵匡胤的婚礼简朴又合于礼仪。赵匡胤很满意自己的妻子，新房之内，他感受到前所未有的温馨和快慰，仿佛已超然于乱世之外，进入一个安详静谧的世界。贺氏比赵匡胤小两岁，在赵匡胤面前温顺而恭敬，脉脉温情和深深爱意使赵匡胤沉浸在幸福之中。但是，赵匡胤也不免有些遗憾：成家而未立业，岂不愧对祖宗？

赵匡胤成亲的第二年夏天，天气异常炎热。少帝石重贵满足于阳城之战反击契丹的胜利，自以为天下平定，愈益骄奢淫逸。他把各地贡献都收入内库，修宫室，饰后庭，肆意挥霍，还专门修建了一座织锦楼，令数百织工编织地毯。石重贵尤其喜爱优伶，赏赐无度。而对于战场上重伤的军卒却很冷落，故使士卒离心，怨声四起。开运三年（946年）七月，契丹再度南侵，石重贵以杜威为元帅出兵御敌，杜威贪恋契丹主关于扶他做中原皇帝的许诺，卑鄙地决定投降。他先让诸将在降表上签了字，接着令军士齐聚帐外，军士们原以为要与契丹决战，无不振奋，但听到的却是让他们放下武器的命令，顿时捶胸痛哭，声震原野。杜威投降后，马上引契丹军南下，挺进开封。

对于契丹的入侵，石重贵毫无准备。惊慌失措中，石重贵急令人在宫中放火，并准备与宫人一起自焚。正在这时，契丹主派人送来书函说，如能屈身投降，可免杀身之祸。石重贵活命心切，马上令人灭火，率文武百官迎契丹军入城。契丹主将石重贵及其家属掠至契丹境内的建州，后晋遂告灭亡，石重贵在度过了二十多年流放生活后客死异域。

后晋灭亡后，947年春，晋河东节度使刘知远在晋阳称帝。六月，刘知远顺利地经洛阳进入开封，在此建都，是为后汉。

短命王朝又一次出现更迭，赵匡胤也又一次感受到这个世道的动荡不定，又一次认识到武力足可改天换地扭转乾坤。于是，不甘寂寞的他萌生出一种闯荡天下的强烈欲望。他决计走出安乐窝，寻找一个可以施展才能的用武之地。

赵匡胤又想到了洛阳街巷中那尊半埋于土中的石马和那个激动人心的英雄故事，他不甘心让自己的远大抱负和一身武艺埋没于户牖之下，他要为前程而奋争。他觉得，自己正当青春年华，贪恋似水柔情无异于葬送自己的未来，应该到疆场上去寻找自己的位置。

这天，他跃跃欲试地来到父母跟前，和盘托出了自己的想法。赵弘殷夫妇听罢，先是一惊，继而不约而同地表示反对。这些年，赵弘殷的官职一直未得到提升，他从自己在仕途中的坎坷经历出发，认为当今乱世虽是武人的天下，但能够建立功业或称王称帝者多是根基深厚、割据一方的枭雄，作为一个禁军校尉之子，位卑势小，很难有所作为。杜氏则担心儿子的安全，她说，现在到处动刀用兵，只身一人到哪里去？不如待在家中，守在父母娇妻身边，安安静静地过日子，等以后太平了再图进取。

赵弘殷夫妇的一番劝说并未动摇赵匡胤的决心，但他觉得一时又难以说服父母，只好点头应诺而去。

赵匡胤又把自己的想法告诉了新婚不久的妻子，一向恭顺的贺氏只是低头垂泪，默默不语。后来，她小声告诉丈夫，她已有了身孕。望着柔弱多情的妻子，赵匡胤一阵心痛。他岂愿与妻子作新婚之别？怎不希望看到自己孩子的问世？但是，燃烧在胸中的愿望最后还是使他割断了似水柔情。他只是没有马上告诉贺氏，怕伤害她。

一个雾蒙蒙的黎明，二十岁的赵匡胤身背简单的行囊，走出了他从小厮守着的家门，走出了开封。他没有过多的留恋，只知昂首向前，大步前行。

黄河的启示

古老的黄河，像一匹桀骜不驯的烈马，一路上涤荡着山岩，裹挟着泥沙，波翻浪卷，奔腾咆哮。经过了千回百转的冲波逆折，浩浩荡荡千里奔泻，不屈不挠地向着既定的目标前进、冲刺，决不停步，更不退缩。

赵匡胤离开汴京之后，正是沿着黄河大堤，由东向西，逆流而上。他没有目标，不知道路在何方，更不知道归宿在何处。只是怀着一腔热血，踌躇满志，只身一人闯天下。他对未来深信不疑，外面的世界一定很精彩，因为那是无数英雄叱咤风云、建功立业的大舞台，是自古以来，无数风流人物纵横驰骋、逐鹿问鼎的大战场。"天生我材必有用"，他坚信自己一定会像中华历史上那些英雄人物一样，在这个大舞台上一展身手，绝不是那些蝇营狗苟、庸碌无为的芸芸众生。

赵匡胤背着一个简单的包裹，手提一条哨棒①，大步行进在黄河大堤上。略带湿润的河风吹在他那红色的脸颊上，扑在他那敞开的微微起伏的胸膛上，他感到十分惬意和自得，真正迈出了人生的第一步。

他看着河床里那汹涌澎湃浑浊的浪涛，心中平添了无限的感慨。这条凶悍而又温驯、狂放而又多情的河流，中原大地的生命之源，炎黄子孙的母亲河，它浩浩东流，不舍昼夜，孕育了华夏的古老文明，阅尽了历史的风雨沧桑。在它流经的大地上，既创造过盛世的繁荣辉煌，也上演过乱世的凄惨悲剧。不知有多少英雄豪杰在此饮马，然后扬鞭驱驰，奔向成功人生的终点；也不知有多少败军之将在此磨刀霍霍，最后却折戟沉沙，身败名裂。这里是英雄的摇篮，也是庸者的坟墓。"我赵匡胤今日也是从你身边出发，请黄河作证，不创出一番惊天动地的事业，我今生今世誓不还乡。"

在这条烟尘飞扬、人流滚滚的黄河古道上，赵匡胤独身一人已经奔走了十七八天。慢慢地，他那颗热血奔涌、滚烫沸腾的心开始冷静下来。离开了家乡，离开了故人，他眼前的一切变得那样陌生，一种悲怆和苍凉的感觉不时地袭上心头。黄河大堤上，大堤以外的千年古道上，成群结队逃荒的人群，男男女女，老老少少，推着独轮木车的，挑着箩筐的，挎着破篮子的，拄着拐杖的，抱着婴儿的，一个个破衣烂衫，面色灰白，脸颊上淌着泥汗，挂着浮土。木轮小推车那"吱扭吱扭"的呻吟，孩子们撕心裂肺的哭喊，像锥子一样刺痛了他，使他的心一阵一阵地紧缩。走着走着，一个老人仆倒了，他趴在地上，两只枯瘦的手向前伸了几下，就再也不动

① 哨棒：古代人行路防身的长木棍棒。

了。又一个妇女倒下了，她半躺在一个土坡上，看着身边那个四五岁的孩子，绝望地摇摇头，流下几滴浑浊的泪水，便咽了气。一个年轻媳妇使劲摇晃着怀里才几个月的婴儿，突然发疯似的号哭起来，孩子早不知道在什么时候断了气。到处是新坟，到处是哭喊，一幅幅惨不忍睹的景象令人毛骨悚然。此时的赵匡胤，才真正懂得了"哀鸿遍野、饿殍满地"的含义。他只觉得心里憋闷得慌，有一种近乎要爆炸的憋闷。他多想找一个人说说话，可是这些来来往往的人群，就像在死神的手心里挣扎，正在急匆匆地逃命。谁也不理会他，谁也不跟他搭话。即使夜间住在客栈里，偶尔与人同宿一室，也是互相提防，不吐真言，猜疑多于信任，敌意多于友情。赵匡胤开始茫然了，他意识到，战乱不仅给社会造成了严重的破坏，不仅戕害了人们的肉体，吞噬了人们的生命，使无数的人无家可归，而且在人们的心灵上也留下了难以愈合的创伤。他感到孤独，感到苦闷，更深深地感到困惑和愤怒。外面的世界很精彩，外面的世界也很无奈。他多么想遇到一个知音，哪怕能有个与自己说说话的人也好，可是他失望了。

一个月以后，赵匡胤来到了潼关。一路上与他为伴的逆向而行的黄河由北奔涌而来，在此拐个直角，浩浩荡荡地向东飞泻而去。在这个转折点上，赵匡胤也面临着一个去向的选择，是继续沿着黄河向北走，还是向西而行？

赵匡胤开始犹豫起来，伫立在巍巍的黄河大堤上，再次注目脚下那浩浩荡荡、滚滚东去的黄河，他突然想到，大河日夜东流，自己却一路西行，与黄河背道而驰，这莫非就是自己一路上毫无所获的原因？但转念一想，他又摇摇头，苦笑起来，"黄河之水天上来，奔流到海不复回"。长江、黄河一旦选择了自己的流向，就会百折不挠、一往无前，冲决一切羁绊，从不迟疑，更不回头。大丈夫处世，就应该有大江大河般的胸襟和气势。自己既已选择了西向而行，就应该顽强地走下去。俗话说，不到黄河心不死，而自己是过了黄河也不死心。越往西去，越是偏远荒蛮之地，天高皇帝远，人才匮乏，说不定再走下去，就会有奇迹出现。于是，他舍弃了北去，继续向西，向西。

几个月过去了，赵匡胤仍是一无所获，他在吃力地跋涉着，也在暗中较劲，与自己这蹩脚的命运抗争着。

在一个初秋的日子，他拖着疲惫的身体，带着满身的风尘和土屑，来到了原州（今甘肃境内），他决定在这里做短暂的逗留。一方面，他实在太疲劳了，需要休整一下；另一方面，他身上所带的川资已经不多了，再走下去，恐怕连吃饭的钱也没有了，他必须设法筹措一些川资。

可是到哪里去筹措呢？这里一无亲二无故，求借无门。虽然他有着一身上乘武功，但在这个贫穷偏远的地方，并无人识货。后来，他来到一家养马的财主家，提出为财主放马，只要有饭吃有屋住，工钱多少并不计较。那财主仔细打量一下这个年轻人，见他身材魁梧，年轻力壮，满面灰尘却掩不住一股英挺之气，便很爽利地答应了。

从这天起，赵匡胤开始了他牧马人的生活。平展的大草原广袤无边，间或有几束野菊花星星点点地点缀其间，在无力的秋风中晃动着。秋高气爽，蓝天丽日，白云悠悠。在这空寂寥廓的天地之间，十几匹老马在懒散地迈着步子，东一嘴西一嘴地啃着青草。赵匡胤扔掉马鞭，仰卧在一片厚厚的像软绒般的草丛里，凝神注视着湛蓝的长空中那不断变幻着的云朵和偶或在云朵间穿行盘旋的老鹰，心中不觉好笑。自己本应是一只搏击长空、笑傲云海的苍鹰，如今却像只满地觅食的老母鸡；自己本应是一个身骑骏马、叱咤沙场、驰骋冲杀的大将军，如今却沦落成为人放牧的马夫、佣工。他感叹造物弄人，命运不济。他觉得内心有一种不平之愤要发泄，他忽然尖厉地呼啸一声，腾地跃身而起，冲到一匹壮硕的黑马身边，翻身上马，双腿一夹，左手攥着马鬃，右掌狠拍马臀，他要在这大草原上狂奔驰骋，纵声舒啸。可是他又一次失望了，那匹马貌似健壮，却不堪驱使，见有人乘上马背，只慌乱地小跑了几步，便又笨拙无力地蹒跚而行起来。赵匡胤无可奈何地跳下马来，这本是些犁田驾车的畜牲，只配在这个小天地里吃草、干活，了此一生，与自己本非一路。赵匡胤只好又回到草丛中躺下，懒洋洋地晒着太阳，慢慢地便有些迷糊，鼾声渐起。

突然，一阵"嘚嘚"的马蹄声和嘈杂的吵嚷声传来，赵匡胤一个激灵惊醒，"嗖"的一声，一跃而起。却见一个二十多岁的年轻人骑在马上，头戴金凤盔，身披黄金甲，罩一袭猩红锦袍，腰系丝绦宝带，显得极为精神，带着二三十名喽啰，正在围着自己所放牧的那十几匹马吆喝。赵匡胤一看，不禁大怒，顺手拾起身边的哨棒，断喝一声："是哪方的蟊贼，大天白日敢来偷马？"说话之间，已飞掠到骑马人身前，横身拦住去路。骑马人却哈哈笑道："放马的红脸汉子，识相点儿让开路，饶你不死。爷爷乃驼峰山大王王审琦，今日从此路过，见有些许马匹，欲借往山中拉车运粮。光天化日，朗朗乾坤，爷爷行事光明磊落，岂能言盗？"赵匡胤冷笑一声："看你金盔金甲，堂堂五尺男儿，还当是哪路英雄，原来是些山贼草寇。今天算你倒霉，撞到爷爷手里，断不容你这伙打家劫舍的强盗胡作非为。"说罢，出手如飞，哨棒挟着一股劲风，直向王审琦面门劈去。王审琦忙举刀架住，只听"砰"的一声，便觉力道深沉，震得虎口发麻，心中暗忖道："一个放马的汉子，哪来的这大力气？"当下不敢怠慢，挥刀疾进，一招紧似一招，指望以精熟的刀法把这汉子降伏。孰料赵匡胤一条哨棒施得有章有法，丝丝入扣。二人一个马上，一个马下，战够多时，难分高低。二三十个喽啰站立一旁，直看得目瞪口呆。大王脾气逞强好胜，没有他的话，谁也不敢上前打援手，只有呐喊助威的份儿。二人打了约半个时辰，赵匡胤卖个破绽，王审琦操刀欺进，赵匡胤一手举哨棒，一手舒展，大喊一声："下来吧！"将那王审琦拽下马来，再翻身骑在王审琦背上，抢拳便打。不料那王审琦躺在地上，却咯咯地笑了起来，说道："打得好，打得好！"

赵匡胤见此人不求饶命，却在发笑，甚是奇怪，便问道："你笑什么？"王审琦道："审琦自出道以来，从未遇过对手。今日被你一个放马的打败，可见人外有人，天外有天。想你武功如此了得，却在此为人牧马，定是虎落平川、龙困浅滩。今日能结识这么一个英雄，王某还不该笑吗？"赵匡胤见他话说得不俗，颇有些英雄气概，便动了惺惺惜惺惺之念，放他起身，说道："我看你也非凡夫俗子，且放你一条生路，赶紧带上你的人走吧。"那王审琦立起身来，也不顾得浑身泥土，上前深施一礼，嘻嘻笑道："小弟倒不想就这样回去。"赵匡胤奇道："这是为何？难道非要带走这些马匹？这可是人家的马，我可做不了主。"王审琦道："审琦不是这个意思。今日得遇英雄，岂可失之交臂？小弟意欲邀英雄到敝山寨暂住几日，以慰渴慕之情。"

赵匡胤这些日子为人放马，心情本来十分郁闷烦躁，加上一路未遇知音，也极想交几个知己朋友，当下见王审琦相邀，欣然同意。即时把马匹给东家送回，便同王审琦等人说说笑笑，向驼峰山赶去。

一行人如电闪星飞，梭行箭走，很快来到了驼峰山。远远望去，但见双峰并峙，巍巍然直插云霄，真如一只巨大的骆驼在天地间缓缓行进。山上千年翠柏、百代古松，翁翁郁郁，遮天蔽日。深涧高冈，危岩悬壁，山势十分险要，确是个藏龙卧虎的好所在。

酒桌上，王审琦道："我初见赵兄，便见仪表非凡，知非俗辈。今日一席话，更知赵兄乃疾恶如仇、敢作敢为的一代豪杰，他日定可大有作为，得遂青云之志。自今日之后，我与山寨二当家张令铎弟兄二人，愿为赵兄牵马坠镫，唯赵兄马首是瞻。"赵匡胤也问道："看二位为人、武功，皆非等闲之辈，何以在此山中落草，干些剪径①抢劫的勾当？"王审琦道："赵兄有所不知，我与令铎乃姑表兄弟，本是原州山中猎户，良善家子弟。我二人从小情性相投，喜好舞枪弄棒，投名师学武，习得几路拳脚。原想有一身好武艺，也好护家防身，打猎为生，一家人平平安安地过一辈子。不承想生逢乱世，兵来匪去，官贪吏凶，苛捐杂税日日交逼。那日我兄弟二人上山打猎，官府派人到家中勒索，抢去家里所有的珍贵毛皮和粮食衣物。老父年迈，上前阻拦，竟被那些禽兽不如的衙役们拳脚相加，毒打一顿。连气带伤，几日后身亡。我兄弟二人气愤不过，趁夜间潜入县衙，杀死了狗官。因无处躲藏，便干脆一不做二不休，来此驼峰山扯旗造反。如今兵荒马乱，民不聊生，贫苦民众衣食无继，生路断绝。见我二人举事，便纷纷来投，如今这山上已有三五千人。"王审琦说完，张令铎一脸愤懑之色，捧起酒碗又敬赵匡胤一碗道："赵大哥与我等有缘，何不就留在驼峰山上，杀富济贫，行侠仗义，大碗喝酒，大块吃肉，岂不快活？"王审琦道："兄弟也正有此意，若赵兄能留在山寨，我兄弟二人愿奉赵兄为山寨之主，以赵兄之英武干练，雄才大略，焉愁山寨不能兴旺？"赵匡胤见王、张二人盛情殷殷，很受感动，先举酒回敬二人一碗，笑道："多谢二位美意。久闻梁园虽好，不是久恋之乡。如今世道混乱，群雄竞起，四方干戈扰攘，正是大丈夫一展身手的好时机。在此山寨打富济贫，终是小打小闹，虽能泄一时之愤，却难有大的作为，更不能扫平丑恶，收拾乱世。以我之见，当投身军戎，寻一英明之主，一刀一枪建功立业于疆场。小而言之，可以图个封妻荫子，光宗耀祖；大而言之，可以荡平乱世，救拔黎民脱身苦海，那才不枉为人一世。"王、张二人见赵匡胤不肯留在山寨，知他志存高远，驼峰山一湾浅水，难以让他容身。当下便

———

① 剪径：拦路抢劫。

不再苦留，只是频频劝酒。王审琦又说道："赵兄既不肯屈就，小弟们也不敢强勉。只是小弟还有个请求，不知赵兄能否俯允？"匡胤道："贤弟有话请讲。"王审琦道："小弟与赵兄一见如故，我兄弟愿与赵兄结为金兰之好，只是我等出身寒微，恐辱没了兄长。"

说到结拜兄弟，赵匡胤倒是十二分愿意。他从小便喜好结交朋友，走到哪里都有一帮小兄弟围着他。随着年龄的增长，他便逐渐地认识到，在这个到处都充满着混乱和血腥的多事之秋，要办成一件事，就非有一帮铁哥们儿和好兄弟不可。俗话说："篱笆要有三个桩，好汉要有三人帮。"何况自己志在干一番惊天动地的事业，生死之交、心腹密友越多越好。想到此，赵匡胤欣然同意道："能与二位结为兄弟，兄求之不得。兄弟之间，誓同生死，要的是志同道合，意气相投，怎能只论门第高低？岂不闻古人云，'王侯将相，宁有种乎'？"王、张二人闻言大喜，即忙命喽啰们摆设香案，烧上三炷高香。三人在香案前拜了八拜，抓来一只大红公鸡，取一柄利刃在鸡脖上一抹，将鸡血在三个酒碗里滴滴答答地洒上一些，三人端起酒碗，一饮而尽。论过年龄，赵匡胤与王审琦同岁，论月份为长，王审琦次之，张令铎老三。当下三人结为生死之交，王审琦吩咐重新整备筵席，三人传杯送盏，谈论时事，开怀畅饮，不觉饮至更阑时分，已是杯盘狼藉，酩酊大醉。

又住了几日，赵匡胤执意告辞，一早就辞别众人，趁早赶路。

王审琦、张令铎高声喊道："大哥慢走，且受兄弟一拜。"说着便行大礼，赵匡胤也连忙还礼。王审琦道："兄长此一去，我们兄弟又不知何日才得相见。我兄弟二人本应与大哥共赴前程，无奈眼下尚有山寨和数千人马在此，难以相随。有朝一日大哥有了合适去处，我们一定前往投奔。"

张令铎又道："大哥就要远行，山寨中别无长物，聊备黄金白银各千两，以表兄弟心情。"赵匡胤连连摆手，"弟兄们的美意，匡胤心领了。但我一人出门在外，哪里用得了这么多金银。二位兄弟权用它好好地将养军士，训练兵马，将来或许能派大用场。"说什么也不肯接受。

王张二人见他执意不收，只好作罢。张令铎转身从马上取下一件兵器，对赵匡胤说："大哥只身闯荡天下，身边只有一条哨棒，怎么能行？这几日，我为您打制了一件兵器，大哥用用如何？"赵匡胤接在手中，却是一条紫檀木蟠龙棍，两端箍以紫铜，中间以银丝镶嵌成一条飞龙。茶碗口粗细，六尺半长短。用手掂了掂，轻重适中，心中十分高兴："这件兵器甚合我意，谢谢二位兄弟。"又对送行的人们深深一揖说："诸位请留步，匡胤告辞了，咱们后会有期。"说着，背起行囊，提起蟠龙棍，便转身大踏步地向西走去。

一条山路伸向大山深处，蜿蜒崎岖，斗折蛇行。此时正是熹微初露，东方欲晓之时。天上的云霞就像五彩斑斓的织锦，在微微的晨风中飘散，渐渐地变成了一团团红色的火焰。当赵匡胤登上一座山峰，回首东望时，只见一轮红日正从橘红色的云海中缓缓脱身，喷薄而出。他顿时感到了一阵莫可名状的兴奋和激动，浑身就像有一种无法遏制的力量，在涌流，在奔腾。这个从小便不爱读书，更不爱吟诗作词的汉子，此时却突然诗兴大发，对着千山万壑放声喊道：

> 欲出未出光辣达，
>
> 千山万山如火发。
>
> 须臾走向天上来，
>
> 赶却残星赶却月。

这是诗吗？冷眼看来，既不合平仄，更无文采可言，实在算不得诗。但它确是赵匡胤这位叱咤风云、经天纬地的历史巨人一生中留下的不多的几首诗作之一。细细品味，便觉得它大气磅礴，让人振奋。短短的二十八个字，便将那种气吞万里、扭转乾坤的雄心壮志痛快淋漓地表现出来。

以上故事，当然有很多演绎的成分。但据史书记载，赵匡胤离家之后，沿着黄河西上，浪迹河南、陕西、甘肃，一无所获，穷途落魄，无脸回转家门，只得硬着头皮，转而向东，沿着汉水，前往湖北投奔复州防御使王彦超。王彦超看到这个同事的儿子一副穷困潦倒的样子，眼都没抬，只是拿出十贯钱，像打发叫花子似的让他上路走人，这真是龙困浅滩遭鱼戏，虎落平阳被犬欺。赵匡胤怀着一肚子窝囊气，又奔波到随州。随州刺史董宗本倒是看在与他父亲同殿为臣的分儿上，勉勉强强收留了他。可是，董宗本的儿子董遵海却不买这个账，看不起这个远道而来的穷朋友，他经常仗势欺人，对赵匡胤横加侮辱。人在屋檐下，不得不低头。可是，寄人篱下的日子也实在难过。一次，赵匡胤同董遵海一起谈论用兵打仗，饱食终日的公子哥在这一点上自然不是赵匡胤的对手。董遵海大感失去了面子，竟然恼羞成怒，挖苦道："阁下既然这样足智多谋，才华盖世，又怎会落得今天这种田地呢？"说完，扬长而去。赵匡胤感到难以再在此地待下去，只好又踏上流浪的征程。

囊中羞涩的赵匡胤此时连吃饭都成了问题，只好寄身和乞食于佛舍僧寺。有一老僧善观相，还擅长占卜，见赵匡胤风尘劳顿，仍紫面丰颐，一袭破衣却不显寒酸之态，暗中称奇。待一交谈，更觉此人不可小看。他告诉赵匡胤，汉水以南各个政权都比较稳定，发展前途不大，北方正处乱世，正是英雄有所作为之地，因而赵匡胤应北上而不能南下。老者认定此人日后必会发达，不但对他客气有加，而且厚赠金钱，送其北上。

这天，赵匡胤来到宋州归德府。城中有一高辛庙，前往进香和占卜者络绎不绝。赵匡胤一来百无聊赖，二来也想占卜一下自己的命运，便随着人群向庙内走去。

高辛氏是上古帝喾之号，相传他是黄帝之曾孙，尧帝之父，居亳。亳州在涡水之滨，属归德节度使管辖。此地因系高辛氏所居之地，因此，高辛庙在所有的庙宇中最大，日复一日，香火不绝。

赵匡胤进庙后，首先怀着神圣的心情观看了庙宇的宏大建筑，接着便在一尊高大的高辛氏泥塑像前停留下来。望着塑像，他不禁想到，高辛氏不愧是上古之明君，他即位后，广施恩泽，训及万物，闻言善辩，洞察幽微，顺应天意，体恤万民，仁厚而威严，慈爱而笃实，教养百姓顺性利导，取地之财物节制使用，持中庸之道平治天下，克己修身臣民景仰，如此帝王理应光照千古，垂范后世。当今乱世，倘有这样的明主降临，定能化乱为治，天下太平。赵匡胤也真心希望高辛帝的在天之灵能够给予他力量和勇气，福佑他事业有成。

赵匡胤这样想着，便郑重地在塑像前叩了三个响头。这当儿，有两香客前来，他们燃上三炷香，拿起香案上的杯珓①占卜起来。赵匡胤好奇地走上前去，待那几人占卜已毕，他也拿起了杯珓，默默祈祝："此行若得一小校，请赐吉兆。"赵匡胤随手一掷，结果却是不吉！

赵匡胤心想，求一小校即不吉，那就求一铃辖。于是赵匡胤又第二次抛掷，仍不吉。赵匡胤不甘心，又一级一级地问卜，一直到节度使，那杯珓仍未显示出吉兆。

赵匡胤有些泄气了，暗忖，也许我命中注定不是做官的料，只能庸碌此生了。

人在窘急之时便会不顾一切。赵匡胤见自己这样背运，索性没有了负

---

① 杯珓：一种占卜的工具，用蚌壳、竹木片等制成，系两块对称的月牙形状，一面凸起，一面是平的，表示一阴一阳。占卜时将杯珓掷于地，根据其俯仰定吉凶。

担，问卜前的虔诚和胆怯也一扫而光。他带着几分怒气将杯玟用力一掷，大声发问："我能当天子吗？"

赵匡胤本来是想掷完就走的，因为他不愿看到令他晦气的结果，但就在他有意无意地将目光投射到香案上时，却吃惊地发现，那杯玟一俯一仰，是圣玟！

赵匡胤简直不敢相信自己的眼睛，又仔仔细细地看过，一点儿不错，是圣玟！此刻，赵匡胤又不禁害怕起来，怎么贸然出此狂言，若叫人听到这还了得？所幸旁边无人，这才一块石头落了地，袭上心头的恐惧又代之以无法言说的喜悦。

赵匡胤得意扬扬地走出了高辛庙，占卜的大吉使他忘却了艰辛和冷眼，他要按照僧人的指点继续北行，直奔他向往的辉煌！

羽翼漸丰

第三章

邺都投军

后汉乾祐三年（950年），彷徨无着、浪迹四方两年多的赵匡胤来到了后汉北部重镇邺都。此处邻近契丹，契丹人经常纵兵袭扰，横行无忌，百姓不得安宁。关于这些情况，赵匡胤有些耳闻，可是，当他风尘仆仆地来到邺都之后，看到的却是一片太平景象，根本不像他想象的那样兵荒马乱、满目疮痍。经询问方知，这都是因为邺都新近来了一位有胆有识、威震八方的新留守，此人便是本朝重臣、掌管着全国兵权的枢密使郭威。

郭威是唐末邢州尧山人，本姓常，母亲姓王，幼时母亲改嫁郭简，于是改姓郭。三岁时，郭威母亲和继父迁居太原。当时战祸连绵，继父郭简是晋王李克用的顺州刺史。没过多久，燕军攻陷顺州，郭简被杀，母亲也接着去世，这样，幼年的郭威便成了孤儿，由姨母韩氏收养。

在困窘中长大的郭威却生得高大魁梧，"爱兵好勇，不事田业"，争强好胜，更渴望步入行伍，大展宏图。他十八岁时，得知潞州留守李继韬与晋王李存勖反目为仇，叛晋归梁，重金招募豪杰扩充势力，便毅然投军，成为李继韬帐下的一名牙兵。

牙兵是藩帅禁兵，待遇很高，纪律较严。他们和其他兵士一道，脸上、身上被刻上字，以防逃跑。郭威的身上刻有雀儿，故此又叫郭雀儿。李继韬很喜欢郭威，尽管郭威屡屡犯禁，仍加以庇护。梁末帝龙德三年

（923年），后唐庄宗李存勖灭梁，李继韬也于此后不久被杀，郭威被庄宗收编于部下，因其略知文书账籍，被升为军吏。

李存勖不是有为之君，灭梁后，他骄淫无政，日渐腐败，命宦官、伶人采择民女三千充实后宫，在炎热的夏季日役万人建楼避暑，将百姓疾苦置之脑后，朝臣力谏充耳不闻。同光四年（926年），李存勖在荒奢中死去。李嗣源力革庄宗弊政，遣放宫人，一位柴姓女子也在其中。这位美丽贤德的女子在随同父母还乡途中与郭威邂逅于旅舍，二人一见钟情，结为夫妻。此后，郭威在柴氏的帮助下广结豪杰，力戒饮酒赌博、放荡不羁的不良习气，生活日渐检点，事业大有起色。

郭威曾跟随石敬瑭攻战，为其管理军籍。石敬瑭建立后晋后，郭威隶属于石敬瑭部将侍卫马步都虞候刘知远麾下，任牙将。开运三年（946年），刘知远建立后汉，郭威因功擢升为枢密副使、检校司徒。乾祐元年（948年），后汉高祖刘知远病死，郭威与苏逢吉同受顾命，立刘知远子刘承祐为帝，是为隐帝。隐帝拜郭威为枢密使，掌全国兵权。不久，河中节度使李守贞据地而反，接着，又有赵思绾、王景崇先后据长安、凤翔反叛。三镇拒命，朝廷震骇。八月，隐帝以郭威为西面军前招慰安抚使，率军西行，讨伐叛乱。郭威不仅领兵有方，而且能够谦以待下，从不盛气凌人，深得将士拥戴，很快平息了三镇之乱。李守贞、王景崇兵败自焚，赵思绾被杀。郭威班师回朝后，隐帝厚赏其功，郭威推辞不受，让功于他人，更加赢得了人心。

乾祐三年（950年），契丹入扰河北，郭威又以枢密使兼邺都留守，掌管河北诸州事务。就是在这个时候，赵匡胤按照僧人的指点，一路北行，来到邺都。

此时的郭威恃平定三镇叛乱之功，并重权在握，同时还有自己的一支军队据守后汉重镇，其政治野心迅速膨胀。他不甘心称臣于人，他在寻找时机，以强制弱，想用武力夺得天下。

出于这样的政治企图，郭威镇守邺都后一面加强对契丹的防范，一面招兵买马，扩充力量。

这日，赵匡胤正在邺都城中闲逛，忽见不远处竖有一杆大旗，旗下有一桌案，一小校正与几个兵士向围观的青年人鼓动宣讲，煞是热闹，便凑上前去。那小校年龄在二十岁左右，一副英武之气。他眉飞色舞地对众人说，当今天下，国难深重，契丹的兵马屡犯中原，抢掠财物，杀戮百姓，搅得人心惶惶，百业不兴。有志之士应以国运为念，投军报国，上阵杀敌，建功立业。他还说，邺都留守乃天下帅才，饱富韬略，爱兵如子，若能投奔其名下，必将大有作为。

那小校的演讲颇有煽动性，围观者引颈注目，屏息静听，并深深地被小校的演讲所打动，所折服。挤在人群之中的赵匡胤也深深地被感染了，他不禁想到，难怪说郭留守善治军旅，良将云集，真是名不虚传，连这位小校也如此精明强干！我今正前途无着，何不应募投军，追随郭留守，干出一番事业？

赵匡胤又油然想起了高辛庙的占卜和老僧人的指点，出于一种对天命和神祇的深信和笃诚，他加入了应募者的行列，投军于郭威麾下。

赵匡胤决心紧紧握住这次机遇，在军中当一名好兵士，并力争得到一个美好的前程。出于这种想法，投军后他严于克己，遵守军法军规，对上司交给的任务总是不打折扣地倾全力去干好。由于他自幼练得一身好武艺，又善于处理方方面面的关系，很快在众兵士中显露出才华，没过多久便被任命为小校。至此，这位将门浪子终于在颠沛流离之后找到了自己的位置，并信心百倍以此为起点，向着辉煌的目标挺进。

赵匡胤在邺都的生活应该说是很如意的。能够成为他素所景仰的郭留守的部下，他感到无比自豪和畅快，他庆幸自己遇到了恩主，决心追随郭威建功立业。

但是，此时的郭威却不像赵匡胤想象的那么春风得意，高枕无忧。他的权力太大了，使高高在上的皇帝预感到严重的威胁；他的兵马太多了，足可使后汉王朝乾坤倒转。这在风云多变、朝代屡更、强者为王的五代不可避免地使当朝君王忧心忡忡。况且，隐帝又是个心胸狭窄、平庸寡谋之辈，郭威的存在就像压在他心上的一块石头，使他整日郁郁不乐。他无法容忍这位顾命大臣权倾朝野，必欲除之而后快。

于是隐帝不自量力地开始了他翦除敌手的行动。他首先杀死了顾命大臣杨邠、史弘肇和三司使王章，接着便把刀锋指向郭威。

乾祐三年（950年）十一月，隐帝派供奉官孟业携密诏至澶州和邺都，令镇宁节度使李洪义杀死和史弘肇关系密切的侍卫督军都指挥使王殷，又令邺都行营马军都指挥使郭崇威、步军都指挥使真定、曹威杀死郭威和监军、宣徽使王峻。与此同时，隐帝又急征天平节度使高行周等入朝，打算让他们出兵保卫官阙，令与史弘肇有夙怨的苏逢吉掌管枢密院之事。霎时间，朝中忧骇，郭威处于极其危险的境地。

领有隐帝密诏的供奉官孟业首先派人杀死了郭威、王峻在京师的家人，妇孺皆无幸免。随后，孟业又前往澶州。当孟业将隐帝密令向李洪义宣示之后，李洪义非常害怕，遂将此事告知王殷，二人深感事情严重，唯恐杀郭威不成反致灾祸，便将孟业囚禁起来，派副使陈光惠以密诏示郭威。郭威见诏，深为震惊，马上和枢密使魏仁浦等商议对策。魏仁浦道："公，国之大臣，功名素著，加之握强兵，据重镇，一旦为群小所构，祸出非意，此非辞说之所能解。时事如此，不可坐而待之。"郭威深以为然，便召行营与军都指挥使郭崇威、曹威及将领来，告知杨邠等被杀及密诏之事，对他们说："吾与诸公，披荆棘，从先帝取天下，受托孤之任，竭力以卫国家，今诸公已死，吾何以独生，君辈当奉行诏书，取吾首以报天子，庶不相累。"

郭威这番话可谓激将之法，诸将愤于隐帝妄杀重臣，又深受郭威重恩，岂肯依密诏行事，杀主帅洗清自己？他们哭着对郭威说，此事定是皇帝听信了小人之言，若让这些人得志，国家将不得安宁，并表示，愿随郭威入朝，"荡涤鼠辈以清朝廷"。翰林天文赵修己乘势劝郭威："公徒死何益？不若顺众心，拥兵而南，此天启也。"

郭威见军心可用，便令其养子柴荣镇守邺都，自率大军向都城开封进发。

郭威举兵南下的消息使自以为得计的隐帝惊慌失措，急令前开封尹侯益等率兵赴澶州拒之，并派间谍聋脱监视郭威军。十一月十六日，郭威至澶州，李洪义及王殷迎降，并以所部随从郭威渡河。此间聋脱被擒获，郭威自书密奏，缝在聋脱衣领内，让他回去告知隐帝，抛弃群小，以快众心。十七日，兵至滑州，郭威取滑州财物犒赏将士，并向兵士许诺攻克开封后，可在城中剽掠一旬。兵士闻听，欢呼雀跃，士气更加旺盛。

聋脱回到开封，隐帝见到郭威的表奏，又悔又惧，但事已至此，只好倾府库厚赏禁军，派刘重进率军迎战。但是，兵士们都不愿打仗，未及交战便狼狈败退，郭威一路南下，投降者甚众。二十二日，已经众叛亲离的隐帝仓皇逃入开封北郊民家，被乱兵所杀。

郭威入城后，诸军大肆抢掠，郭威恐引起民怨，令诸将严加禁止，开封很快恢复平静。

二十四日，郭威率百官谒见刘知远遗孀李太后，请立嗣君。太后提出立刘知远弟刘崇之子刘赟继承皇位，于是派宰相冯道去徐州奉迎。郭威又请太后临朝听政，军国大事皆以李太后名义发布敕令，但事实上的当权者却是郭威。

　　至此，动乱的局势似乎已安定下来。但是，一纸关于契丹军侵扰北方边境的奏折又引起了一片惊慌。徒有其名的李太后无兵可调，无计可施，只好请郭威率军北上，力拒契丹。

　　十二月十六日，郭威兵至澶州。此时已是冬季，天气寒冷，兵士们不愿继续前进，私下里议论纷纷。赵匡胤和兵士们一样毫无斗志，与此同时，他也在密切地留心着局势的变化。他觉得有些反常，预感似乎将会发生什么变故。这一个多月来，赵匡胤已经切切实实地认识到武力对权力的强大制约作用。如果说在此之前他对谁拥有武力谁便拥有天下这一时代特点只是停留在朦胧的了解上，但现在，他却从亲眼所见、亲身经历中得到了最为雄辩的印证：后汉隐帝贵为天子，高居大位，但一夜之间却身首异处，大权易人，而重兵在握的郭威凭借武力玩皇权于股掌，兴风云转乾坤，成为事实上的国家大权的所有者。

　　与此同时，赵匡胤进一步地认识了郭威其人。他觉得，郭威称得上是位足可成就大业的人物，他不仅富于韬略而且具有控制局势的超凡能力。兵入开封之初，诸军大肆抢掠，郭威一声令下，抢掠迅速被制止，从这件事上赵匡胤明显看出了将士对郭威的拥戴和军心人心所向。

　　现在，赵匡胤又陷入沉思中了。他听到兵士们在议论："我辈屠陷京师，罪莫大焉，如若刘氏复立，岂会有我辈的好处？"赵匡胤觉得，兵士们的怒气并非针对郭威，而是另有缘由。为了自己的前程，他决定推波助澜，趁势立功。于是，他积极地置身于这场纷纷扬扬的议论之中，向众人鼓动说："我既已与刘氏为仇，莫如拥立郭威为天子。"众人以为然，群情愈加激愤。

　　二十日，将士数千人一齐拥向郭威住处，大声叫嚷，鼓噪不已。他们说，不能再为刘氏卖命了，请求郭威自立为天子。郭威见状，表面上连说不可，内心中却喜不自禁。在这个鼓噪的人群中，赵匡胤是最为卖力的一个，他拼力挤到前面，高声呼喊。他看到附近有一杆黄旗，便与几个兵士一起将旗子扯下，披在郭威身上，簇拥而出。此刻，万众欢腾，山呼万岁，郭威遂满面喜气回师开封。二十七日，李太后下诏，请郭威监国，又诏废刘赟为湘阴公，颇识时务的文武百官纷纷上表劝进。次年正月，李太后将传国宝玺授予郭威。郭威称自己是周室后裔，故废除后汉，建立后周，改元广顺，是为后周太祖。

这就是有名的澶州兵变。武力和强权促成了后周对后汉的取代，这次看似轻易的权力更替使动荡不安的天下又经历了一次风云变幻。

锋芒初露

在拥立郭威的活动中，赵匡胤可谓出力不小。郭威没有遗忘这位无名小卒，将他擢升为东西班行首，成为一名禁军军官。不久，赵匡胤又获重用，被任命为滑州驻军的副指挥使。正当赵匡胤准备赴任的时候，郭威养子柴荣授任开封尹，柴荣很赏识赵匡胤，遂请命于郭威，将赵匡胤招至自己属下，让他当上了开封府统属的骑兵长官马直军使。至此，赵匡胤时来运转，眼前闪出一片光明。

954年，郭威死，柴荣继位，赵匡胤的机会来了。

后周世宗柴荣，史称五代第一明君。他身世卑微，自幼即追随郭威左右，经过艰苦生活与军旅的历练，身经百战，智勇双全。继位之时，年三十四岁。

柴荣继位之始，即遭逢一场大战。

原来郭威灭后汉建后周时，后汉宗室刘崇在太原建立北汉，这是五代十国之中唯一将政权建立在北方的一个小国。此时，刘崇见后周举丧、柴荣新立，瞅准时机，联合契丹，率大军乘虚进攻后周。

这对柴荣是一个重大考验，血气方刚的柴荣毫无惧色，当即决定亲征。

然而敌军来势凶猛，大多数朝臣持反对态度。特别是四朝元老冯道，一辈子唯唯诺诺、未曾坚持进过什么谏，这次却表现出异乎寻常的固执，三次率百官上表谏止柴荣亲征，要求柴荣御殿与群臣对话。这也许是由于在沙陀、契丹联合进军的势头下，以柴荣年轻新立、先帝未葬、人心易摇，故"长乐老"庶几不能"长乐"的原因。

这反而坚定了柴荣的斗志。

柴荣正要以此立威立权，狠挫内外对自己的藐视。不要说入侵，哪怕冠以"护主"的些许轻慢，也不允许！

在一片反对声中，大军麾出。周世宗柴荣毅然亲征，与北汉契丹联军会于高平。北汉刘崇自将三万骑，并契丹一万铁骑，严阵以待。

后周李重进、白重赞将左，樊爱能、何徽将右，向训史延超居中，张永德率禁军护卫柴荣，柴荣肃然端坐马上，控缰督战，跃马引弓疾射，接连毙敌数十，后周士气愈振。殿前右番行首马全义至柴荣前请道："愿陛下稍憩，徐观臣等破贼！"

遂引数百骑杀入敌阵，正遇北汉先锋张晖（有载为张令晖、张元徽），二将拍马鏖战。马仁禹在旁暗助，一箭射中张晖马眼。那马负痛狂跳，将张晖掀翻在地。马全义纵马上前，手起刀落，将其斩作两段。

张晖乃北汉名将，瞬间殒命，北汉军气夺，四散奔逃。柴荣见敌阵已乱，立即指挥三军向前擒拿刘崇。大风越刮越猛，后周军顺风冲杀，其势益盛。

刘崇见不可支，忙鸣金收兵，无奈溃军已不可收。只得退回高平，闭城固守。赵匡胤督军焚烧其门，北汉军弓箭手集射之。赵匡胤左臂中箭，血流如注，仍奋力挥军猛攻。

契丹军见周军势猛，一则不敢进援，二则刘崇有言在先，乐得不战而退，引还全军。

柴荣见城一时难下，周军连续作战，亟需休整，主动撤围，当夜即在野外营宿。各军彻夜巡逻，捕杀北汉军及本军降敌者数千人。

翌日，周军将再攻高平。刘崇闻讯忙被褐戴笠，乘辽主所赠良马，间道出城，从雕窠岭伏鞍狂奔数昼夜，一路不敢休息饮食，径直遁归河东晋阳。

北汉大败，僵尸弃甲，填满山谷。

后周大胜，所获辎重、兵器、驼马、乘舆器服等不可胜数。柴荣选北汉降卒数千人编成效顺指挥军，派予将领，发往淮上。赐其余两千降卒各绢两匹，乡兵绢一匹，并给其衣装，放还本部，而后凯旋潞州。

在潞州，阵前脱逃的原左翼大将樊爱能、何徽等陆续返营。兵骄将悍，反复无常，有势力、有重赏厚禄，便为之所用，否则即叛，这虽是五代十国之大弊，却是五代十国司空见惯的小事一桩。

然而柴荣却绝不能容许。

他不动声色，传集众将，摆酒设宴。酒至半酣，柴荣脸一沉，指樊、何等厉声道："卿等皆累朝宿将，非不能用兵者也。然却临阵脱逃，无非是想将朕当作货物卖给刘崇！若说敌不过刘崇，为何朕亲战，刘崇即败耶？如此，卿等虽万死不足以谢天下！宜屈膝引颈以待斧诛。来人！"

行刑刀斧手闻声一拥而出，即从席中擒樊、何二人推出斩首。柴荣又下令将临阵脱逃或投降的七十余名将校全部斩首，将士股栗，全军整肃。

接着论功行赏。张永德以战中智勇双全保荐赵匡胤，柴荣特授赵匡胤殿前都虞候，领严州刺史。

柴荣声威大振，皇位得到了巩固。他立即转向下一个目标——实现统一天下的宿愿。为达此目标，首先需要强化军队。

战后，赵匡胤奉柴荣之命，对禁军进行了大规模的整编。

禁军，是皇帝的警卫亲军，也是当时唯一直属皇帝的部队，但在武人争雄、王旗迭换的五代，军队在新主旧主手中屡屡传递，只要饷足禄厚，便为新主效命。新一朝代的君主，也习以为常，像承接其他财产那样，将军队，特别是禁军，从前一朝代手中原封不动承接过来。军士长期受到骄纵，不加淘汰，老弱骄惰，无国无君，不遵军纪，不从将令。一旦与敌交战，往往非逃即降，高平一役便是明证。

柴荣对赵匡胤切齿恨道："百户农夫未能赡养一名军士啊！朕把这些骄兵惰将、没用的废物、叛主的匹夫……"他顿了顿，接言道，"兵在精不在众，汝可一一点选精锐升在上军。庶期可用，又不虚废。那些怯懦者……"

柴荣做了个坚决砍掉的手势。

赵匡胤心领神会，对禁军大事裁汰整编。在令各地选募壮士送京师的同时，张榜发文，搜寻访求，广招天下勇武之士。一时间，通衢古道，俊杰星驰；京师校场，英雄毕集。彩旗飞舞，鼓乐齐鸣，各门各派大显身手。刀枪骑射、格斗拳脚，内力轻功……令东京日日万巷皆空，观者如潮，喝彩声如雷，自是一番热闹景象。

赵匡胤就在其中挑选最优秀者，编为一军，称为"殿前诸班"。

从此，最为精锐的殿前诸班，加上原有的侍卫马军、侍卫步军（后合称"三衙"），成为一支"兵甲之盛，近代无比""所向无敌"的强大军队。

这支军队直属皇帝，它不听命于任何人，只听命于皇帝。

另有一个意外的收获：天下精兵强将集中到皇帝手中，唐以来拥兵自重尾大不掉的藩镇，其军事实力因之相对削弱。

这三军禁军、驾重驭轻的军事制度，后来完全为宋朝承袭，成为高度专制主义中央集权制的坚强基础。

那时候，二十七岁的赵匡胤，正是从受命整顿禁军、组建殿前诸班，才真正开始了叱咤风云、以平天下为己任的逐鹿生涯。如后世《石林燕语》所云："太祖实由此受禅。"

不，当时赵匡胤并未能也并未想到过要自行问鼎。漂泊数年、历尽艰辛，方得遇明主。这明主恰巧又是血气方刚、行侠仗义，年龄相差不远、志趣性情相投，却宏图大志、智谋勇毅均高一筹的"我辈中人"，赵匡胤甘心情愿地拜服效命，他全心全意投入到后周世宗柴荣领导的统一大业中去，如醉如痴地沉浸在尽情发挥自己的勇武、谋略、军事指挥才能之中，感觉获得了极大的享受和满足。

柴荣在位时期，赵匡胤参与了南北五次大的征战，功勋卓著，其中以三次征战南唐立功最为显赫。

周世宗柴荣第一次发兵征战，是在显德二年（955年）四月，西征后蜀。

后蜀秦、凤、成、阶四州（在今陕、甘地区），原属后晋。晋末大乱之时，后蜀乘机夺占。柴荣派偏师西征有两个意图：一是夺回四州，小试锋芒；二是声东击西，掩护主力进攻南唐淮北之地的真正企图。

不料，由于军粮补给跟不上，对方固守等原因，周军出师不利，一时与蜀军胶着。

后周廷议汹汹，罢兵撤军的呼声甚嚣尘上。

柴荣深知"一鼓作气，再而衰，三而竭"的道理，明了如若就此罢兵，势必影响以后的士气，要拿出有力论据，平息廷议。

他沉思了一下，派赵匡胤赴前线视察军情。

赵匡胤了解柴荣的战略决心，赞成柴荣对后蜀的分析与估计，也完全清楚柴荣派自己去前线视察的意图，如旋风般去而复返。

对同一事物的感受，从来就是因人而异，因角度而异，甚至是因心情而异的。那君臣荒淫、兵将虚骄的区区后蜀，即便能勉强支撑一时，在雄心勃勃、气吞山河的赵匡胤眼中，又值什么呢！

朝廷之上，赵匡胤激昂慷慨，列举大量事实，陈述了足以令满朝信而服之、同仇敌忾的独到见解……不但可战，而且必胜！

十一月，周军全胜，秦、凤、成、阶四州，俱为周有。

蜀主孟昶致书柴荣乞降，还在骈四俪六大掉书袋，且不知深浅，首称"大蜀皇帝谨致书于大周皇帝阁下"。柴荣览毕撂至一旁，笑道："今有事南方，令他苟延一二年吧！"

蜀主俟回书不到，向东戟指道："朕称帝时，尔方鼠窃作贼，今藐视我至此！罢罢，复为敌国便了。"

竟如此托大，以致成了千古笑料。

同月，柴荣调兵遣将，开始了第二次征战——发大军进讨南唐。

周军的进攻目标在淮南一线。大军未出之前，一代英主柴荣已向南唐江淮诸州县军民颁发谕旨，明白晓示了将要发动的大战。光明磊落、豪迈洒脱，是以胸有成竹、压倒一切敌人的英雄气概为前提的。

江淮震荡。周军至淮，见无兵把守，在正阳赶造浮桥，越淮而东，直抵寿州城下。然在寿州（今安徽寿县）遇到了刘仁瞻的顽强抵抗，久攻不下。

显德三年（956年）正月，柴荣亲征，赵匡胤随驾。

此时南唐刘彦贞率两万援军将至寿州，又有南唐都监何延锡率战舰百余驻营涂山，以为寿州声援。后周主将李谷以周军不能水战，南唐军一旦毁去浮桥，将被隔在淮南，陷入腹背受敌的境地为由，而主动撤围，拔营退往正阳。

柴荣正在途中，闻报，料敌必追，即刻命大将李重进飞驰淮上与李谷会师，道："唐兵且至，须急击勿失！"

同时，命赵匡胤引军破滁州唐军，断寿州声援。

南唐刘彦贞本无才无能，且耽于富贵，不练兵事。李谷一退，便以为是怯退，不听刘仁瞻等劝阻，挥师追至正阳。

李重进大军恰巧赶到，与李谷合兵而战。刘彦贞刻木为兽，号"捷马牌"，置于阵前，又以皮囊贮铁蒺藜布于地。周师纷笑其怯，士气大增，一鼓作气，大败之。斩首两万余级，伏尸三十里，获戎甲三十万副，马五百匹，刘彦贞被斩于阵前。

滁州方面亦传捷报。

赵匡胤率一支轻骑到得滁山，遥见南唐水军系舟山下，蔽江耀日，煞是齐整。赵匡胤自忖以陆军破水军，唯有计取。他伏兵涡口（今安徽怀远东北），派百余骑兵直薄敌营，将敌军引入伏地。

南唐将领何廷锡留了后手，他嘱令战舰五十艘，随之驶至涡口，准备即遇不测，也可登舟速退。不想，战舰未到，已自中伏。一声呼哨，周军大出，何廷锡还未醒过神来，即被斩于马下，唐军被尽数全歼，周军大获全胜。后至的五十艘战船，亦被赵匡胤全部夺得，乘往御营缴令报功。

柴荣深知，对赵匡胤最好的嘉奖是再予他立功之机，于是把攻打滁州（今安徽滁州）的重任交给了他。

滁州四面环山，是淮南军事要冲、屏蔽南唐国都金陵的门户。滁州一下，不但寿州势为孤城，而且将从根本上震动南唐，使战局发生更有利于后周的变化。

赵匡胤正余勇可贾，风风火火接令挥师而去。

南唐大将皇甫晖、姚凤以一万五千军（不少史书记载滁州守军为十五万，论者以为有所夸大，故多采《旧五代史》之载）据守滁州城外清流关。这应当算是南唐精锐部队之一。单皇甫晖，便是五代有名的兵痞骁将。唐庄宗李存勖失政时，皇甫晖曾为首发动贝州兵变，推赵在礼为主，率军大掠城中。至一家问姓，答姓"国"，皇甫晖即曰："吾当破国！"遂尽杀之。又至一家问姓，答姓"万"，皇甫晖即曰："吾杀万家足矣！"又尽杀之。后晋时，皇甫晖在京为卫将军，赵在礼做到了节度使。赵在礼来京时，皇甫晖便去见他，厉言道："公有今日，从某而发，难道不给点儿报酬么？若不给，祸起坐中！"吓得赵在礼忙奉上钱财美酒消灾弭祸。皇甫晖饮酒拿钱，不揖不谢，扬长而去。

赵匡胤知如正面强攻，会遇困难，遂率数千军马偃旗息鼓，衔枚疾走，连夜兼程，往袭清流关。

到关之时，天色微明。南唐守军尚在梦中，全不知晓。鸡啼数次，方有一小队侦骑，伸着懒腰，启门出关，探望敌情。不料，城门一开，尽见后周军铠仗，吓得连忙奔入，无奈关门不及，被后周军一拥杀入。南唐守军没有任何思想准备，顿时大乱，被后周军杀死无数。侥幸余存者丢盔弃甲，跟着皇甫晖、姚凤，都向滁州奔去。皇甫晖、姚凤率残兵刚刚奔入滁州，回首一望，尘土飞扬、旌旗猎猎，赵匡胤率后周兵也已追杀过来。当即下令，拆除城外吊桥。不料，后周军逼近护城壕，一齐下马凫水而过。赵匡胤更马不停蹄，勒缰一跃，竟飞过七八丈宽的大壕，随即指挥周军架起云梯，督众猛攻。

皇甫晖城上抱拳，高声道："赵将军请了！你我无冤无仇，不过各为其主。你既取我清流关，又穷追至此，且容我成列出战，与你一决胜负。大丈夫明战明胜，勿逼人太甚！"

赵匡胤大笑，道："你无非使个缓兵之计，却又怎的？你尽管出城！我便让你一箭之地，容你列阵，赌个你死我活，叫你死而无怨！"

说着，鞭鞘一挥，率众退后，让出一块空地。

唐军列阵出城。

两阵对圆，赵匡胤手抱马颈，飞驰闯入敌阵，大叫道："唯擒皇甫晖！他人闪开，非某敌手也！"

声未落，马已至皇甫晖前，抽刀猛挥，击中皇甫晖之首。后周军一拥而上，生擒皇甫晖，占领滁州城。

滁州大捷，振奋了后周军上下，乘胜向南推进，摧枯拉朽，势如破竹。很短的时间内，就下扬州，取泰州（今江苏省属）。淮南之地，"半为周有"。

南唐国主李璟致书乞和，愿兄事周主，岁输货财，柴荣不答。李璟派人携蜡书北上辽邦乞援，被柴荣截获。李璟复派人赴周献上大量金银贡物，奉表称臣，柴荣不许。李璟咬牙派人面奏云："本国主愿割寿、濠、泗、楚、光、海六州之地，归于大朝。"柴荣不允。

柴荣明确表示："我今天亲自带领大军前来讨伐你们，已上告郊庙社稷，已广泛征求了诸位公卿。已求得上天的保佑，得到天下百姓的拥护。如果不能恢复内地，申划边疆，就讨论退军，真是如同儿戏！……一定收复全部淮南之地，为我大国坚固的边界，一定以淮以南，划江为界，尽归中国，这才是长远大计。"

并森然道："千万不要以为阳春在即，疲于庶务，更希望你们自重！"

李璟只得收拾军马与柴荣再战。

困兽犹斗，不仅是说被困的野兽做无谓的反抗，而且是说野兽被困时的反抗，会带着一种拼命般的疯狂。哪怕是一只兔子，也要咬上几口。

李璟这只兔子果然咬人了。

南唐将领陆孟俊反攻泰州，后周守将溃逃。接着又进逼扬州，后周大将韩令坤见陆孟俊来势凶猛，亦想弃扬州而走。

柴荣一面命张永德将兵往救，一面派赵匡胤进驻六合（今江苏省属），兼援扬州。

赵匡胤率步骑两千，星夜驰至六合，闻报韩令坤已弃城西走。扬州乃江北重镇，一旦被唐军复夺，大势去了！赵匡胤当即命全部两千步骑军扼守要冲，阻住扬州溃军，传令道："扬州军左足踏上六合地界者，砍去左足！右足踏上六合地界者，砍去右足！双足踏上六合地界者，双足俱砍！"

又遗书韩令坤，略云："总角故交，素知兄勇，奈何怯退！如扬州有失，兄上何以报主，下何以对友？昔日英威扫地矣！望速返固守！"

韩令坤闻赵匡胤之令，得赵匡胤之书，心中震撼，直出了一身冷汗，恰巧张永德援军开到，于是复入扬州，坚意固守。

次日，陆孟俊从泰州杀到。韩令坤受了刺激，倍常勇猛，誓师道："今则死战！生与尔等同生，死与尔等同死！临阵退缩，必杀无赦！莫谓言之不预也！"

一马当先，直捣南唐军。后周军如翻江倒海一般紧跟其后，杀得南唐军人仰马翻，大败奔逃，陆孟俊反被韩令坤擒获。

南唐军见扬州难下，转窥六合。由齐王李景达率军两万自瓜步渡江，向六合而来。然于距六合二十里处，掘堑设栅，下寨止行。

赵匡胤手下即请出击，赵匡胤道：

"彼设栅自固，是惧我也。我军不满两千，彼众我寡。若往击之，不免为彼探知虚实。若彼以数万之众奋力合击我数千之人，倒要费些周折了。不如以逸待劳，候彼前来，迎头痛击，杀他一个晕头转向、措手不及，必胜无疑。"

不数日南唐军来战。

后周军一鼓作气，大破南唐军，斩五千人，余众争渡长江，溺死者大半。

据说此次役中，赵匡胤阵前督战，见军士不尽力者，剑斫其笠。战后，验士卒笠上有剑痕者数十人皆斩之。自后，赵匡胤属下士卒无不拼死力战。

后周军深入南唐腹地，由于湖沼密布，劲骑不得驰骋；又由于不禁劫掠，使南唐百姓由迎转拒，游击骚扰，后周军不得速胜。五月，柴荣返京回銮。

两个月后，赵匡胤奉旨班师还朝。途经寿州时，因见寿州围城后周军思归而军心稍散，特留十日，鼓舞士气，待局面扭转，方整队拔师以还。

显德三年（956年），柴荣以赵匡胤殊勋，升其为殿前都指挥使，授定国军节度使。

节度使位高权重，是唐五代以来野心家们飞黄腾达的晋身之阶，得授节度使，不啻是赵匡胤人生旅途中的一次关键性转折。这一年赵匡胤三十岁，正是"而立"之年。他终于以他的"尚武"，稳稳立足在了统一天下的大业之上。

后来，赵匡胤之侄宋真宗赵恒，特在滁州立一座庙宇，改大殿名为"端命"，以此纪念伯父，也是大宋发迹之处。

柴荣回师后接受教训，以南唐俘虏训练水军。经过半年时间的准备，显德四年（957年）春二月，亲率大军南下，进行第三次征战。赵匡胤随征。

时寿州南唐军仍在固守。南唐李璟达自濠州（今安徽凤阳东）派来救兵，在城外紫金山上结集十余营寨，与城中烽火相应，又修甬道，南通寿州，欲往城内运粮。寿州城内刘仁瞻病已垂危，仍死守孤城，其幼子刘崇谏度城必不守，欲潜出降后周，保全家族，被执，刘仁瞻立斩不赦。

后周将李重进见围城已一年有余，后周军多有归志；南唐守将刘仁瞻外有援军，内军令如山，不私其子。斗志稍衰，奏请暂时班师。

周世宗柴荣见奏，沉吟片刻，随即下诏。

不是班师，却是亲征！

即日，柴荣乘大船，督战舰百余艘，从闵河沿颍入淮。

紫金山上南唐军得报，向西眺望，只见旌甲耀日，舟舰蔽江，纵横如意，飞驶而来，无不惊骇道：

"人云南人乘船，北人骑马。今周军驶船如此锐敏，竟远胜我水军，可真真令人始料不及了！"

柴荣躬擐甲胄，率赵匡胤等在紫金山登陆，立刻投入战斗。

赵匡胤率亲军登山踹营，连破数寨，斩首三千级，切断其所筑甬道，使敌军首尾不相救。当夜，南唐军大将朱元等各万余人举寨来降。翌日，所余数寨也尽被击破。南唐大将许文缜、边镐俱被擒。

南唐败军沿淮河向东奔溃。柴荣命赵匡胤率军沿南岸追杀，自率亲骑沿北岸追杀，水军统领王环战船自中流而下。黄昏时，三路大军疾驰二百余里，一直追杀到了镇淮军（涡口），杀数千人，夺战舰粮船数百艘，钱帛器杖不可胜数，遂在镇淮军架设浮桥，跨越淮河，阻遏濠州通往寿州的援路。

实际上，紫金山失守，南唐援军无处立足，早已远遁金陵。寿州外援俱绝、械尽食空，城中诸将乘刘仁瞻病得不省人事，将其抬出，献城降周。

这一仗打得酣畅淋漓，柴荣与赵匡胤君臣默契，配合得天衣无缝。整个战役一气呵成，如同行云流水的一首短歌，令赵匡胤陶醉和兴奋。

大军凯旋，赵匡胤因功改领义成军节度使，晋封检校太保。

同年十月，柴荣第四次征战，亲征濠泗，以赵匡胤为先锋。

柴荣率大军自镇淮军浮桥渡过淮河，直捣濠州。

南唐军在城东淮水之中十八里滩上安营扎寨，以为四面阻水，可保无虞。柴荣命数百甲士骑马涉水而战，赵匡胤更急不可待，独跃马入水，截流先渡。一见先锋下水，众骑兵毫不迟疑，争先恐后夹马向前，截流而进，霎时间全部登岸，闯入敌营。南唐军全无防备，纷纷溃逃，赵匡胤等掳其舰而还。

与此同时，柴荣亲率诸军攻濠州，夺关城，破水寨，焚七十多艘战舰，斩首两千余级。濠州南唐守将郭廷谓派人至周营，诉说家在江南，降必夷族，愿先禀唐主而后降。柴荣明知他是缓兵告援，却道："待其援兵一举歼灭，看其降是不降？"

笑纵其去，暂停攻濠，自移师攻打泗州。

柴荣率后周大军水陆并进，沿淮而下，命赵匡胤率精骑为前锋。途中遭遇南唐军，当即水陆夹击，斩首五千级，收降卒两千人，夺战船三百艘。再鼓行向东，追杀逃敌，昼夜不息，沿淮城栅，后周军所至无不披靡。

军到泗州，赵匡胤率前锋精骑焚南关郭门，破水寨夺月城。柴荣亲冒矢石以攻其垒，南唐守将范再遇出降。

柴荣复兵分三路，命诸将率水将在中流，赵匡胤率军在南岸，自在北岸，夹淮进击，军行鼓噪之声传至数十里。

将到清口，已是黄昏。诸将请停宿。赵匡胤道："闻清口驻有唐营，他不意我军骤至，正好乘夜掩袭，岂可停留？"

接着命各将偃旗疾驰，夜半时分到达清口。

月黑杀人夜，风高放火天。赵匡胤率先闯入敌营，后周军齐声呐喊，放火烧营，肆意砍杀刚从睡梦中惊醒的南唐军，尸首积山，血流成河。

有敌数船顺流而逃，柴荣与赵匡胤夹河追击数十里。除焚毁外，共收缴舟船三百余艘，除杀溺外共俘七千余人。唐江北都应援使陈承诏被擒。

尚待陈承诏来援的濠州守将郭廷谓，果如柴荣所料，一闻此讯，即献城出降。接着，周军攻克楚州（今江苏淮安）。

南唐驻守楚州的是大将张彦卿。时南唐海、泰、静海军皆破，楚州城以外都被周军占领。后周主柴荣发州民浚通老鹳河，遣数百战舰自淮入江，夹击楚州，亲御旗鼓攻城。赵匡胤昼夜不解甲胄，麾兵登城，势如震霆烈焰。南唐诸将包括张彦卿子在内，以后周强南唐弱、无一外援、徒死无益，泣谏张彦卿出降。张彦卿手刃其子，誓死不降。诸将感泣。后周军轰塌城墙，张彦卿巷战至死，兵马都监郑昭业等千余人皆战死，无一生降，柴荣怒而屠城。

柴荣、赵匡胤等率周军继续南下，如风卷残云一般，轻取曾已放弃的扬州、泰州及銮口（今江苏仪征），一直打到长江岸边，控制了淮南江北的全部土地，赵匡胤水军又在瓜步破南唐舰船百余艘。

南唐被逼得喘不过气来。为苟延残喘，只得遣人渡江，以自去帝号、奉后周正朔、割让全部江北十四州、划江为界、贡献方物等条件乞求息兵。

显德五年（958年）三月，两国达成停战协议，历时两年零四个月的战争告一段落。

赵匡胤以功改任忠武军节度使。

显德六年（959年），柴荣第五次征战，向北出兵攻打契丹。

经过战争的考验和磨合，赵匡胤真正成了柴荣的左右手。柴荣亲征，大军分水陆两军，以赵匡胤任水路都部署，韩通为陆路都部署。两路大军并进，仅四十二日，便兵不血刃，占领了燕南各州。

柴荣接着乘势北上，欲取幽州，不料染上重病，被迫还师。

这真应了那句"天有不测风云，人有旦夕祸福"的老话。

而赵匡胤沉湎、陶醉其中的征战交响诗，却戛然而止。

在柴荣手下，他什么也不用想，只管去打、去拼，去为自己超群卓绝的能力和功勋，为成千上万草芥般匍匐在自己脚下的敌人血尸而欣喜若狂。

这一阶段，他的家庭却屡遭变故，先是父死。父亲一生不得志，家计窘迫，到老还在餐风饮露、领兵食。淮南一役，于前线病故。后是妻亡，贺氏妻室因病去世，他续娶将军王饶之女，因为官清廉，日常用度尚难维持，得张永德赠助金帛，方得完婚。但这些，全被他的勋业，他那令人扼腕长叹的征战交响诗所掩盖，使他浑然不觉。

如今，交响诗戛然而止。他有些惊诧，有些怅惘，有些意犹未尽，却仿佛因之突然警醒，突然回到了这个纷争的世界，不能不认真思索自己在其中的位置了。

柴荣病逝

赵匡胤的政治生涯是随着后周王朝的建立开始的，后周太祖郭威澶州兵变，黄袍加身，称君建国，颇得赵匡胤之力。其后，赵匡胤又忠心效命于周世宗柴荣，伴驾出征，屡建战功。可以这样说，周世宗在其雄心勃勃的统一战争中，每一程都记载着赵匡胤的许多功劳。正因如此，周世宗才视赵匡胤为亲信，屡授重任，频频擢升。周世宗因为有了赵匡胤一班能臣力将的辅佐才在内政军事上大展宏图，赵匡胤也因遇到了周世宗这样的明主才得以腾达显赫。对于这种君臣相依的关系，赵匡胤当然是清楚的，他竭尽股肱之力是为了周世宗，也是为了他自己的前程。

在周世宗身边，还有一位得力的臣子，就是以献《平边策》而声誉鹊起的王朴。这位博学善文的北汉进士是周世宗的智囊，"凡所谋划，动惬世宗之意"。周世宗南征时，他在京师留守，赵匡胤在前方冲杀，这一文一武二人犹如周世宗的臂膀羽翼，使他攻有力将、守有能臣，前方攻无不克、后方固若金汤。周世宗得此二人可谓如鱼得水、顺风扬帆。

周世宗矢志于统一大业，在取得了南征的胜利之后，又积极筹划北伐，准备收复被契丹占领的燕云十六州。

燕云十六州大部分是后晋"儿皇帝"石敬瑭拱手割让给契丹的。契丹雄踞北方使中原王朝无险可守，长期处于契丹铁骑的威胁之下。后周建立后，与契丹关系有所缓和，双方互通来使，但契丹的侵扰活动并未停止。显德元年（954年），北汉入侵，契丹也曾派兵相助。高平大战后，后周朝廷有人建议，修筑屯戍点驻兵防守，但周世宗觉得此法并非良策，于是在南征胜利后决定集中全力进行北伐，彻底解除这一积久以来的边患。

此时的契丹主是耶律述律，他是耶律德光之子，广顺元年（951年），因契丹贵族集团内讧而被拥立为帝。此人嗜酒如命，狩猎无休，不治政事，加之连年用兵，使契丹国国力大衰。周世宗柴荣正是看准了这个机会，果断地把统一战争的兵锋转向北方。

显德六年（959年）三月，北伐计划开始实施。周世宗信心十足，志在必得。大军将行，一个突发事件使周世宗在精神上受到很大打击：枢密使王朴病逝了，这位智略过人的谋臣是在与前司空李谷交谈时突然发病仆倒于座的，时年仅四十五岁。

尽管周世宗痛失谋臣，但他并未迟滞北伐的步伐。这年三月一个乍暖还寒的日子，周世宗率大军踏上了北伐的征途。

北伐的前锋是侍卫亲军都虞候韩通，他率领先行的水陆两军循水道达瀛、莫二州。韩通为使水道畅通，开了三十六个游口，修补了破坏的堤防，使水道得以畅通。四月，周世宗车驾至沧州，率步骑数万直趋契丹之境。后周大军水陆俱下，韩通为陆路都部署，赵匡胤为水路都部署，周世宗乘龙舟由水道北上，"舳舻相连数十里"，直抵益津关，契丹守将经延辉举城投降。

接着，赵匡胤率兵至瓦桥关，契丹守将姚内斌投降。周世宗遂驻跸于瓦桥关，契丹莫州刺史刘楚信、瀛州刺史高彦晖也举城投降。这样，在短短四十二天内，周军便兵不血刃地收复益津关、淤口关、瓦桥关等三关，得三州、十七县、一万八千余户，这一意想不到的胜利使周世宗喜不自禁。五月二日，他在行宫大聚诸将，盛宴庆贺，诸将高呼万岁，盛赞这"不世之功"。庆宴之上，赵匡胤喜形于色，频频举杯，沉浸在胜利的欢悦之中。

辉煌的胜利曾刺激着周世宗新的进取。收复三关后他即打算乘胜前进，攻取幽州。但是，当他将自己的想法告知诸将时，诸将认为契丹骑兵聚集在幽州之北，急于深入，恐有闪失。周世宗很不高兴，他没有听从诸将的劝阻，继续北上。不幸的是，出征途中，他突然得了重病，不得不抱憾罢兵，后周军北伐就此停止。

周世宗自知病重，遂安排后事。他将收复的三关之地新置雄、霸二州，留韩令坤、陈思让戍守，回京师后又对朝廷人事做了许多变动。

在这一系列变动中便涉及赵匡胤，也涉及一个重大的历史转折。

周世宗之子名宗训，时年仅七岁，周世宗担心他的儿子难以执掌国政，巩固江山，便想选定几位顾命大臣，辅佐他的儿子共创后周未来。

他首先想到了殿前都点检张永德。此人曾辅佐太祖，是太祖的女婿，而今又是殿前军最高统帅，誉满朝野，威望甚高，顾命大臣当是非他莫属。但是，当他正准备决定这一重要人选时，却又迟疑起来。

他想起了一件事。这是在北伐契丹途中，有一天，周世宗翻阅四方文书，忽然看到有一皮囊，包裹甚严，打开一看，只见皮囊中有一块木牌，长约三尺余，上面赫然写着五个大字：点检做天子。

周世宗顿时愣住了：这不是谶符吗？它来自何处？其意若何？他不禁暗自思忖：点检乃禁军统帅张永德，难道他要图谋篡位不成？

发现这木牌的时候正值北伐途中，军情重大，战事繁忙，周世宗未及多想。但现在，当他对后周未来进行最后规划的时候，这件事却顽固地占据了他的脑际，久久难以挥去。

病入膏肓的周世宗把皇位的继承、辅臣的选择看得比什么都重要，他要让他的未竟事业继续下去，要让他亲手缔造的强大步骑踏入幽州，把为害中原的契丹夷敌彻底摧垮，让他们朝拜纳贡，俯首称臣！

周世宗再也顾不了许多了，他已经没时间去查证那小木牌的真伪及与之相关的是是非非，没时间对现任都检点张永德的功过得失进行全面权衡，他现在只相信那令人忧忌的谶符，认定这木牌包容着张永德欲谋皇位的祸心，他不能容许这种危及后周江山的事情发生，他要把这个令人放心不下的潜在危机在他离开人世之前清除。于是，他吃力而果断地向侍臣口授诏令：解除张永德的都点检军职，让他交出军权，改任检校太尉、同平章事之职。

接着，他把赵匡胤召到万岁殿，满怀期待地对赵匡胤说，他病已不治，年寿将尽，平生戎马倥偬，志在混一寰宇，然天不假年，中道撒手，死难瞑目，为使统一大业成功有望，请赵匡胤接任都点检之职，善掌军权，辅佐皇子，完成未竟事业。

周世宗说这番话的时候十分诚恳，目光中充满了信任和渴盼，眼角上挂着伤感的泪水。他还深情地追溯起赵匡胤效命周室以来的功绩，滁州歼敌、高平大捷、勇闯十八滩险阻、扫平紫金山营寨，历历往事，如数家珍。他毫不掩饰地表白，他始终看重赵匡胤的才智，满朝文武中只有他能受此重托。他希望赵匡胤不负厚望，尽忠所事，力保帝业永固。

赵匡胤跪在周世宗的病榻前，静静地聆听着周世宗最后的陈述和嘱托。平心而论，他自从跟随周世宗以来，披肝沥胆，恪尽职守，对得起皇帝对他的信任，也对得起他所担任的职事。之所以如此，是因为他认定皇帝是位励精图治、雄才大略的圣明天子，值得他去效命、去奉献。如今，皇帝身染沉疴，托此重任，他怎不感激涕零！他向皇帝表示，他一定忠心辅佐皇子，把皇帝的未竟事业进行到底。

周世宗满意地点了点头，疲倦地闭上了眼睛。

六月十八日，一代英主周世宗驾崩于万岁殿，时年三十九岁。七岁皇子梁王柴宗训枢前继位，是为恭帝。

周世宗在位共五年零六个月。当初他常恐运祚速而功业不就，曾请王朴占卦算命，王朴说他只能预测三十年，后人敷衍说五六乃三十之数，正合王朴的预测。此说实不足为信，但综观周世宗一生，文治武功，堪称卓著。因此，《旧五代史》撰著者薛居正在其传后评曰："世宗顷在仄微，尤务韬晦，及天命有属，嗣守鸿业，不日破高平之阵，逾年复秦、凤之封，江北燕南，取之如拾芥，神武雄略，乃一世英主也。……而降年不永，美志不就，悲夫！"

薛居正的评论是中肯恰当的。是否还可以这样说，周世宗的最后决断也属英明，他让赵匡胤独掌军权可谓慧眼识人，因为只有赵匡胤才能够继承他的遗志，完成统一大业。但是，赵匡胤统一的天下却不是他后周的天下，而是一个崭新的赵姓王朝，这个王朝的诞生标志着后周王朝的寿终正寝。周世宗的统一遗愿是实现了，但他的帝业却结束了。这，或许是聪明一世的周世宗始料未及的。

第四章

陈桥兵变

暗结义社

周世宗临终决断，解除了张永德的兵权并非完全出于对他的怀疑，应该说，他对张永德还是比较信任的，自显德三年（956年）起便让他担任都检点之职，总揽军权，便是证明。事实上，张永德也确实是忠于王室，从无二心，在跟随周世宗南征北战中屡有出色表现。

那么，周世宗为何要在临终之际收回其兵权呢？究其原因，大半是由于赵匡胤的存在。若将二人加以比较，赵匡胤的审时度势、指挥若定、足智多谋、能攻善战，显然在张永德之上。赵匡胤在周世宗的统一战争中表现出的非凡才能和大将风度给周世宗留下的印象太深了，而周世宗又是一位知人善任、重用人才的皇帝，所以，在反复权衡之后感到赵匡胤更为可靠，更能担当托孤大任。

有一则记载说，当周世宗既定三关，遇疾而退，至澶渊迟留不行时，宰相近臣问疾者都难得入见，张永德时为澶州刺史，又是周太祖的女婿，以亲故得以独至周世宗卧内。群臣对张永德说："天下未定，根本空虚，四方诸侯唯幸京师有变。澶州离京师甚远，不如赶快返回以安定人心，如果顾及旦夕之劳，迟迟不归，若有不测，宗庙何安？"张永德觉得此话很有道理，便以群臣之意向世宗进言，周世宗听罢，沉思良久，叹道："吾固知汝必为人所教，独不喻吾意哉！然观汝之穷薄，恶足当此！"

周世宗这番话的语气是很重的，明显地表现出对张永德的不满，感到他缺少主见，易代人言，周世宗不放心对他托以大任。但他凭着对张永德的了解，又认定他不是那种有野心的人，所以在收回了他的兵权之后，仍让他担任检校太尉之职。

由此看来，都点检这一重要军职的易人大可归属于一种正常的人事变动，并不能认为周世宗为制止张永德篡政而防患于未然，当然，也绝不能排除有周世宗忧虑的这种因素。因为在那个时代，武人当权、江山易主的事情太多了，周世宗虽然明哲豁达，但是，也绝不会对那个扰人心绪的谶符木牌视而不见，特别是在他重病缠身、天寿将尽的时候。

按照常规，一个重要职务的易人往往会造成前任和取代者的嫌隙，反目为仇、水火不容者并非少见，但赵匡胤取代了张永德之后并未出现这种情况。赵匡胤不是那种心胸狭隘之人，他轻财重义，知恩图报。当初，富于家财的张永德曾对赵匡胤多有接济。赵匡胤结发妻贺氏死后，又续娶王饶将军的女儿为继室，张永德见赵匡胤为官清廉，又蒙丧妻之痛，赠送他几千匹绢帛。对于张永德的情谊，赵匡胤深记于心，虽受取代之命，仍以张永德为挚友，在他当了皇帝后将张永德推到侍中的位置，授武胜军节度使。张永德入觐，赵匡胤亲切地召他至后苑，"道旧故，饮以巨觥，每呼驸马不名"，足见二人感情之深。

赵匡胤与张永德相安无事使张永德很是感激，自然而然地站在赵匡胤一边。赵匡胤是很能网罗人才的，因为他知道，欲成大事，人才是根本，他要最大范围地结交文臣武将，建立起一支自己的力量，牢牢地控制禁军、控制政局，主宰沉浮。

赵匡胤受命辅佐的小皇帝柴宗训是一个无知的孩童，他年仅七岁，根本不知道如何处理政务，军国大事全由大臣决断。在此"主少国疑"的情况下，后周王朝不可避免地处于动荡之中，不甘寂寞的赵匡胤表面上一心辅佐幼主，暗地里却在开始勾画他未来的蓝图。

显德六年（959年）周世宗去世、宗训继位时，赵匡胤掌管禁军大权已六年。此间，他一方面恩威兼施，使禁军将士服伏；一方面把一些重要将领拉到自己身边，与其结拜为兄弟，称为"义社"，其主要成员有：

石守信，开封人，早年奉事周太祖郭威，隶属其帐下，广顺初年，累迁亲卫都虞候。曾跟随周世宗征晋阳，与赵匡胤一起参加了高平大战，因功迁亲卫左第一军都校。大军凯旋后，迁铁骑左都校。此后，又作为前锋，参加了征淮南之战，在六合、涡口、扬州等战役中再建奇功，遂领嘉州防御使，后转殿前都虞候，转都指挥使，领洪州防御使。恭帝即位，加领义成军节度使。石守信能攻善战，骁勇无比，为后周功臣，在禁军将领中举足轻重。

王审琦，其先为辽西人，后徙家洛阳。早年与赵匡胤相识并结拜为兄弟，后汉乾祐年间，甚得郭威亲任。曾随驾平李守贞之乱，任功署厅直左番副将。又随周世宗讨刘崇，征淮南，破南唐军于紫金山，授官控鹤右厢都校，领虔州团练使。后周军围濠州时，王审琦率敢死队数千人拔水寨，夺月城，攻克濠州。王审琦"厚有方略，尤善骑射"，周从世宗攻楚州时，城将攻陷，王审琦准确判断敌军逃遁方向，设伏以待，全歼逃敌。又从平瓦桥关，再建战功。恭帝继位，迁殿前都虞候，领睦州防御使。赵匡胤以王审琦为挚友，在他当皇帝以后曾令王审琦侍宴，并对他说："酒，天之美禄；审琦，朕布衣之交也。"

李继勋，大名元城（今河北大名）人，也曾效命于郭威帐下，显德初年任昭武军节度使。周世宗南征时，曾令李继勋率黑龙船三十艘于江口滩败敌兵数百，获战船二艘，以功迁左领军卫上将军，后改右羽军统军。恭帝继位授安国军节度使。

韩重斌，磁州武安（今河北武安）人，少以武勇隶属后周太祖郭威帐下，也是跟随世宗战高平、征淮南的功臣。

此外，还有杨光义、刘庆义、刘守忠、刘廷让、王政忠等人。赵匡胤与这些人以义气结拜，组成一个志趣相投、关系密切的小圈子，号称"义社十兄弟"。

在赵匡胤的幕府内，还有一批智囊人物，他们是：赵普、王仁赡、楚昭辅、李处耘等。赵普足智多谋，是赵匡胤成就大业的最得力助手，宋朝建立后成为参与制定重要方针政策的著名宰相。王仁赡则倜傥多才，赵匡胤素知其名，经向周世宗举荐，隶于帐下。楚昭辅、李处耘也以才干著称，深得赵匡胤信任。

这里，还有必要说一说赵匡胤的弟弟赵匡义。赵匡义是赵弘殷的第三子，生于后晋天福四年（939年）十月十七，比赵匡胤小十二岁。他因出身武将之家，父兄均为大将，所以他也从小学习弓马，并参与一些战阵之事。十六岁时，曾跟随父亲赵弘殷南征，多次与敌将交锋。十八岁时，随周世宗和赵匡胤攻下瓦桥关和瀛州、莫州，也建有战功。后来，他成为北宋王朝的第二代皇帝。

工于心计的赵匡胤既与义社兄弟结为死党，又得赵普等谋士亲信，加上他的两个莫逆之交韩令坤、慕容延钊，一个领重兵守边，一个为殿前副都点检，握有兵权，还有他的胞弟赵匡义，便形成了一个强大的军事集团。这个集团人才济济，兵权在握，足以使后周江山大厦倾覆。

在掌握着军事大权的赵匡胤之上，还有范质、王溥等宰相，但他们都是书生出身的文臣，不知武事，在"武将拥立"成风的年代，一旦风云突变，战乱骤起，只能是束手无策，徒叹奈何。

面对赵匡胤集团的羽翼渐丰，一班洞晓时事的文臣忧心忡忡。一位叫郑起的谏官上书宰相范质，指出，赵匡胤众望所归，不宜典掌禁军。但范质掉以轻心，把郑起的上书束之高阁。

武将之中，还有一位老资格的韩通，他担任禁军高级统帅官马步军指挥使，与赵匡胤同掌禁军。但此人刚愎自用，治军乏术，在军中并无威望，其势力根本无法与赵匡胤匹敌。韩通的儿子韩橐驼曾劝父亲对赵匡胤加以防范，甚至力劝韩通杀死赵匡胤以绝后患，但胸无城府的韩通却漠然置之。

势力强大的赵匡胤当然没把韩通当回事，至于那些只知出谋划策、舞文弄墨的文臣，他更未放在眼里。他只是把一切心思都用在巩固、加强和扩大朋党上面。他早已淡漠了对后周王室的忠诚，再也不需要像当年效命周世宗那样侍奉一个不晓事的小皇帝了。他有自己的大略宏图，有自己的辉煌伟业，他要按照自己的意愿改天换地，重建一个崭新的江山。

黄袍加身

赵匡胤绝不是一个甘于寂寞的人。自从他幼入学堂，便另有所思，最后终于弃文习武，悉心骑射。及至别妻出走，闯荡天涯，则希望能够步入军旅，在血肉厮杀中闯出一条成功之路。

应当说，赵匡胤对后周的创始之君太祖郭威和一代有为之主周世宗柴荣都是至忠至诚的。他敬仰他们的雄才大略，钦佩他们的文治武功，因此，心甘情愿地效命于麾下，指望通过他们的拔擢，晋身富贵。他曾经把皇帝的恩赐视为荣登高位的唯一途径，决心冒锋镝①，用万死不辞的忠勇

---

① 锋镝：刀刃和箭镞，借指兵器。

在皇帝心目中建立起不可动摇的信任。

时顺天助。赵匡胤的努力没有白费，他在既已选择的道路上屡有惊人之举，一个个美好的愿望相继变为现实。短短十年间，他由一名普通士卒跃升为禁军的最高统帅，执掌起全国的军事大权。随着职务的擢升，赵匡胤的内心深处也在生长着一种主宰天下的欲望。这欲望虽然不得不极力地压抑着、掩盖着，不敢有丝毫表露，可是，其强烈程度也是与日俱增，犹如地下火在运行，随时都可能冲出地面，化作滚滚流淌的炽热的岩浆。

其实，虽然赵匡胤百般遮掩，但他不可告人的心计还是时有显露。一个突出的迹象便是他的志趣、爱好的变化，在征战南唐的日子里，他于战事之暇悉心收集了图书千卷，随时阅读，这对于笃信武力的赵匡胤来说实属反常。他秘不可宣的意图是：勇武只可为将帅，得天下还得文武兼备。他已经不满足能够统兵作战，而是把目光投向更加振奋人心的未来。

赵匡胤这一变化被精明的周世宗发觉了，问道："既为将帅，应以治戎装、磨刀剑为正事，怎么读起诗书来了？"

周世宗的发问使赵匡胤吃惊不小，忙道："臣受陛下恩重，常感力不从心，所以想广学多闻，增长见识，以不负圣望。"

周世宗不再追问，时值战事繁忙，周世宗慢慢将此事忘在脑后。

可是赵匡胤却并未因此改变初衷，他不仅留意经史而且还不遗余力地网罗党羽，结交名士，组织自己的势力集团，等待时机，以求一逞。特别是在周世宗去世、小皇帝宗训继位之后，这一酝酿多时的宏大计划迅速进入实施阶段。

赵匡胤是把握机遇的能手，在意识到机会来临的时候，手握重兵的赵匡胤迅速调整了自己的策略。他努力抑制住内心的狂喜，让自己处于这样一种态势：不急不躁，掌握主动，进可以攻，退可以守，他对上天所提供的机会的最细微处进行了认真的筹划。

首先是朝廷内部的变化，周世宗已经驾鹤西归。周世宗从发病到不治，不足两月，又正当盛年，对后事没有做出深思熟虑的妥善安排，不得已，只好匆忙地将符氏立为皇后，封年幼的皇长子柴宗训为梁王，显然含有"接班"的意思。七岁的孩童继位，后周王朝将真正处于"主少国疑"的状态。

再看人事方面的调整，对赵匡胤也非常有利。周世宗在病情加剧的时候，对后事粗粗地做了些安排。文臣方面，任命范质、王溥参知枢密院事，魏仁浦兼枢密使，这样的安排当然有托孤的意思。这三位宰相中，魏仁浦"虽处权要而能谦谨"，性情宽厚，不会咄咄逼人与赵过不去。而且，赵家与魏家颇有交情，赵匡胤的母亲杜氏还是魏家的常客。王溥则早以向赵"阴效诚款"，暗送秋波并开始巴结赵。急性而好面折人过的范质与赵虽无深交，需要小心对付，但范质毕竟是文官，在军队中没有派系，号召力有限，不足为虑。最使赵匡胤惬意的是，真正使他畏惧的谏议大夫、开封府尹王朴已在三个月前去世，这等于帮赵匡胤拔掉了眼中钉和肉中刺。

赵匡胤最不放心的是军队系统，此时也出现了对他绝对有利的变动。殿前司系统，张永德已被免职，殿前都点检一职已由赵匡胤本人担任，安排赵匡胤做殿前都点检，自然也带有"托孤"的意思。赵匡胤由此权重位荣，办起事来也比较方便。原来一直空缺的殿前副都点检一职，由慕容延钊出任。慕容延钊是赵匡胤"素所兄事"的故交，关系非同一般；原来空缺的殿前都虞候一职，则由王审琦担任，此人既为赵匡胤的"布衣故交"，又是义社十兄弟之一，与当时已担任殿前都指挥使的石守信一样，都是赵匡胤势力圈子中的核心人物。这样，整个殿前司系统的所有高级将领的职务全部换成了"赵家军"成员。侍卫司系统，原来只有韩令坤有"兄弟"之谊，周世宗去世后，韩令坤升任一直空缺的侍卫都虞候一职，其空出的侍卫马军都指挥使一职由高怀德出任；原由与赵匡胤有矛盾的袁彦担任的侍卫步军都指挥使一职，则由张令铎取代。高、张两人一年后都与赵匡胤结为姻亲，由此可见他们当时与赵匡胤关系之密切。如此，在侍卫司系统的五个高级职务中，赵匡胤的亲朋故友就占了三位。余下的两位，一位是侍卫司的马步军都指挥使李重进，是侍卫司的最高统帅，但此时正领兵驻守淮南扬州。京师中实际只剩下副都指挥使韩通，难以同赵匡胤相抗衡。

赵匡胤还想把事情做得更细密些，他估摸到了对他有利的民情。还是在周世宗在位时，就已有"点检做天子"的舆论在传播，周世宗死后，年仅七岁的梁王在周世宗的灵柩前继位，太后符氏既不是梁王的亲生母亲，又是匆促册封的皇后，地位并不稳固。孤儿寡母充当后周国主，最高权力实际出现了真空。"主少国疑"作为一种失望情绪的宣泄，正弥漫在京城的每个角落。原来由周世宗主持的北伐大业，此时已被迫中止。后周王朝今后何去何从，不仅京城百姓心里没底，连朝廷大臣也心中无数。

不过，赵匡胤也不是没有一点顾虑，特别是手握重兵的韩通驻守在开封城内，周围又有一批效忠后周王室的大臣，要在京城下手，万一不能成功，不仅会身败名裂，连性命也难保住。

赵匡胤从不干没有把握的事情。

显德七年（960年）正月初一，正当后周君臣喜庆新年，朝野上下沉浸在节日的欢乐之中的时候，忽接镇、定二州急报：契丹举兵入侵，北汉也引兵东下，与契丹会合为一，正势不可当地越过边界，直奔开封而来！

年幼无知的小皇帝柴宗训慌了，他赶忙问计于顾命大臣范质。曾仕弘文馆大学士的宰相范质是当时最负盛名的文臣，他博闻强识，学识过人，入朝以后，手不释卷，有人劝他不要过于劳累，他却说："有善相者，谓我异日位宰辅。诚如其言，不学何术以处之？"后跟随周世宗征淮南，

"诏令多出其手，吴中文士莫不惊服"。现在，小皇帝柴宗训也把范质视为主心骨，请他帮助拿个主意。

范质此时的职务是开府仪同三司，封萧国公，与王溥同为宰相，参知最高决策机关枢密院事，决定国家方针大计。范质既受小皇帝柴宗训之托，便找王溥商议。王溥同样是手不释卷的书生，他的兴趣和精力都放在读书著文上，曾辑《唐会要》百卷，又撰《五代会要》三十卷，有文集二十卷。这位右仆射听说边关紧急，完全想不出什么好办法，便请范质定夺。范质一时慌乱，未及认真核实军情，忖度对策，便为小皇帝柴宗训匆忙起草了一道诏令，命归德军节度使、检校太尉、殿前都检点赵匡胤率领宿卫禁军前往御敌。

如同以往领受圣命一样，赵匡胤毕恭毕敬地在小皇帝柴宗训的御座前行了为臣之礼，然后，从坐者手上接过那道发兵的诏令，连呼万岁，表示不负圣望，御敌于国门之外，用热血和赤诚维护大周社稷的安全。

范质、王溥一班文臣感动了，小皇帝柴宗训满含热泪地走下御座，搀起跪地接旨的赵匡胤，十分感激。此时的柴宗训当皇帝才只半年，此间，他虽然发布过一些任命官员之类的诏令，但派兵出征还是第一次。一纸诏令居然能调动千军万马，使兵权在握的禁军统帅俯首听命，这在小皇帝柴宗训看来实在是件了不起的事情，他朦胧地感受到天子的威严和至高无上的权力，幼小的心灵中升起了一种难以名状的自豪。

赵匡胤谦恭地离开大殿，万岁连声地向皇帝告别，像是告别一个行将寿终正寝的王朝。

小皇帝柴宗训又继续陶醉在佳节的欢乐之中了，他正值贪玩的年龄，有那么多人变着法子使他快活，为他助兴，他感到很满足，他要尽情享受这至尊之乐，用最丰富、最有趣的内容充实这宝贵的时光。

相比之下，赵匡胤却显得有些紧张。这紧张不是来自对强敌的畏惧，而是来自举大事前吉凶未卜的不安。只有他和几个亲近幕僚才明白，这火急军情纯属子虚乌有，镇、定二州告危的情报是在他的授意下凭空编造出来的，这一纸假情报的炮制，给他带来了集结军队的契机，标志着一场兵变的开始。

当然，赵匡胤对此是讳莫如深的。他像历次出征前一样，煞有介事地运筹谋划，调兵遣将，部署兵力，郑重地任命他的莫逆之交嫡系亲信、殿前副点检慕容延钊为前锋，率领一支精锐部队先期发出，他自己则调集大军，准备紧随其后。这一天是正月初二，接到军情报告的第二天。赵匡胤对敌情反应迅捷，令朝野咋舌，众人都对这位新任都检点的忠心效主称颂不已。

与此同时，赵匡胤又派人到处散布"将以出军之日，策点检为天子"。和上次流言不同，上次是为了除掉政治上的对手张永德，而这次却是为了自己夺取政权制造舆论。一时间，将要改朝换代的消息四处蔓延，传遍京城每一个角落，只是瞒住了高墙深院之中的内宫，他们还蒙在鼓里。老百姓不辨真假，十年前郭威兵变进入开封后纵兵大掠的情景又浮现在眼前。于是本该是喜气扬扬、充满欢庆祥和的传统佳节，却是满城风雨，人心浮动，从小市民到士大夫，搬家的，逃难的，早已乱成一团。

事态演变至此，赵匡胤的图谋已昭然若揭，即使是小孩子也知道大变将至。可是，最有力量制止事变发生的韩通，却依旧不相信赵匡胤敢犯上作乱，对于充斥耳边的传言，置若罔闻。赵匡胤率军出发前，也就是大年初一的晚上，到韩通府上辞行，韩徽献计，恳求干掉赵匡胤，然而被韩通阻止。后周政权丧失了最后一次机会，赵匡胤代后周自立已无法阻止，势成必然了。

正月初三，慕容延钊出发后一天，赵匡胤正式率大军离京出发。为了给欢送他的京都市民留下一个良好印象，也为了显示他的部队与其他骄兵悍将的区别，赵匡胤特意下令对部队严加约束。果然，成千上万的市民目睹赵匡胤率领禁军秩序井然地离开时，都不约而同地轻轻吁了一口气，浮动的人心稍稍安定下来。其实，赵匡胤需要的正是如此效果。

离开京师，赵匡胤开始有条不紊地动作起来。先是禁军军校苗训跳了出来，此人学过占星术，善于望气观星，在周围军士中小有名望。他指着太阳对众人说："天上有两个太阳，黑光磨荡争斗了很长时间。"并煞有介事地对赵的亲信幕僚楚昭辅解释道："一日克一日，这是天命。"两人一问一答，一唱一和，既形象、又逼真，周围兵士很快一传十、十传百地将这一说法传播开来。

苗训的"一日克一日"的神秘预言，经过楚昭辅的肆意渲染，在目不识丁、以当兵为职业养家糊口的士卒们眼里，就意味着赵匡胤俨然天意有归，授命有兆。

当晚，大军到达离开封四十里的陈桥驿，此地紧靠黄河。在陈桥与封丘二门之间，是开封通向东北方大道的第一驿站，唐朝时称上源驿，后改为班荆馆，是对少数民族使臣迎接赏劳之处。多年来，这里车行马驰，征尘飞扬，行人塞路。赵匡胤大军来到这里，已人困马乏，于是传令军中安营扎寨，驻足暂歇。

夜色将陈桥驿染成一片漆黑，兵士们很快进入梦乡，陈桥驿营寨寂静无声。这时，一些将校聚集在一起，商议道："主上幼弱，未能亲政，今我辈出死力为国家破贼，谁能知道？不如先立点检为天子，然后再北征不迟。"都押衙李处耘将此事告诉赵匡胤之弟赵匡义，赵匡义立即向归德军节度使赵匡胤的掌书记赵普做汇报。话未说完，诸将突然带着兵器闯了进来，大嚷道："军中定议，欲策太尉为天子。"这些人所称的太尉即是赵匡胤。

老谋深算的赵普胸有成竹，他先是装模作样地对他们大声呵斥了一通，待众人安静下来后才慢慢讲出他的意图："策立，大事也！固宜审图，尔等何得便肆狂悖！"这是说，这样的大事得周密筹划，轻举妄动成得什么气候！赵普之所以要讲这番话，一是要把兵变的责任推给众将；二是要从气势上压住骄兵悍将：有勇无谋，难成大事；三是道出他的真实想法：不能胡来，得仔细策划。

谁来策划？自然非赵普莫属。为了试探诸将士的决心，赵普故意讲了番大道理："外寇压境，将莫谁何，盍先攘却，归始议此。"意思是大敌当前，应先"攘外"再讨论此事。按照赵普所说的先退敌，班师回朝时再议此事会是什么结果呢？这是任何人都能想得到的。推翻皇帝就是大逆不道，就是谋反，在当时是要受灭族的处罚的。再说，在这场即将开始的战斗中，谁能保证自己能苟全性命而不客死异乡。这些心理，赵普其实了如指掌，他只是想借众人之口说出自己想要说的话来。果然，诸将均不同意，说："当今政出多门，但当急入京城，策立太尉，徐行而北，破贼不难。太尉如不受策立，六军定亦难以使之向前。"

赵普需要的就是这个，于是他按着早已准备好的路数发话了："兴王易姓，虽云天命，实系人心。前军已过河，节度使各据一方，京城若乱，不唯外寇愈深，四方必转生变。若能严敕军士，勿令剽劫，都城人心不摇，则四方自然宁谧，诸将亦可长保富贵矣。"

赵普这番话说出了好几层意思，既有威逼，也有利诱。第一，扶立新皇帝既是天命也符合人心，所以赵匡胤当皇帝合法而神圣。第二，京城不能乱，否则局势难以控制。第三，必须严肃军纪，不能洗劫民众，如能做到，大家都有好处可图。若不行，则什么事情都可能发生。

诸将表示服从。赵普和赵匡义于是开始了下一步的行动。一方面让诸将校分头鼓动，加紧调遣部队，做好准备。另一方面又火速派遣军使郭延赟连夜策马飞驰回京，向石守信和王审琦通报情况，做好接应准备。

好戏就像经过彩排一样，一幕一幕按计划顺利进行。次日天刚亮，一夜未睡环立赵匡胤帐前的将士们发出了呼叫，此地呼声一起，四面群起响应，响声动地，声震原野。接着，一部分将士握刀持剑，直奔赵匡胤寝帐，守卫在门外的赵匡义连忙推醒尚蒙着被子睡大觉的哥哥。赵匡胤酒意刚去，打着哈欠，缓缓地爬起床来。这时将校们个个手持兵器，立于庭前，齐声高叫："我辈无主，愿奉点检为皇上。"不等赵匡胤答话，就将他拥至厅堂，把一件早已预备好的绣黄龙袍披在他的身上，然后退至庭前，齐刷刷跪倒在地，口中高呼"万岁"。

戏剧进入高潮，作为主角的赵匡胤，不能总是躲在幕后，该是自己登台亮相的时候了。赵匡胤及其谋士们深知，单靠玩弄迷信符命那一套把戏，只能蒙骗一时，不能"维系人心"于持久。士兵将校今日拥立自己，他日又可能拥立别人，这样的事例太多了。若不严明军纪，那么将士们就会恃功倨傲，骄横难制。这样即使得到天下，也不会长治久安。于是，赵匡胤高声宣布："你们贪图富贵，强立我为天子，我心存感激。可是无规矩不成方圆，你们若能服从我的命令，我便当这个天子。否则，就请诸位另请高明。"众将齐声高呼："我们一定服从命令。"赵匡胤见目的已经达到，就不再客气，当即"约法三章"："少帝及太后，我曾北面称臣；文武百官，都同我并肩共事。对他们，你们不能随意侵犯凌辱。近代帝王起兵，初入京师时都纵兵大掠。今天你们不得再这样劫掠都市民众，抢夺府库财物。服从命令的，将得到重赏；不服从命令的，将杀无赦！"

所谓善待少帝及太后，不过是随口说说而已，赵匡胤后来的所作所为便可证明非但没有善待，反倒采取了斩草除根的办法。这段话和昨晚赵普所说如出一辙，仿佛出自一人之口，可见这场戏剧性的兵变乃是事先有所谋划的一场游戏而已。

赵匡胤率师离京，就是为了黄袍加身。如今目的已达到，本就子虚乌有的辽汉联兵入侵的消息，自然也就无踪无影了。于是，赵匡胤勒转马头，回转京师。早已等候的石守信、王审琦，打开城门，赵匡胤进入城中。开封的百姓，饱受历次兵变的苦痛，有如惊弓之鸟，听说大军去而复返，不免担惊受怕。等到部队入城之后，秋毫无犯，一颗颗提着的心才放了下来。有几个市井无赖，想趁机劫掠，发一笔横财，不料被巡逻的士兵捉住，做了刀下之鬼。京城的秩序，很快安定下来，赵匡胤也回到了殿前都点检的公署。

这时，正是早朝时分。后周的宰相大臣们，听说兵变的消息，一个个手足无措。只有韩通一人，从朝中飞奔回家，企图组织抵抗。行至中途，被赵匡胤的部将王彦升发觉。王彦升跃马随后追赶，韩通刚进家门，还来不及掩上大门，就被王彦升闯入府内杀死，那个曾劝说干掉赵匡胤的韩橐驼，也一并命归黄泉。宰相范质，紧紧抓住另一宰相王溥的手，痛悔不已地说："匆匆派兵，导致此变。我们有负先皇临终所托，断送了周家天下，罪该万死啊！"

这时，诸将拥簇赵匡胤登上了明德门。这里是天子的登临之处，赵匡胤身处此地，俯瞰京城，心中荡满了成功的喜悦。他意识到，他已经完全控制了局势，兵变已获成功，于是，便传令甲士还营，他自己也回到殿前都点检的公署小住。他不再担忧敌对势力的反抗，而是将整个心思都用在怎样登基称帝的事情上。他准备顺顺当当地从恭帝手中接过皇权，风风光光地举行登基大典。

公署外传来的喧哗声，打断了他的思绪。正自疑惑，只见范质、王溥二宰相被将士们连推带拥地逼了进来。范质见到赵匡胤，质问道："先帝视你如子，恩宠有加，今尸骨未寒，你却兴兵背叛，是何道理？"

赵匡胤故作内疚之态，流着泪说："我受世宗厚恩，怎敢忘怀？今日之事，全因六军所迫，不得已而为之，深觉愧负天地，你看如何是好？"

范质鄙夷地一笑，正想说什么，站立其侧的散指挥都虞候罗彦环拔剑上前，厉声喝道："我辈无主，今日须得天子！"

赵匡胤佯怒，示意他退下，罗彦环不仅不退，反而持剑逼近范质。范质有些慌张，一时间不知怎样是好。王溥见状，首先退至阶下，向赵匡胤下拜，范质自知事情已不可逆转，只好屈身而拜，无可奈何地接受了这个事实。

范质不愧是颇识时务的老臣，在这种别无选择的形势下，他明智地调整了自己的思维，迅速地转到赵匡胤一边。他向赵匡胤献策道："事已尔，无太仓卒。自古帝王有禅位之礼，今可行也。"赵匡胤追问其详，范质道："太尉以礼受禅，则事太后如母，养少主如子，无负先帝旧恩。"赵匡胤挥泪许诺，然后率百官成礼。世宗临终顾命的大臣，就这样改换了门庭。剩下宫中的寡妇孤儿，唯一能做的就是拱手让出江山。

事态的发展，出人意料的顺利，赵匡胤兵不血刃，轻而易举地夺取了政权。于是，赵姓集团忙碌地筹备着禅代大典。夜长梦多，事不宜迟，当天下午，开封城中锣鼓喧天，旌旗招展。

禅代礼在崇元殿进行，赵匡胤召集百官各就各位。至黄昏时分，一切安排就绪，但恭帝的禅位诏书迟迟未到。众人正焦急等待，忽见翰林学士陶谷走上殿来，大呼："禅诏在此！"这一石破天惊的消息顿时使大殿上的气氛缓和下来，赵匡胤和侍立班位的百官都舒了一口气。

关于这从天而降的禅诏，史载不一。有的说是后周前恭帝从内宫传出，有的说是宰相范质先与恭帝商议，然后召陶谷草拟。此二说都有可能，因无关紧要，无须做过多考证。现在的事实是：禅诏送到了崇元殿，并当众做了宣读，这就标志着赵匡胤已正式从恭帝手中接过皇权，禅让成为现实。

禅诏宣读完毕，宣徽使引导赵匡胤就龙墀北向而拜，宰相扶赵匡胤升殿，在东厢房换上了皇帝的冠冕，然后神采奕奕地端坐在皇帝的御座上，开始接受百官的朝贺。这时，万岁声此起彼伏，禅让仪式进入高潮。

这一天是正月初五。赵匡胤改元为建隆。因赵匡胤即位前任归德军节度使，镇府治宋州，所以，诏定国号为宋，赵匡胤从此成了大宋王朝的开国之君，庙号宋太祖。这一年，赵匡胤三十四岁。

赵匡胤发动的这次兵变，仍是五代时期兵变的一种延续。只要仔细对照一下七年前郭威的那场兵变，就会发现，此次赵匡胤使用的招数有着惊人的一致，特别是"黄袍加身"和"禅让退位"两出戏，简直如出一辙，不能不令人发出"何其相似乃尔"的感慨。

不过，赵匡胤虽然师法郭威，但也吸取了历史上种种兵变的教训，特别是在约束军队纪律上显得比他们高出一筹。当年郭威初至滑州，正准备向京师开进时，他的亲信王峻便公开许诺士卒，攻下汴京，允许剽劫旬日。等部队开进汴京，众军士果然大肆洗劫，使开封几乎成了一座空城，京城百姓侧目而视，差点儿酿成大变。纵兵剽劫，严重损害了郭威本人和军队的形象，赵匡胤当时正在郭威军中，对此当有切身体会。此次兵变，他吸取教训，未入汴京前即与将兵"约法三章"，不得惊犯太后、幼主，不得侵凌大臣，不得侵掠京城，这些措施的效果是明显的。据司马光《涑水记闻》记载，大军开进汴京后，"市里皆安堵，无所惊扰，不终日而帝业成"。这表明，约束部队对实现政权的顺利过渡起了重要的作用。

从陈桥驿兵变到崇元殿禅代，不过三天时间。这三天是赵匡胤生命史上最辉煌的三天，也是唐末以来从分裂走向统一的开端。宋王朝的建立使小朝廷频繁更迭、割据政权犬牙交错、政治经济混乱不堪的社会升起了希望的曙光，赵匡胤称帝后没有让这场不流血的兵变再染上鲜血的颜色。他奉后周小皇帝为郡王，符太后为周太后，迁居西宫，依旧让他们过着养尊处优的生活。又大赦天下，内外马步军士皆加优给，酬功封赏。又命官员祭告天地，表明天授皇权，天命使然。遣中使传谕天下，诸道节度使也分别诏赐。

这一切，对不晓事的后周末帝柴宗训来说简直像一场梦。他糊里糊涂地派赵匡胤率兵御敌，又懵懵懂懂地接受了兵变的事实，交出了皇权。禅让本是古之明君的让贤之举，可他却根本不知道禅让是怎么回事，更不知道那件印着皇帝玉玺的禅诏是怎么出炉的。从皇位上被赶下来，又进入西宫当了大宋的郑王，对他来说，统统是一片混沌。

可是，赵匡胤却是十分清醒的。他假装的醉意早已不见了踪影，故作的愚钝变作无与伦比的聪敏。他敏锐地观察着形势，妥当地控制着政局，他要按照他的意志，一扫前朝弊政，振兴天下，振兴民生！

宽待旧人

后周恭帝柴宗训是周世宗柴荣三十二岁时得的儿子，此前，柴荣还有三子，都在乾祐三年（950年）被后汉隐帝刘承祐杀害。柴宗训生于广顺三年（953年）八月初四，其母是柴荣侍妾。继柴宗训之后，柴荣又得三子，宗训居长，故得以继承皇位。

赵匡胤代周时，柴宗训才七岁，他身下的三个皇弟皆幼小，有的尚在怀抱之中。赵匡胤既得皇位，没有像其他新君那样，将前朝皇子斩尽杀绝，而是以罕见的大度和宽容保全了他们的性命，并特许承袭封爵。这一方面是赵匡胤未忘周世宗之恩，更重要的是为了帝位的巩固。他把安定看得至关重要，不希望看到因仇杀带来的混乱。

史籍中记载了这样一则故事：某日，赵匡胤见宫妃抱一小儿，面有惊恐之色，便询问小儿是谁，宫妃怯生生地回答：是世宗之子。此时，赵普在侧，力主杀死此儿，赵匡胤迟疑有顷，摇头道："继人之位，杀人之子，朕不忍为"。遂令官妃好好看护，不得有丝毫差池。后周旧臣潘美得知此事，大受感动，说："臣与陛下曾北面共事世宗，若劝陛下杀死此子，自觉有负世宗；若劝陛下不杀，又恐陛下生疑。今陛下天恩浩荡，赦免世宗遗子，真明君也！"

赵匡胤微微一笑，道："此子可交爱卿收养，易名可也。"于是，潘美领养了这个皇子，更其名曰潘维吉。此子长大后官至刺史，竟然不枉为帝室之后。赵匡胤还立下祖宗家法："柴氏子孙，有罪不得加刑。纵犯谋逆，止于狱内赐尽，不得市曹刑戮，亦不得连坐亲属。"

赵匡胤对后周宗室的宽容和保护在后周官僚中产生很大影响，他们不再心怀疑虑，忐忑不安，而是以一种轻松坦然的心情等待着新君主的恩赐。他们充满信心地认定，后周宗室既得保全，他们这些前朝旧臣也不会遭到厄运。他们希望得到信任和录用，心甘情愿地为新王朝再效犬马之劳。他们从内心深处觉得，新君主胸襟宽广，治国有方，值得他们为之效死。

身着黄袍的赵匡胤确实没有背离后周旧臣的期待，继位伊始，他便首先考虑到后周旧臣的去留问题。这位知人善任的大宋皇帝经过一番深思熟虑之后，一反古来开国君主的所为，采取了气度非凡、惊世骇俗的怀柔之术：原有官员全部录用，重臣权相予以加官。

莫大的恩泽首先降临到范质、王溥、魏仁浦三人头上。三人在后周皆为平章事之职，位列宰辅。平章事全称为"同中书门下平章事"，此衔号起自唐初。后周官制大体沿袭唐制，设中书门下省，置中书门下平章事。范质是司空平章事，王溥是礼部尚书平章事，魏仁浦是刑部尚书平章事，三人皆参知枢密院事。他们都是后周政权的核心人物，顾命大臣，皆效忠周主。赵匡胤为六师推戴兵变还京后，他们虽被迫接受了这一现实，但仍未归心，与新王朝貌合神离。

赵匡胤没有对这三位前朝老臣采取敌视态度，而是让他们官居原位，并加赐新职：范质加兼门下省长官侍中，王溥加兼三公之一司空，魏仁浦加兼尚书省长官右仆射。但是，他们都被罢免参知枢密院事。这或许是赵匡胤的特别用心：枢密院总理全国军务，与中书门下共掌文武大权，号称东、西二府，三人皆罢参知枢密院事表明宋太祖虽对他们原职录用，也在加以谨慎的限制。

尽管如此，三位前朝权臣还是相当满足的。若不是遇上赵匡胤这样的宽厚仁义之君，他们早已是阶下之囚了，身首异处、夷灭三族也未可知，岂敢奢望今日之高官继做、富贵安享？特别是范质，当初闻赵匡胤陈桥兵变，曾与王溥愤然叹息，深悔不该仓促遣将，让赵匡胤率兵出征，竟悔恨交加地将王溥的手掐出血来。他被迫就范之后，并非心服口服，明眼人一看便知。然而，就是他这样的人也受到宽大重用，怎不使他感恩戴德，心花怒放？

后周重臣中还有一位叫吴廷祚，官居枢密使，此职略低于宰相，与参知政事、门下侍郎、中书侍郎、尚书左丞统称为执政官。枢密院掌管兵籍虎符，若得皇帝批准，有调动兵马之权。枢密使这一官衔在唐太宗时就设置了，但唐代的枢密使只负责管理军事情报、机密情报之类，由宦官兼任，权力并不大。五代时仍保留这一官衔，但实权已远非唐时所能比。赵匡胤称帝后，仍循五代之制，置枢密院，设枢密使，所以，吴廷祚仍官居原职，并加官同中书门下二品。

对张永德的安置是赵匡胤怀柔之计的得意之笔。张永德在后周为皇亲，是赵匡胤的前任殿内都点检，长期担任禁军高级将领，可谓权倾一时。张永德明天文之术，喜招纳方士，当初寓居睢阳时，曾为邻居书生疗疾，得愈。一日，书生来永德处求汞五两，于鼎中煮之，竟成金，从此，张永德与这位书生交往甚密。永德向书生求教煮汞生金之术，书生道："君当大贵，吾并不吝惜此法，只是担心有损君福。"此后数年，张永德在屯兵下蔡时见一僧人观其部下骑射，仔细一看，原来是那位睢阳书生。张永德将他召至帐中，复求煮汞之法，僧道："当初言君大贵，今果如然。若能谨守臣节，当保五十年富贵。"睢阳书生还谈到赵匡胤将受天命之兆，张永德于是对赵匡胤恭敬有加，处处加以维护。正因如此，当"小木牌"之祸使他丢掉了都点检之职以后并未对赵匡胤产生嫉恨，而是老老实实地交出了兵权。

然而，尽管如此，张永德在赵匡胤代周以后仍然有些不安。这位经历过宦海沉浮、谙于官场政治的后周老臣深知，政治风云变幻莫测，官场上的敌友常因利益关系而重新确定，与新君主最亲密者往往难逃狡兔死走狗烹的厄运。况且，自己又是赵匡胤的前任都点检，即便自己并不因被取代而耿耿于怀，也难免会被无端怀疑。想到这些，张永德心情很复杂，是去是留，难以定夺，只好怀着一种未卜吉凶的迷茫，等待着赵匡胤的处置。

张永德的担心是多余了。赵匡胤既然能让范质等官居原位，岂会冷落了这位曾经玉成他好事的恩人？这天，赵匡胤将张永德召至后苑，设宴款待，举酒叙旧，情谊如初，而且还像当皇帝以前那样，尊称他为驸马，不直呼其名。这样，张永德心里才像一块石头落了地，接着，张永德加官侍中，授武胜军节度使。

其余后周的文武百官，只要不是死心塌地与新王朝为敌的，也原职录用。这样，几乎是后周朝廷的原班人马又成了大宋新王朝官员，鹄立于赵匡胤的文武排班之中。赵匡胤没有对他们另眼看待或心存嫌恶，而是推诚以待，信任有加。这对后周旧臣来说实在是莫大的慰藉。他们心满意足而又感恩戴德，一朝天子一朝臣的恐惧和担心冰释而尽。他们脱去了旧朝服换上了新朝服，喜气洋洋地上朝议事，安然无忧享乐荣华，先前效命后周的往事渐渐淡忘，他们只知道自己是大宋王朝的臣子，他们拥戴的是大宋王朝的皇帝。

赵匡胤不弃后周旧臣，更重元勋故旧，他论功封赏，分别授以官职。赵匡胤镇宋州时的掌书记、智囊人物赵普以佐命功授右谏议大夫，充枢密直学士；赵匡胤"素所兄事"的少年故交慕容延钊加殿前都点检、昭化军节度使，同中书门下二品；与赵匡胤有兄弟之谊的韩令坤为侍卫马步军都指挥使、天平节度使、同平章事；赵匡胤胞弟赵匡义加睦州防御使，赐名光义；王审琦迁殿前都虞候、领泰宁军节度；石守信迁侍卫马步军副都指挥使、领洪州防御使；韩重斌擢为龙捷左厢都校、领永州防御使；罗彦环擢为控鹤左厢都指挥使，后改内外马军都军头，领眉州防御使，其余义社兄弟和拥立功臣也都得到封官赐爵。

在所有被封功臣中，最为风光的当数高怀德。他生于后唐天成元年（926年），比赵匡胤大一岁，真定常山人，也是将门之后。其父高行周，是一位赫赫有名的将军。高怀德忠厚倜傥，有勇武，后晋开运初年（944—946年）即随父北征，在被敌军包围数重、情势危急的情况下左右驰射，挟父冲出重围，因功领罗州刺史。高平之战，高怀德与赵匡胤率军直前，大破北汉军。此后，又随周世宗征淮南，大破南唐军，威名远播。恭帝继位，高怀德升为侍卫马军都指挥使。高怀德在拥立赵匡胤的过程中功不可没，他和所有的功臣一样也受到封赏，被拜为殿前副都点检、义成军节度使。

赵匡胤代周后，适逢高怀德夫人新丧，恰好赵匡胤的胞妹燕国长公主寡居，于是赵匡胤遂与杜太后商议，拟将燕国长公主嫁给高怀德。赵匡胤有妹二人，一位已夭折，追封陈国长公主，一位即是燕国长公主。燕国长公主曾嫁米福德，不幸夫亡，竟致寡居。当杜太后将此意告知燕国长公主后，长公主曾见过他，颇有好感，便默然应允。这样，高怀德便荣幸地娶了这位皇妹，加官驸马都尉，既得高官，又纳爱妻。

一个新王朝的官僚机构就这样组建起来。在赵匡胤的御座前，既有后周旧臣，又有拥立元勋，可谓一朝天子两朝臣，皆大欢喜。赵匡胤得意于自己的高明，更希望两班人马和睦相处，共建大宋。他坚信，这并不是梦想。

特殊葬礼

赵匡胤绝不愿意像五代乱世国君那样作为一个匆匆来去的过客，他要统一天下，让大宋江山一代一代传下去，以至无穷。

为君之难易在于民心之向背，得民心者得天下，失民心者失天下，是所谓"君，舟也；民，水也。水能载舟，亦能覆舟"，这是一代明君唐太宗的至理名言。赵匡胤由衷地崇拜折服唐太宗的治国方略，他决心做唐太宗那样治国有方、御臣有术的贤君圣主。

在赵匡胤纵情于漫无边际的想象的时候，一个熟悉的名字跳入了他的脑际。这是韩通，后周臣僚中唯一敢于用武力抗击赵匡胤兵变的人物。

对于韩通，赵匡胤怀有两种截然不同的情感：既恨其不识时务，又爱其忠心事主。回想初三那天兵回开封，后周臣僚皆望风归附，独韩通率众备御，赵匡胤恨不得将他碎尸万段，夷灭九族。但是，赵匡胤却又对韩通的愚忠产生了一种莫名其妙的敬重。依当时情势，成败得失一目了然，稍微有些头脑的便可看出"主少国疑"的后周政权危若覆卵，赵氏代周势在必然，逆潮流而动必自食苦果。但韩通却不被自身安危所累，不肯为保全自己而归降新朝，甘愿以身殉主。此等忠义立身、名节为重的精神难道不是大可褒奖的吗？韩通为后周效死固不可取，但在他身上体现出来的忠君报国的精神却是大宋新王朝每一个文武臣僚应该具备的。若用韩通的忠义教诫当今之臣僚可以造就众多的忠义之士，大大有利于大宋王朝的巩固和帝业的长久。

此外，如何给韩通定名，也直接关系到民心所归。当今之大宋，不过是刚刚起步，脚下是刚刚改变了归属的大地。后周虽亡，但基础尚在，天下臣民的思想深处还没有完全解除后周统治的影子，其对大宋新王朝的接受和认可尚处脆弱的初始阶段，因此，安定和争取民心便显得十分重要。忠孝节义乃古之圣贤所教，民素重之，若彰显韩通之忠义，足可符天下之人望，取得众心之拥戴。

想到这里，韩通的形象在赵匡胤心目中渐渐因其不可忽视的作用而变得高大起来。他暗自思忖：谁说为君难？能得治道即不难！治国重在驭民，驭民重在得民心。民心向宋，何难之有？

赵匡胤窃喜自己的高明，决定对韩通大为嘉奖，封官晋爵，并为他举行隆重的葬礼。

主意已定，赵匡胤下诏曰：

易姓受命，王者所以应期；临难不苟，人臣所以全节。故周天平军节度、检校太尉、同中书门下平章事、侍卫亲军马步军副指挥使韩通，振迹戎伍，委质前朝，彰灼茂功，践更勇爵。凤定交于霸府，遂接武于和门，艰险共尝，情好尤笃。朕以三灵眷佑，百姓乐推，言念元勋，将加殊宠，苍黄遇害，良用怃然。可赠中书令，以礼收葬。遣高品梁令珍护丧事。

诏令既下，朝野震惊，议论纷纷。大多数人都认为皇帝此举堪称圣明，褒扬忠义乃人间正道，同时也为皇帝的大度容人、治国有方而感佩折服。但是，也有人对此持有异议。最不理解的是王彦升，作为赵匡胤的部将，他一直认为自己是大宋代周的功臣，其功之高无人能够相比。因为在所有的兵变参与者中间，只有他率部对后周抵抗势力进行了真枪真刀的较量，是他亲手杀死了韩通，诛灭其家，如今，皇帝不仅不对他特别恩封，却对逆臣贼子如此厚爱，这不是功过颠倒、是非不分吗？王彦升越想越憋屈，决计往见皇帝，讨个公道。

赵匡胤不动声色地接待了这位不速之客，他根本没把王彦升的恼怒当回事，而是用赞赏的口吻述说起韩通的忠义来。他说，韩通颇富勇力，尤重臣节，乾祐初年，周太祖为枢密使，统兵伐河中，韩通奉命随征。他奋勇冲杀，率先登城，身上六处受伤，不惜以鲜血报答周太祖的器重。世宗继位，韩通奉命在博野、安平筑城，他频频往来其间，夜宿古寺，昼披荆棘，不辱使命。此后，周世宗征淮南，韩通奉命留守京师，为京城都巡检。他督使畿甸之民筑新城，拓宽旧城街道，无怨无悔，半年而竣其工。韩通还多仁义之心，在束鹿和鼓城驻军时，见大兵之后，遗骸遍野，便派人收葬为万人冢，受到当地百姓的称颂……

王彦升见皇帝对韩通如此褒奖，心里很不是滋味，但他又不敢向皇帝进言。因为他从皇帝的语气和神情中已经看出，皇帝的决定是无法改变的，执意争辩只能自讨没趣。

王彦升正欲退下，赵匡胤问道："当初军入京师，朕曾令不得滥杀，不得有丝毫之犯，卿可记得？"

赵匡胤这一发问，使王彦升禁不住打了个寒战。暗忖，我杀韩通全家，有违当初约法，皇帝莫非要治罪于我不成？

王彦升越想越害怕，额头上浸出了汗水，神情十分沮丧。

赵匡胤笑道："朕听说，卿善击剑，可卿手中的剑却实不应滥杀砍啊！卿妄杀韩通全家，有违朕之约法，本应治罪，朕念你有功于国，又值本朝初建，赦你之罪。卿实当信守忠义，慎言谨行，勿负朕之厚望！"

王彦升羞惭万状，连呼"谨遵圣命"，狼狈退下。

赵匡胤果真没有将王彦升治罪，还将他从散员都指挥使的位置上提拔为恩州团练使，领铁骑左厢都指挥使。赵匡胤这样做，同样是为了稳定局势，安定人心，将一切不满和敌对情绪化解在萌芽之中。

在加封王彦升的同时，韩通的葬礼也在积极筹备着。赵匡胤特别指令：要按照重臣显官的规格进行厚葬。葬仪要隆重，墓地选择要开阔高敞，山势水形俱佳，墓前要立石碑一通，将其平生事迹镌刻其上，以资旌表。金银器、玉器、瓷器等随葬品要力求丰厚，陵墓建造力求高大宏伟。赵匡胤还特许荫庇其亲属，给予种种优厚待遇。

葬礼这天，鼓吹震天，旗幡蔽日，送葬的队伍浩浩荡荡，绵延数里，开封百姓争相围观，几至万人空巷。当他们得知死者竟是本朝逆臣，仅以忠义得到旌表之后，不禁对新君主赵匡胤顿生敬意，深觉这位大宋皇帝明达不凡。

赵匡胤笑了，他希望看到的正是这些。厚葬了一个韩通却换来了万千民心的归附，这难道不是十分值得的吗？

功过分野

王彦升是蜀地人，后唐时徙家洛阳。

他以勇武著称，善击剑，号"王剑儿"，但他"性残忍多力"，心狠手辣。在他担任原州防御使期间，曾抓到一犯法者，王彦升不对此人加刑，而是召僚属饮宴，用手将该犯的耳朵撕下来，大嚼以佐酒。那人血流满身，股栗不止，王彦升却无动于衷。王彦升以人耳下酒出了名，"前后啖者数百人"。

王彦升的残忍本性在陈桥兵变率部入京时显露无遗，当他追赶韩通进入其宅后，不仅杀死了韩通父子，而且将宅中所有人等全部砍杀，使韩宅尸陈遍地，血流成河。

王彦升并不认为他是错误的，而且以先入京师，先斩敌将自居。但他却忘记了赵匡胤的约法，忘记了不得滥杀的铁令，犯了"弃命专杀"之罪。

应该说，赵匡胤不治王彦升之罪纯属例外，若不是考虑到安定为本，王彦升早就成为刀下之鬼了。遗憾的是，王彦升并未感激皇帝的宽宥，反而认为皇帝偏袒韩通，误封罪臣。当然，他不敢在皇帝面前发泄，却把满腔愤怨倾注到后周降臣身上。

王彦升首先把目标对准了宰相王溥，此人在后周时即是宰相，如今又迁居相位，赵匡胤对他恩重有加，这在王彦升看来简直不堪忍受。特别使他盛怒难忍的是，王溥的父亲王祚竟然也当上了宿州防御使，掌管一方权力！王家父子曾仕后周，无功于宋，他们凭什么官居要位？凭什么与开国功臣比肩？王彦升想不通，他咽不下心中这口气！

王彦升还得知，王祚善经营，有心计，广有田宅，家累万金，这也使王彦升忌妒得要死。忌妒可以使人丧失理智，妒火烧得王彦升再也按捺不住了。他决定上奏天听，参倒王溥。他冥思苦想捏造了如下罪状：王溥心怀不轨，以举荐后进为名呼朋引类，培植党羽，企图组织起自己的势力，恢复后周王朝。王家父子厚植家财也是别有用心，他们妄想以此招兵买马，东山再起。王彦升在奏章中还着重提到当初与范质匆匆派赵匡胤北征契丹之事，编造说，那是范、王二人合谋，调虎离山，以期控制后周幼帝，挟天子以令诸侯，借皇帝之手以拥兵叛逆之罪将赵匡胤杀死。后来，赵匡胤领兵还京，王溥阴谋未能得逞，才后悔不迭，痛失良机……

王彦升将奏章写好上呈之后，心中的盛怒才略微平息了些。他幸灾乐祸地等待着皇帝的批复，等待着王溥的贬官破家，或以十恶不赦之罪被处死，王彦升甚至令人准备好了美酒，打算在那一天到来的时候痛饮一番！

然而，日子一天天过去，奏章却如泥牛入海，杳无音信。王彦升又不便去打听，便郁郁不欢地到恩州上任去了。

关于王彦升这道劾奏的下落后人无从知晓，王彦升本人更是始终蒙在鼓里，因为赵匡胤毫不介意地束之高阁、忘在脑后了。赵匡胤不相信王溥会有异图，倒是认为王彦升心怀忌妒，故意捏造。因为他了解王溥，更了解王彦升。他知道，王溥等人对官居原职是十分感激的，他的一言一行根本看不出有什么貌合神离的迹象。况且，王溥本是一介文臣，虽有高职，并无多少实权，又不掌握军队，能有什么作为？而王彦升则不同，此人是武将出身，凶残成性，若得机会，是什么事情都能干出来的。出于这样一种想法，赵匡胤在王彦升劾奏王溥之后不仅不疑王溥，却对王彦升多了几分戒心。

也许是因为不放心王彦升远离京师、独自掌握一部分权力的缘故，赵匡胤在让王彦升出任恩州团练使不久又将他调回京师，让他担任铁骑左厢都指挥使。

赵匡胤将王彦升调至京师担任禁军将领可便于约束，王彦升统辖的这支部队主要是在京城巡逻，保卫京师的安全，这谈不上是对王彦升的重用。事实上，赵匡胤对王彦升擅杀韩通一直念念不忘，认为此等五代军将的恶劣作风决不可长，所以对王彦升一直是限制使用，"终身不授节钺"。

但是，王彦升却未意识到皇帝对他的戒心，反倒自鸣得意地认为，如今巡逻京师，正可借巡警之权敲王溥的竹杠，让他不得安宁。

这天晚上，王彦升带领几个巡逻兵士，敲开了王溥的宅门。面对这位深夜来访的厢主，王溥有些惊慌。他强作镇定地将王彦升延入厅堂，令侍婢献茶，寒暄道："王厢主夜巡京城，身冒风寒，实在是太辛苦了，请先喝杯热茶，暖暖身子吧。"

王彦升趾高气扬地说道："若说辛苦，确是事实。夜深风冷，人皆安入睡，我独率众巡逻，实所不堪。就说今晚吧，几乎巡遍整个京城，未得片刻歇息，疲惫难支，可否在贵府小坐时许，赏杯酒喝？"

王彦升说这话时，目光中满含着傲慢和挑衅，嘴角上挂着奸诈的微笑。王溥看出王彦升意在借机求贿，心中很是气恼，但他却假作不知，赶忙十分客气地令人摆上酒宴，毕恭毕敬地亲自为王彦升斟酒，和他对饮起来。

王彦升不仅不把王溥的谦卑待客当回事，反而自鸣得意地认为王溥畏惧他，所以更加狂傲无礼，目中无人。在他看来，与他对坐的这位宰相不过是前朝降臣，根本不能和他这个开国功臣平起平坐，同日而语。他放肆地大声说笑，无拘束地开怀痛饮，直至酒足饭饱才一甩袖子扬长而去。临行，还喷着酒气笑道："司空大人的酒醇香甘美，今晚因公务在身，未能尽兴，他日再来，该不会被拒之门外吧！"

"当然，当然。"王溥强忍怒气，赔笑道，"若蒙厢主不弃，王溥随时恭候。"

王彦升骑马远去了，王溥却像泥塑木雕一般呆坐在座位上，心中充满了羞辱和愤怒。

应该说，对于王彦升这种作风恶劣的军将，王溥并不是初见了。恃拥兵之威，横行无忌，这是五代军将的通病，可谓司空见惯。令王溥不解的是，如今已是大宋王朝，当今太祖皇帝矢志革除旧弊，开创新风，为什么身为禁军将领的王彦升仍敢这样胆大妄为，恶习不改！

王溥思忖再三，决定明日早朝上奏其事，让皇帝进行裁夺。

王溥是在次日早朝群臣散去之后向赵匡胤密奏的，他用很平静的语气述说了昨晚发生的事情，然后，面带忧虑地说道："当今大宋初建，陛下锐意图新，实乃众望所归。然五代以来，积弊尚多，尤以军纪废弛、军风败坏为甚。王彦升弃命专杀，已成大错，但其不思悔改，我行我素，实不可取。昨日夜闯臣宅，敲诈索贿，恶劣至极，即便臣不怪他，也会引起众怒。臣担心的是，他今夜闯东家，明夜闯西家，扰民不止，必将乱我民心，坏我社稷！"

赵匡胤听罢，眉头紧锁，满脸怒气，但他没有马上发作，而是极力地控制着自己的情绪，缓缓地说道："卿之所奏，意在忧国忧民，其情可悯，今后再有此事，可及时奏报！"

王溥拜谢而退，在他走出大殿的时候，听到赵匡胤长嘘一声，一只攥紧的手重重地砸在御案上。

以后的事情是不言而喻的。赵匡胤很快召见了王彦升，将他狠狠地训斥了一顿，然后便把他赶出了京师，让他到唐州任团练使去了。从此，王彦升再也没有得到重用。

由此可见，赵匡胤在对待王彦升问题上是功过分明的。在赵匡胤看来，功与过的分野是以大宋王朝的安危为尺度的。赵匡胤最讨厌五代军将的军风，王彦升不思改正，一意孤行，终于得到应有的惩处。

南征北战

第五章

雪夜问计

虽说赵匡胤顺利地取代后周做了皇帝，可是他却难以超脱起来，全然没有"普天之下，莫非王土，率土之滨，莫非王臣"的感觉。在他的半壁江山周围，登基称王的不在少数，有的甚至咄咄逼人，有取而代之之势。

在北方，契丹族所建立的辽国，完全控制了河北北部燕云十六州和长城以北广大地区，久有入主中原之志，是北宋王朝的劲敌。

在西北，党项族所形成的势力正在崛起，并且开始显露出威胁中原王朝安全的苗头。

夹在两者之间的北汉政权，以太原为中心，占据山西、河北、陕西部分地区，它仰仗契丹支援，长期以来，与以前的后周和现在的宋王朝处于公开的敌对状态。

在西南，后蜀政权占据了四川全境，曾一度把势力范围扩展到汉中盆地和甘肃东南，蜀政权自后唐时期开始经营，几十年来，一直与中原王朝分庭抗礼，使后蜀第二代皇帝孟昶成为五代十国时期在位最长的一任皇帝。

江淮以南，吴越政权以杭州为中心，控制了浙江和苏南的太湖流域；南唐政权经过后周的三次打击，仍控制了以金陵为中心的长江流域地区；此外，荆南、湖南、南汉、漳泉等割据政权分别占据湖北、湖南、广东、广西和福建等地区。

军阀之间，各有固定的地盘，互有并吞之心，它们并无固定的敌友界限，今日"连横"，明日"合纵"，翻云覆雨，动荡不已。

赵匡胤从邺都投军到开封称帝，度过了十余年的军旅生涯。此间，他侍奉过两代君主，经历过多次战事，推波助澜并亲眼见证了郭威建周的一幕，又故技重演使短命的后周王朝寿终正寝。后周三帝，末帝柴宗训实不足论，可是对周太祖郭威和周世宗柴荣，赵匡胤却始终怀有极大的敬意。这不仅仅因为二帝对赵匡胤恩泽深厚，信任有加，二帝的雄才大略和文治武功也在赵匡胤心中留下了极为深刻的印象，使他不由得肃然起敬。尤其是周世宗，在致力于整顿改革的同时念念不忘统一大业，亲冒锋镝，征战无休，屡奏捷音，令人叹服。

可惜的是，他英年早逝，壮志未酬。

赵匡胤不是后周王朝的继承人，可他在称帝伊始也像周世宗那样立下了削平天下的志向，决心继承周世宗未竟事业。在赵匡胤看来，这不仅仅是一种事业的延续，而且是新王朝的需要。唐末以来二百多年大分裂迟滞了社会的发展，阻碍了经济文化的繁荣，而这种局面的继续存在必将严重威胁大宋新王朝的安全，这是赵匡胤决不愿看到的。

环顾四周，赵匡胤深感局势的严峻，他曾对赵普说："吾睡不能着，一榻之外，皆他人家也。"这句话，道出了赵匡胤的深深忧虑。

赵匡胤在立志统一天下的时候，不禁想起了当初周世宗制定进取大策的情景。

显德二年（955年），继位不久的周世宗命群臣计议统一之策。"时群臣多守常偷安，所对少有可取者"，但比部郎中王朴的一篇《平边策》却深得柴荣的赏识。

王朴开宗明义，提出"攻取之道，从易者始"。他认为："当今唯吴易图，东至海，南至江，可挠之地二千里，从少备处先挠之，备东则挠西，备西则挠东，必奔走以救其弊，奔走之间可以知彼之虚实，众之强弱，攻虚击弱，则所向无前矣。"他提出首先攻取南唐的江北地区，"既得江北，则用彼之民，扬我之兵，江之南不难而平也。如此则用力少而收功多，得吴，则桂、广皆为内臣，岷、蜀可飞书而召之，如不至，则四面并进，席卷而蜀平矣。吴、蜀平，幽州亦望风而至。唯并必死之寇，不可以恩信诱，必须以强兵攻之，然其力已丧，不足以为边患，可为后图，候其便则一削以平之。"

比部郎中的建策，句句切中要害，清如泉水，整篇建议，要点是非常明确的：

一、在总体战略中贯彻"先易后难"的原则。

二、在具体步骤上，应先取江南，再下岭南、巴蜀；南方既定，移兵攻取燕云，最后以强兵制服北汉。

三、在战术上，应避实击虚，避强击弱。

四、在策略上，应分别对待，先诱以恩信，后制以强兵。

这个著名的建议，被概括为"先南后北"策略，得到周世宗的赞同，不过在实际执行过程中根据形势的变化做了一些修订。周世宗首先攻取了后蜀的秦、凤、阶、成四州之地。连续两年用兵淮南，于显德五年（958年）三月收取了南唐在长江以北的全部土地。但是，按照"先南后北"的战略，周世宗此时应当乘胜攻灭南唐，可实际上，他却在接受南唐降号称藩之后，于四月间班师北返。转而亲率三军直捣幽燕，北上攻取关南之地，直到身染重病，被迫班师回京。

当时，赵匡胤二十九岁，任职殿前都虞候，领严州刺史，他十分赞赏王朴的深谋大略，更钦佩周世宗的果断决策，现在，当他也像当年周世宗那样矢志统一的时候，多么渴盼能有王朴这样的近臣为他出谋划策！遗憾的是，斯人已去，往者已矣，赵匡胤的心头不免袭上几分伤感，几分落寂。

在赵匡胤眼里，后周臣僚，也即昔日的同事中，能得到他敬重的人不多，而王朴却是一个。赵匡胤曾坦言："此人若在，朕不得着此袍。"老辣的赵匡胤对王朴如此敬畏，在统一问题上，对王朴提出的"先南后北"战略，不会意气用事地将它完全舍弃。特别是他作为这一战略目标的主要实施者，对其中的得失体会应当多于常人。

不过，赵匡胤在采取何种统一方针上还是颇费周章，一时难以决定。或许是从周世宗身上受到启发，赵匡胤也打算遍询近臣，集思广益。他首先向被他亲切地以"驸马"呼之的武胜军节度使张永德密访进攻北汉之策，张永德以为不妥。原因是，北汉兵虽少，但很强悍，"加以契丹为援，未易取也"。他的想法是，"每岁多设游兵，扰其农事"，再"发间使以谍契丹，绝其援"。对此骚扰离间之计，赵匡胤表示赞同，不过一时未决。

此后，在一次宴会上，赵匡胤又对宰相魏仁浦说起打算攻打北汉之事，魏仁浦回答说："欲速不达，唯陛下慎之。"这番话，引起了赵匡胤的深思。

在平灭李筠之后，赵匡胤曾以用兵河东事召见了华州团练使张晖，张晖主张鉴于泽、潞战争创伤尚未恢复，军务复兴，恐不堪命，不如收兵育民，等时机成熟再图进取。

由此看来，赵匡胤在制定统一大计的过程中，曾一度欲将北汉作为首要的进攻方向，然而，经过多次征询朝臣的意见和深思熟虑之后，他渐改初衷，开始了对统一方略的通盘设计。

赵匡胤最终下定决心是在走访了赵普之后。

当年十一月，李重进的反叛得以平定，统一战略问题又提上了议事日程。一天夜晚，赵匡胤和弟弟殿前都虞候赵匡义踏着漫天大雪敲开了赵普家门。皇帝雪夜来访，赵普深为惊异，询问原因，赵匡胤如实相告："吾睡不能着，一榻之外，皆他人家也，故来见卿。"于是三人席地而坐，商议统一之策。赵匡胤称："吾欲收太原。"

赵普听罢，猛地愣住了，他用惊异的眼光看着赵匡胤，道："陛下何有此想？非臣所知也！"

赵匡胤忙问其故，赵普道："陛下欲先攻太原，臣以为大不可。太原势强，一时难下，况太原当西北二边，即便一举攻下，则边患我独当之，依臣之见，莫不如先易后难，先南后北，待削平南方诸国，彼弹丸黑子之地，将何所逃？"

赵匡胤道："卿言之有理。朕曾言王朴谢世，谋臣绝矣，今闻爱卿一席话，岂非王朴再生！"

赵普道："臣不敢妄比王朴，愿效赤诚而已。陛下推重王朴，想必是因那篇誉满天下的《平边策》，但陛下却欲先收太原，此与王朴之谋可谓南辕北辙，臣实不解也！"

赵普所持理由，实际上也是赵匡胤长期考虑的一个难题，是张永德和张晖等人想说而未说出的一层忧虑。所以，首攻北汉的用兵设想，赵匡胤正式将它放弃了。

但是，他又不愿在赵普面前丢了面子，便故作坦然之态，笑道："吾意正与卿同，姑且试卿耳。"赵普道："陛下神武，愚臣远不及也！"

一席长谈，确定了先南后北统一全国的战略方针。当然，一个关系到赵宋千秋大业的战略方针，不可能就这样简单而富有戏剧性地制定出来，而是经过两年多的酝酿和反复求证，才最终形成的。早在赵匡胤继位不久，就开始"密访策略"，就统一方针问题广泛征求臣僚们的意见。当时的官员大半不赞成先攻北边，而主张应兵锋南指。正是因为他们的建议，才促使赵匡胤定下了先南后北的战略方针。

这个战略方针的制定，根基于赵匡胤君臣对当时各方实力的冷峻思考。战争，首先是交战各方军事力量的竞赛。宋王朝建立之时，神州大地依旧是四分五裂，政权鼎峙。宋和辽虽然都是力量最强的政权，可就辽和宋的力量对比而言，辽的经济、军事实力又显然占据了优势。仅从军力方面讲，辽有军队三十万，以擅长骑射的骑兵为主力；宋初军队不足二十万人，其中步兵占大多数。在燕山以南华北的平原旷野上作战，辽军不仅在数量上，而且在兵种构成上，均处于有利地位。再看北汉，兵力不多，却精悍无比，又有辽朝作为后盾，也不是可以轻取的对象。在这种情况下，如果贸然将兵锋北向，不仅毫无取胜的把握，弄不好还有可能损兵折将，动摇新建宋王朝的根基，对此，赵匡胤不能不认真考虑。

战争，还是双方经济实力的较量。没有雄厚的财力做保障，要支撑长期战争，完成国家统一，也不过是一句欺人的大话。赵宋政权虽有后周所奠定的良好基础，但中原地区自唐中叶以来，兵连祸结，战乱不断，社会生产遭到严重破坏。恢复和发展生产，增强财力，又不是一朝一夕可以办到的。而这个时期的南方，虽也有政权的更迭和军事上的冲突杀伐，但时间较短，规模也较小，有些地方甚至几十年干戈不及，对社会经济没有造成特别严重的破坏。加上由于累朝的人口南移，地力开发，经济重心转到南方，南方的经济实力胜过北方。更重要的是，南方各政权政治腐败，军力衰弱，容易攻取。在上述情况下，赵匡胤选择了南方，不过是顺理成章，形势使然。

先南后北的战略到底包括哪些内容呢？赵匡胤本人对此做过较为完整的表述，他说："中原地区自五代以来，兵连祸结，国库空虚。必先取巴蜀，其次取广南、江南。这样，国家储藏才能富饶。北汉与辽接壤，如先攻取北汉，那么辽国之患，就会由我独自承担，还不如先让它苟延残喘，作为我们的屏障，等到我财用富饶后，再攻取它，为时不晚。"这一战略

的着眼点是先弱后强，也就是先易后难，北守南攻，待取得南方雄厚的人力物力资源后，再集中力量对付北面的强敌。当然，任何战略方针的制定，都离不开当时的环境和主客观方面的条件，同时，也会随情况的变化而发生变化。赵匡胤在实施这一战略的过程中，并不是一成不变，而是视当时的情况进行了不断的调整。

战略已经制定，余下的问题就是如何付诸实施了。荆湖地区的武平和南平割据势力，成为赵匡胤牛刀小试的初选对象。

合并荆湖

赵匡胤和谋臣赵普一拍即合，制定先南后北之策可称作是他军事谋略的杰作。同时也可以看出，赵匡胤并不是一个独断专行的皇帝，他比较能够虚心听取臣僚的意见，在制定大政方针时也能放眼全局，力争做到积极稳妥，万无一失。

赵匡胤先取荆湖，继攻西川，再图北汉的战略设想也曾向皇弟赵匡义表明过，赵匡义觉得皇兄的话很有战略眼光，深表赞同。

为了确保对荆湖用兵的顺利，防备党项、北汉及契丹从后面侵扰，赵匡胤在建隆三年（962年）四月从禁军选派了一批得力将领，率兵守卫北部边陲要地，加强和调整了北面的防守力量。当时，宋朝四周的割据政权并峙，赵匡胤将荆湖作为统一天下的首要目标，体现了避强击弱的兵家要则，再以强将健卒戍守北边要地，可防腹背受敌，此举堪称深谋远虑，稳妥得体。

荆州南平割据政权为后梁时高季兴所建，都府设在江陵，据有荆、归、峡三州之地，居江汉一隅，地狭力弱，四向称臣，全靠赏赐和商税生存。因其经常出兵拦截过路的使节商旅，没收财物，对方派兵来讨则归还，一副无赖相，故有"高赖子"之称。但从自存角度看，高氏父子还算有些权术，善于利用矛盾维护自己的统治。加之荆南地处四邻各政权的缓冲地带，所以竟传世五主，延续五十七年。

高季兴是在朱温死后开始割据的，后梁末帝时封他为渤海王，后唐时封南平王，后以中原多事遂自称南平国。高季兴在位二十二年，高从诲在位二十年，宋朝建立后，南平王传至高保融。其人性情迁缓，御军治民无法，遂使国势渐衰。

武平割据政权的前身是湖南之楚国，为五代时马殷所建，称武安留侯。入梁后，受封楚王，改潭州为长沙府，建为都城。后周广顺元年（951年）国乱，为南唐所灭。不久，楚将刘言、王逵、周行逢等击败南唐军后复国，后周以刘言为武平节度使治朗州，王逵为武安节度使治潭州，何敬真为静江节度使，周行逢为武安行军司马，张文表为武平副使。不久，刘言为部下所杀，周行逢继立。周世宗授周行逢为武平节度使，制置武安静江等军事兼侍中，尽有湖南之地，治所仍在郎州。

周行逢出身农家，所以对农事很关心，也比较能够体察民间疾苦。他统治湖南以后，力除马氏暴政，惩治贪吏猾民，选择有才能的人为刺史县令，境内较为安宁。周行逢本人厉行节俭，约束下人及亲戚也很严格。

周行逢虽不事奢侈，但为人残忍，性好杀戮，民犯过失无大小都要处死。夫人严氏劝他不要严刑酷法滥杀无辜，周行逢不听，严氏一怒之下离开他回到乡间。

湖南原拥有潭、锦等二十九州，此时周行逢统有十州。宋朝建立后，周行逢遣使朝宋，宋太祖加兼周行逢为中书令。

对于荆湖这两个割据政权，赵匡胤早有攻取之意。他认为，湖南和江陵不但仓廪充实，年谷丰登，而且东距建康，西达巴蜀，是挟制南唐和后蜀的战略要地，攻占了荆湖无异于取得进攻南唐和后蜀的前进基地。所以，当他与赵普定下"先南后北"的大计方针以后，便决定将统一战争的锋芒指向这两股割据势力。不过，赵匡胤并没有仓促用兵，为确保旗开得胜，他还需要出师有名。

建隆元年（960年）八月，南平王高保融病重，因他儿子高继冲尚幼，难以胜任政事，高保融就令他的弟弟行军司马高保勖总判内外军马事。二十七日，高保融一命呜呼，结束了他十二年南平王的生涯。

宋太祖听说高保融死了，便派兵部尚书李涛前去吊丧，李涛回来后，赵匡胤问他高保勖能否胜任，李涛以为然。高保勖为讨好赵匡胤不断向宋进贡，于是，赵匡胤授予他代表皇帝权威的符节和斧钺，任命他为荆南节度使。

但是，高保勖和他哥哥一样，也没有什么政治才能，而且为人邪恶放荡。他又好营造台榭，极尽奢侈，军民成怨。

建隆三年（962年）十一月，在位两年的高保勖病死。临终前，召衙内都指挥使梁延嗣询问兄弟中谁可托付，梁延嗣认为高继冲可以，于是，高继冲权判内外军马事。他善弄兵，善聚财，高氏统治从此衰落。

湖南武平的情况也很不妙。建隆元年（960年）九月，武安节度周行逢病危，他召集文武官员至榻前，以儿子周保权相托，说："我本起自陇亩为团兵，同起者十人皆已诛死，唯有衡州刺史张文表独存，常因没做到行军司马而怏怏不乐。我死之后，文表必叛，当以杨师璠讨之。如不胜，应固城不战，归附朝廷。"

周行逢提到的这个杨师璠与他是乡里姻戚，在周行逢部下做亲军指挥使，多有战功，深得周行逢信任重用。周行逢死后，受遗命继任的周保权记住了他父亲的话，一面提防张文表作乱；一面继续重用杨师瑶，以防不测。

周行逢治楚共九年，他前期滥刑专杀，后来有所醒悟，笃信佛教，广度僧尼，每日念经吃素，见到和尚不论老少都要下拜，还替他们捧着洗手盛水的匜，拿着揩手的巾，亲自给他们洗手，曾云："吾杀人多矣，不假佛力，何以解其冤乎？"然而，他的忏悔没有奏效，病终不治。他的儿子保权不像他这么信佛，只信奉朝廷，备加尊顺北宋王朝，以期得到庇护，得到恩赐，使其在湖南的统治得以延续。

对于武平、南中这两个割据政权的情况，赵匡胤一直在密切关注着。他看到，荆湖丧乱迭生，继任的小王都年少，难以执掌政事，两个割据政权内部又因王位的接继面临危机，深觉用兵的时机已到，便迅速加紧了发兵的准备，进攻荆湖之战有如箭在弦上，一触即发。

促使赵匡胤用兵的直接原因是武平的张文表之乱。

原来，张文表果如周行逢临终预料的那样，待周行逢一死即起叛心，他对周保权继任武平王大为不满，愤然扬言："我与行逢俱起微贱，立功名，今日安能北面事小儿乎？"恰好，周保权派兵到永州去轮换戍守，路过衡阳，张文表就驱使这些人叛变，"伪缟素，若将奔丧武陵者"。这群身穿丧服内藏杀机的人路过潭州时，主持留后事务的行军司马廖简正与客聚饮。廖简从来看不起张文表，所以对这一行人的到来根本没有在意，他很轻松地告诉身边的人说，等张文表一到，立即将他擒获。说罢宴饮如故，根本不加防范。

不多时，张文表率兵士闯入，大醉酩酊的廖简浑身瘫软，根本拿不起弓箭，只是伸出两只脚，把手放在膝上，破口大骂，结果，他和在座的十几个客人都被杀死，张文表取其印绶，自称权留后事，具表章报告朝廷。

张文表占领潭州的消息传到武平首府朗州，周保权大惊，即命杨师瑶率领全部兵马去抵抗张文表。临行，周保权将他父亲的遗嘱告诉杨师瑶，杨师瑶大受感动，流着泪对军士说："汝见郎君乎，年未成而贤若此！"军士奋然，都表示愿意拼力死战。

周保权在命令杨师瑶出兵潭州讨伐张文表的同时，又分别派人到荆南求援，向宋廷乞求出师。张文表也上疏为自己申辩，南平的高继冲也把此事上奏宋廷。

周保权乞师平叛，使赵匡胤终于找到了出师的借口。乾德元年（963年）正月初七，赵匡胤以山南东道节度使兼侍中慕容延钊为湖南道行营都部署，枢密副使李处耘为都监，派使者十一人发安、夏、郢、陈、澶、孟、宋、亳、颍、光等州兵马会师襄州，开始了对张文表的讨伐。

在平叛大军出发之前，赵匡胤曾派一间谍去了荆南，刺探"人情去就，山川向背"。此人叫卢怀忠，任内酒坊副使。卢怀忠经过一番秘密察看，归而报曰："高继冲甲兵虽整，而控弦不过三万；年谷虽登，而民困于暴敛。南通长沙，东距建康，西迫巴蜀，北奉朝廷，观其形势，盖日不暇给，取之易耳。"

卢怀忠这个情报非常重要，它使赵匡胤定下了先取荆南、后及湖南的决心。宰相范质闻听，谏阻说，宋不能越过荆南而取湖南，这样有越人国土之忌。赵匡胤道："荆南乃四分五裂之国，今出师湖南，假道荆南，因而平之，定能成功。荆南既定，再取湖南，此万全之策，怎说是越人国土？"

宰相赵普非常赞同赵匡胤的决策，道："此乃'假途灭虢'之计，古已用之，今陛下借用，定会速胜。"

赵匡胤决定重施此计，但是，他却不准备以宝物贿赂荆南的高继冲。荆南称臣已久，高氏纳贡犹恐不及，何须贿赂？赵匡胤只派出一使臣前往荆南，向其借道，同时要求高继冲派水军三千配合宋军，助攻潭州。

慕容延钊和李处耘是乾德元年（963年）正月初七奉旨的。此前二日，赵匡胤已遣卢怀忠与毡毯使张勋、染院副使康延泽等率步骑数千先赴襄州。为了这次南伐，赵匡胤命造船坞赶造出战船多艘，以备水上运兵之用。李处耘初九向赵匡胤辞行时，赵匡胤向他"授以成算"，即假道荆南，因而取之，再进讨文表，吞并湖南。李处耘会意，领命离京。

南平王高继冲是一个不谙政事的幼主，加之继任日浅，把有关行政、赋役等事务托付给节度判官孙光宪，把有关军事、调度事务托付给衙内指挥使梁延嗣，对他们说："只要你们诸事处理得当，不会让人说闲话，我还有何忧虑呢？"高继冲这样做，实属不得已而为之。孙、梁二人受此重托，不便推辞，但瞻念前程，却是一筹莫展。

再说李处耘到达襄州以后，便向节度使慕容延钊传达了赵匡胤的诏命。此时，慕容延钊正在生病，便奉诏"肩舆即戎事"。

襄州是宋山南东道治所，也是此次南伐的大军会合之处。慕容延钊是在被解除了殿前都点检的职务之后，于建隆二年（960年）来此任节度使的。他还兼有另一个职务，西南面兵马都部署。初到此地正逢严冬，赵匡胤派人专程送来了貂裘、百子毡帐，使丢掉禁军统帅要职的慕容延钊多少感受到一点温暖。此次南伐，又被恩准坐在肩舆上主持军事，这对慕容延钊来说又属特殊照顾。但是此时的慕容延钊已是五十岁出头的人了，患病又已多日，皇帝的恩赐已不大能够激起他感情的波澜，他只是感到此任太重，有些力不从心，好在有李处耘为副，心中才略感宽慰。

李处耘是宋廷中得力的将领，他年犹未冠即以勇武著称，他还是陈桥兵变中的功臣，讨伐李重进时的行营兵马都监，李重进既灭，主持扬州府事。当时正处战乱之后，境内凋敝，李处耘勤于绥抚，奏减城中居民屋税，民皆悦服。建隆三年（962年），诏归京师，"老幼遮道涕泣，累日不得去"，拜宣徽南院使兼枢密副使。

与慕容延钊的情况不同，李处耘此次奉命南伐正值春风得意，赵匡胤亲自向他面授"成算"，足见信任之深。现在，主帅慕容延钊得了病，李处耘自然要主动承担重任。他一面请慕容延钊安心养病，一面在等待诸军到来的丁德裕前往荆南，把借路之意转告高继冲，并让他准备足够的柴米，以借军用。

高继冲没想到朝廷的兵马会来得如此迅速，经与官佐属吏商量，答复是：敝邑方遭丧乱，举境不安，若大军前来，民庶恐惧，愿供刍讫于百里之外。李处耘听罢，很是不满，又派丁德裕前往。这一次，口气十分强硬，似乎不是在借道，而是命令高继冲让出一条道来，并向高继冲暗示：王师南下平叛，荆南不予提供方便，难道是想与叛逆张文表联手对付朝廷吗？

李处耘这一兴师问罪之举，吓坏了荆南幼主高继冲，他赶忙与孙光宪、梁延嗣商议，二人都认为王命不可违，识时务者为俊杰，独有兵马副使李景威看法相反。他对高继冲说："今王师虽假道以收湖湘，然观其事势，似另有所图，说不定会借机袭我！"

高继冲惊问："若如此，当如何是好？"

李景威道："景威久蒙先王厚恩，自当涌泉相报，效犬马之劳。愿借兵三千，于荆门中道险隘处设伏，待王师夜行过此，突出伏兵攻其主将，王师必自退却，我再回军收张文表献于朝廷，则公之功业大矣。"

高继冲道："伏击王师，与朝廷为敌，这断然使不得！"

李景威道："我这样做是为了荆南之安宁，公之王位稳定。如若不然，将有为人佣仆、摇尾乞食之祸，望公三思之。"

高继冲想了想，说："我家奉事朝廷多年，岁贡丰盈，竭尽赤诚，王师未必图我，将军无须多虑。况且，慕容延钊、李处耘皆朝廷宿将，久经沙场，万夫不当，士卒也皆精锐，将军岂是他们的对手？一旦兵败，我等将为阶下囚矣！"

李景威见高继冲如此胆小怕事，不免有些心灰意冷，沉默有顷，忽又记起一事，道："旧传江陵诸处有九十九洲，若洲数满百将有王者兴。自武信王初年起，江心深浪之中忽生一洲，至此，洲数已满百。昨日此洲忽漂没不存，此非败亡之兆乎？实堪忧也！"

李景威提到的武信王是高继冲的曾祖父高季兴，死后谥号武信，高继冲很崇敬他的曾祖父。关于江陵州数满百之事，他也听说过，还曾经随父亲一道到江边祭祀，乞求上天福佑。今闻新生之洲突然漂没，不禁犯了嘀咕，心慌意乱起来。

节度判官孙光宪见高继冲犹豫不定，唯恐他依了景威之言，派伏兵袭击朝廷的军队，惹下乱子，便进言道："景威不过峡江一民尔，安识成败？且中原自周世宗时起，已有统一天下之志。今圣宋受命，凡所举措，规模更宏远，讨伐张文表好比以山压卵，轻而易举平定湖南，指日可待。公不妨想想，王师既定湖南，难道还会向我借道返回吗？"

高继冲问："孙判官此话怎讲？"

孙光宪道："我是说，王师平定湖南之后，下一个就该轮到我们了。以我之力，断然难阻王师。与其螳臂当车，身死国灭，莫如早以疆土归还朝廷，取消哨所警戒，封存府库，等待朝廷接收，这样，荆南方可免除战火之灾，公也不失富贵矣！"

孙光宪这一番话把南平主高继冲说得万念俱灰，他高家自从武信王建国，已历五十余载，荆南虽小，但地居要冲，土地丰饶，民尚安居，这五十年的基业难道就要断送到他的手上吗？高继冲深感愧对祖宗，但又无计可施，只好掩面而泣，同意了孙光宪的建议。

事情到了这一步，主战的李景威已是无话可讲了，他气愤至极，拂袖而去。到了大门之外，仰天叹息道："大势去矣，我还有何脸面活下去？"说罢，用手掐紧咽喉，气绝而死。

荆南割据政权中唯一敢提出与宋朝军队抗衡的人死了，高继冲和他的僚佐们再无异议，一致赞同归顺朝廷。于是，高继冲派衙内指挥使梁延嗣和他的叔父高保寅带上丰厚的牛酒，前去犒劳朝廷的军队，并暗中留心他们的动向。

李处耘在第二次派丁德裕借道荆南的同时即引兵自襄州南下。二月初九，大军至荆门，李处耘见到前来犒师的梁延嗣等，款待甚殷，又好言安慰一番，梁延嗣等很高兴，马上派人报告高继冲，说："王师借道，旨在讨伐张文表，可不必忧虑。"这样，高继冲的心里才像一块石头落了地。

荆门是进入南平首府江陵的必经之路，距江陵一百余里。当天晚上，带病率军的慕容延钊将梁延嗣等请入帐中，盛设酒宴，与其聚饮。席间，慕容延钊强忍病痛努力做出一副十分友好的姿态，言谈语吐中流露出对荆南借道的感激之情，并说："此次荆南慨然借道，功莫大焉，自当奏明圣上。"梁延嗣等受宠若惊，毫无戒心地畅饮起来。

梁延嗣等没有想到，就在荆门酒酣之时，李处耘已密率精兵数千，疾挺进江陵！身在江陵的高继冲原本等待高保寅和梁延嗣归来，却意外地听到了王师逼近江陵的消息！高继冲顿时慌了手脚，赶忙出城迎接。

高继冲是在江陵城北十五里之处见到李处耘的。李处耘首先向他施礼，说："主帅慕容延钊顷刻即到，请在此稍候。"高继冲不敢违命，带领随从恭立于路边，等候慕容延钊的到来。李处耘则率兵继续进发，从江陵的北门直入城中，等到高继冲和慕容延钊前来的时候，李处耘已分兵据守了城中各要冲，江陵轻而易举地落入宋军手中。

李处耘在入城之前，曾严令部下："入江陵城有不由路及擅入民舍者斩。"所以，宋军入城后秋毫无犯，江陵百姓未被骚扰，高继冲返回他的首府时看到的仍是一派平和的景象，只是这江陵城再也不属于他高家，城头上已变换了大宋的王旗，宋朝的兵马布列街巷。见此情景，高继冲如丧家之犬，惶恐万状。他自知事情已不可逆转，便向慕容延钊交出了牌印，派客将王昭济等向朝廷呈上表章，把所辖三州十七县十四万二千三百户钱赋图册尽呈宋朝，荆南割据政权就此寿终正寝，荆南并入北宋版图。

紧接着，赵匡胤派枢密承旨的王仁赡为荆南都巡检使权知荆南军府事，仍授高继冲为荆南节度使，不久又迁武宁节度使，高氏亲属僚佐，各予拜官晋升。孙光宪因归命有功，被任命为黄州刺史。荆南之兵愿意回乡归农的可自便，官府为其修葺屋舍，给以耕牛种食以安其居，可谓皆大欢喜。

至此，赵匡胤"假途灭虢"之计获得了第一阶段的胜利，随之而来，则是对湖南的乘胜进军。当张文表起兵作乱之时，赵匡胤曾于建隆三年（962年）十二月派中使赵遂等携诏书宣谕潭、朗二州，令张文表归阙，且命荆南发兵帮助周保权。次年正月二十三，又诏令荆南发水兵三千到潭州，但仅仅十多天后，二月初九，高继冲便因江陵被宋军所占而投降，从这个情况看来，荆南并未向湖南发兵，讨伐张文表之乱，仅有杨师璠的兵马。

杨师璠是从朗州向潭州进发的。交战之初，杨师璠有些失利，两军相持至乾德元年（963年）正月，张文表出战，杨师璠与其大战于潭州西北之平津亭，张文表兵败被擒，潭州遂被攻占。

应该说，张文表之乱压根儿就注定成不了什么气候。他起兵的原因是怒于幼主新立，心怀不服，故而仓促举事。其攻占潭州则因廖简轻敌，疏于防范，事成纯属偶然。他不仅没有坚实的根基统治湖南，士兵也是一群乌合之众，难以形成独霸一方的战斗力。此外，张文表起兵的最终目的不过是想取代周氏，并无意与宋朝对立，他也不具备与宋抗衡的力量。宋师来伐，使张文表身处腹背受敌之境，自然要惶恐失策，斗志大减，其大败于平津亭便也在所难免。

起初，张文表曾欲向宋朝归顺，以免遭灭顶之灾。他暗中向前来开导他的宋朝使者赵遂表示服罪，解释说他带人到朗州是去奔丧的，因受廖简轻视，才与其私斗，杀了廖简。他大讲廖简如何狂傲无礼，如何在先王丧事间大肆宴乐，极力表明他是事出无奈，占领潭州也无意据地称王，而是等待归附朝廷。赵遂听了这番话很高兴，张文表这才不再担心朝廷的讨伐，出城与杨师瑶交战。他的打算是，既无后顾之忧，那就先斩了杨师瑶，不管怎样，出了这口闷气再说。但交战的结果却令他大为沮丧，不仅未能战胜杨军，反而成了杨师瑶的俘虏。

杨师瑶大败张文表后，率兵直入潭州城。他进城后便放起火来，并纵使士卒大肆抢掠，潭州城顿时火光冲天，一片混乱，百姓四处逃散，张文表的属下及有关联者皆被杀死。正在这个当口，赵遂来到了潭州。

为了表示对杨师瑶平叛胜利的祝贺，赵遂在到达潭州后的第二天便在潭州城延昭门举行宴会，犒劳将士和文官。席间，赵遂以宋朝使者的身份盛赞杨师瑶军的英勇，同时又很隐晦地透露，张文表杀廖简占潭州初无反意，盖因为廖简鄙薄，一时激愤发生私斗。当初他去朗州吊孝也是出于真心，别无他图。赵遂的这番话使杨师瑶的部将、指挥使高超产生了怀疑，他悄悄地对部下说："看中使之意是要保全张文表的性命。如果张文表到了朝廷，被封官晋爵，一定不会放过我等。今日我们不杀他，明日他就要杀我们，绝不可纵虎归山，留下后患！"当即，高超密令部下：立斩张文表！

因为宴会进行得十分热烈，人声嘈杂，赵遂并未注意到高超的行动。待宴会散了以后，赵遂提出要召见张文表，高超上前禀道："张文表反叛是实，已腰斩于市，肉都被士卒割碎吃掉了！现在只有反贼的几块残骨，中使大人难道想看看吗？"

赵遂闻听，大吃一惊，叹息不止，但又不好过多地责怪高超，第二天便回朝廷复命去了。

赵遂想保全张文表一条性命，并非与张文表有什么私人瓜葛，而是想以此表明他游说的成功，进而向朝廷表功，以图封赏。张文表被杀使他失去了请功的筹码，心中甚觉怅然。但高超等人却深感庆幸：多亏当机立断，及早下手，要是赵遂将张文表带到朝廷，让他反扑过来，后果难以设想！

宋军既收荆南，张文表又已被杀，宋军的使命似乎已经完成。但是，李处耘并未班师回京，而是加紧调动部队，昼夜兼程地向朗州进发。

消息传到朗州，幼主周保权惊骇万分，速召观察判官李观象商量。李观象道："先前请援于朝廷，是为了平讨张文表之乱。今文表已伏诛，王师却不肯班师而还，此其志是想尽取我湖湘之地也！"

周保权道："既如此，当如何是好？"

李观象道："我所恃者，北有荆渚，以为唇齿之依。今高氏束手听命，朗州已不能保全，我岂能继续周家之基业？以我之实力，断不可与朝廷为敌，依我看来，莫如放弃王位，归降朝廷，如此方不失富贵！"

周保权是个十来岁的孩童，对天下大势知之甚少，当此大兵压境更是没有了主见，他觉得李观象这番话把利害得失已摆得很明白，便准备采纳他的意见。然而，正当他要向宋朝投降的时候，指挥使张从富等却出面反对，他们哭着对周保权说，先王周行逢治楚九年，历尽艰辛，境内大治，今先王尸骨未寒，就将这湖湘之地拱手送人，既有愧于先王，又无法面对湖湘父老。张从富表示，愿奋力死战，肝脑涂地，在所不辞。

周保权被感动了，他拉着张从富的手说，他虽不才，愿与诸将士同生死，绝不能有辱祖宗，玷污王业。于是，主战之声又压倒了主降之论，本欲大开城门以迎王师的朗州城又同仇敌忾，进入了战斗状态。

周保权不肯归降引起了慕容延钊和李处耘的忧虑，为了避免交战，力争兵不血刃地占领朗州，慕容延钊又派丁德裕前去安抚。但是，湖湘方面已做好了抵抗的准备，张从富拒绝接纳丁德裕，他令人把辖区内的桥梁全部拆除，将所有的船舶沉掉，并伐倒树木堵塞了所有通往朗州的道路，阻止宋军的开进。

但是，张从富却不敢贸然与宋军交战，只是严阵以待，准备死守。

赵匡胤得知周保权不肯归降，派使者责备周保权和他的部将们说："尔本请师救援，故发大军以拯尔难，今妖孽既已殄灭，是对汝辈之大助也，尔辈不知感恩图报，反而兴兵以拒王师，此自取涂炭之祸，又将累及湖南百姓，一意孤行，必将咎由自取！"

赵匡胤的这番话不啻于对周保权的最后通牒，但是，周保权因受张从富等人的挟制，竟不肯回头，这样，宋朝军队的武力进讨也就无法避免了。

乾德元年（963年）二月末，慕容延钊派战棹都监①武江节等分兵从江陵沿长江而下进攻岳州，陆路由李处耘率部先行，慕容延钊统大军继后，出澧州直扑朗州。慕容延钊大破周保权军于三江口，缴获战船七百余艘，斩首四千多级，随即占领了岳州。

三月，张从富从澧州以南出兵，与宋军遭遇，宋军先机进攻，张从富军见宋军势大，还未交锋就望风而逃，李处耘向北追到敖山寨，守军弃寨逃走，很多人成了宋军的俘虏。李处耘在俘虏中挑选了几十个身体肥胖的，杀死后让左右将士吃掉，又在年轻健壮的俘虏脸上全部刺了字，把

---

① 都监：宋朝设置的官员，掌握禁军的屯戍、训练和边防事务。

他们放回朗州。这时天色已晚，李处耘就传令部下在敖山寨驻扎下来。次日天亮后，慕容延钊赶到，两路兵马会合一处，随即准备对朗州发动最后进攻。

脸上被刺了字的俘虏逃回朗州后，惊恐万状地大肆宣扬宋军的残暴，把宋军吃人的场面描绘得鲜血淋漓，异常恐怖，还指着自己脸上的刺字说，千万不能被宋军俘虏，否则便会遭到和他们一样的下场，说不定还会被吃掉。俘虏起到了宋军宣传员的作用，周保权的军队本来就没有信心与强大的宋军交锋，听这样一说更是斗志全无。他们为了保全性命，在城中放火后向山谷逃去，百姓们也被裹挟着逃向山谷，朗州城的守备顷刻瓦解。

当初李处耘屠杀和分食俘虏并将刺字者放还就是想在周保权军中造成一种威慑，在精神上把他们摧垮。现在，他的目的达到了，那些"义务宣传员"们发挥了不可替代的作用，宋军没遇到任何抵抗就顺利进入了朗州城。

张从富是在西山下被捉到的，他被绑至朗州，斩首示众。在宋军进城之前，周保权及其全家即被部将汪端劫持到江南的一座寺庙里，李处耘得知消息，派部将田守奇前去搜捕。汪端抛弃周保权逃走，田守奇将周保权俘获，押回朗州，于是湖南全境被宋军收复，计十四州，六十六县，九万七千二百八十八户。湖南自唐末梁初马殷割据以来，至后周广顺初为南唐所灭，不久又由王逵、周行逢等复国，前后割据六十八年，至此乃亡于宋。

三月二十六，湖南大捷的报告送到京师，赵匡胤大宴群臣，热烈祝贺。他得意于自己"假途灭虢"、一箭双雕的高明，深为大宋版图的扩大、人口的增加而欣喜。他决计继续实行"先南后北"的既定方针，把统一战争进行到底。

四月初三，赵匡胤颁发诏令，减轻荆南和潭州、朗州死囚的刑罚，流刑以下释放，发配服役的人放还，免除建隆三年（962年）以前的欠税和场院的税课，立功者给予优厚的俸禄，行营各军给予优厚的赏赐，抢来的奴仆各归其主。

四月间，枢密使户部侍郎薛居正被任命权知朗州，以周保权为右千牛卫上将军。李处耘因宰食俘虏，下诏治其罪。在出征荆湖的过程中，李处耘和慕容延钊因受人挑拨而不和，二人更想在赵匡胤面前诋毁对方。李处耘被贬为淄州刺史，乾德四年（966年）死于任上，年四十七岁，赐地葬于洛阳偏桥村，赠宣德军节度使、检校太傅。《宋史》本传说他在荆湖之役中"以近臣护军，自以受太祖知遇，思有以报，故临事专制，不顾群议，遂至于贬"，此论堪称切当。

慕容延钊在平荆湖后加检校太尉，同年冬病逝，年五十岁。

劫持周保权至寺庙后又逃匿的汪端九月间聚众数千袭扰朗州城，不下，与党徒聚山林为盗，被慕容延钊擒获，磔于市。

马踏西蜀

乾德二年（964年）十一月，赵匡胤下令进攻西蜀。

西蜀便是四川，四川历来号称天府之国，经济繁荣、财用富足。且地处盆地，四周高山险峻，易守难攻。唐朝大诗人李白曾咏出名句："蜀道之难，难于上青天！"

唐末天下大乱，四川天高地远，朝廷无暇顾及，为人称"贼王八"的王建所盘踞。唐亡，王建自立，史称前蜀，后来王建的前蜀被后唐庄宗李存勖所灭，而李存勖派往该地的节度使孟知祥又反叛自立，史称后蜀。其地在宋之西，又称西蜀。西蜀的国主是历史上有名的庸君孟昶，他的名气，得自他的穷奢极侈。据说连他的尿壶，都镶嵌着七种名贵的珠宝。他日日击球走马，沉溺于"房中之术"，大政委于大臣王昭远。

王昭远出身微贱，志大才疏，头脑简单，军事知识充其量只是读过几本兵书。赵匡胤取荆湖，南接五岭、西控三峡、东制江南，蜀国首当其冲，唇亡齿寒，陷于危境。以宰相李昊为首的一些大臣，认为赵匡胤的运势气魄，不像后汉后周，"一统海内"，怕就在此人身上！因而劝国主孟昶向宋纳贡、维持割据现状。王昭远则极力反对，下令在边境屯兵，并扩充水军，摆出迎战的架势。

赵匡胤看到蜀国竟敢积极备战，冷笑一声，更加坚定了"先取巴蜀"的决心。

恰在此时，山南节度使判官张廷伟劝王昭远道："公素无勋业，今居高位，不谋建立大功，何以面对天下清议？不如通好太原，请北汉发兵南下，我军自黄花、子午谷出兵响应。使中原表里受敌，如此关右三秦之地，可传檄而定。"

这无异于纸上谈兵。诸葛亮六出祁山而无功，以西蜀无拳无勇、从不训练、五十年不闻战事的羸弱之军，出蜀定汉中谈何容易？

王昭远却深以为然，他竟狂妄不自量力地以诸葛孔明自诩，欲竟武侯未竟之业！鼓动孟昶遣派谍使，带"蜡丸帛书"，由宋朝京城汴梁间道太原，勾结北汉。

谍使三人来到汴梁，按原计划，其中孙遇等两人留下刺探宋朝军情，赵彦韬身藏蜡丸由汴梁转赴河东，待赵彦韬回来后，三人一同返蜀。

不料赵彦韬出卖了王昭远，转身逃往东京，将"蜡丸帛书"献给了宋相赵普。孙遇等也跟着投宋，指陈、图绘西蜀地形兵备、道里远近，劝宋进取西川。

那帛书上写有："早岁曾奉尺书，远达睿听，丹素备陈于翰墨，欢盟已保于金兰；泊传吊伐之嘉音，实动辅车之喜色。寻于褒汉，添驻师徒，只待灵旗之济河，便遣前锋以出境。"

直是西蜀勾结北汉的铁证，赵匡胤执书，拍案大笑，道："朕师西出讨蜀有名矣！"

伐蜀以赵匡胤亲征的名义，指挥官称"行营前军兵马都部署"。大军兵分两路，陆路以忠武军节度使王全斌任行营前军兵马都部署，武信军节度使崔彦进任行营前军兵马副都部署，枢密使王仁赡任都监，带步骑兵三万西进陕西函谷潼关，出凤州（今陕西凤县）南下；水路以宁江军节度使刘光义任行营前军兵马副都部署，枢密承旨曹彬任都监，带步骑军两万出归州（今湖北秭归），溯长江西上。

赵匡胤志在必得。天下大势早已全在心中的赵匡胤，命人取出川江地图，一一指点，详授机宜。特别指示统率水师的刘光义，夔州（今四川奉节县）水面蜀军严密设防，江上有设三重栅寨的浮桥，巨炮夹江列置，所以溯江而上至此，切勿以舟师争胜，贸然进击。需停止前进，以步骑兵两岸偷袭，破伏夺桥，而后水路并进，一举破之！

大军出发那日，又见飞雪。

赵匡胤身穿貂裘，上朝听政。寒风如刺，从窗隙间钻入，赵匡胤不禁打个寒噤，猛然回头见侍从缩肩搓手，心念一动，道："朕被服如此，体尚觉寒，念西征将士冲犯霜霰，何一堪处！"当即脱下貂裘，派人给西征军主帅王全斌送去。

冰天雪地之下，离乡背井途中，一件带着天子体温的裘衣，不能不使西征军全体将帅士兵感动得涕泪交流。

人是需要理解、沟通、慰藉的。理解、沟通、慰藉产生的效应，不单单是温暖，而很可能成为一种热能，一种能将冰天雪地全部消融的巨大的热能，赵匡胤懂得这一点。

孟昶得报宋师伐蜀，急令王昭远任北面行营都统、赵彦福为都监拒战，并气急败坏地对王昭远道：

"北……北军之祸，乃因汝而起，汝当勉力为朕却……却之！"

王昭远却无自知之明，在宰相李昊奉孟昶之命于郊外为其军饯行之时，喝得酩酊大醉，道："我此行何止退敌？但率此二三万雕面恶小儿，取中原易如反掌乃尔！"他自以为是地手执铁如意，踌躇满志地去了。

十二月，宋西征军陆路王全斌等取兴州（今陕西略阳），连下石图等二十余寨。夺军粮四十万石。先锋史延德又在进川咽喉、栈道门户西县（今陕西勉县西）大败蜀军，生擒蜀招讨使韩保正、副招讨使李进，夺军粮三十万石。蜀残军将栈道烧绝，退守葭萌（今四川昭化南）。王全斌一面命军抢修栈道，一面率军绕道进蜀，强渡罗江。

两军主力在大漫天寨（今四川昭化南）决战，宋军分三路猛攻。蜀军集中全部精锐迎战，大败溃退。王昭远又亲自引兵抵抗，结果三战皆败，狼狈夺路而逃。渡桔柏津后，烧毁浮桥，退守剑门。

王昭远惨败的消息传到成都，孟昶大恐，急命自己的儿子太子孟元哲率万余精兵增防剑门。

孟元哲乃一纨绔子弟，不习军事，副将以下"皆庸懦"。军中旗用五彩刺绣，旗杆也缠着蜀锦。出发之时，天微雨，孟元哲怕湿了绣旗，令卸下来。天晴重新装上时，竟一不留神，把几千面绣旗都装倒了。如此之军，岂能上阵！

乾德三年（965年）正月，王全斌下益光（今四川昭化），从降卒牟进口中得知，益光江东越过几重大山，有一条叫作"来苏"的小路。蜀人在西岸设栅，有船可渡。从此路出剑门南二十里，至青疆店即同官道会合。如走这条路，古来所称"一夫荷戈，万夫莫当"的剑门天险，竟不足恃！王全斌大喜，却以蜀军连战连败，士气沮落，自信有压倒一切、决战决胜的气魄与能力，只派先锋史延德率军从"来苏"小径轻袭青疆，自统大军从正面官道浩浩荡荡杀向剑门。

宋军南北两路夹击，猛攻剑门。

王昭远仓皇留下偏将把守，自己引兵退屯汉源坡（今四川剑阁东）。未到汉源，闻报剑门已破。慌得两腿打战，瘫坐在胡床上站不起来。都监赵崇韬出战，兵败被俘，宋军斩首万余级。王昭远免胄弃甲，只身逃至东川（今四川三台）。这位"蜀中诸葛"藏在老百姓仓舍之中，束手无策，悲嗟流泪，哭得两眼肿成烂桃一般，直到被俘，仍哭叹自己是"运去英雄不自由"。

孟元哲行至绵州，闻剑门失守，随即溃遁，逃回成都。

与此同时，宋军另一路大军刘光义、曹彬部，按照赵匡胤的既定部署，一举攻破锁江的夔州。夔州既下，西向纷纷披靡。宋军连取万州（今重庆市万州区）、施州（今湖北恩施）、开州（今重庆开州区）、忠州（今重庆忠县）等地。遂州（今四川遂宁）知州陈愈献城而降，峡中诸州县尽为宋军所有。

水陆宋军，眼看即将会师成都！蜀主孟昶惶骇无策，在宰相李昊劝谏下，奉表出降了。仅六十六日，宋军便统一了西蜀，得四十五州、一百九十八县。

西蜀的覆亡，对南方各割据小国应该起到当头棒喝的作用。赵匡胤一统天下之心已昭然若揭，下一个，将轮到谁呢？

然而，紧绷的弦，突然松了。

惶惶不可终日的南方各国，感到来自北方的压力莫名其妙地减轻，不约而同地松了口气。

蜀主孟昶举族由峡江而下，东入汴京，待罪阙下。

赵匡胤未发之前处心积虑，既发之后则慷慨豪迈。立即御临崇元殿，以礼接之，封孟昶为检校太师兼中书令，授秦国公。子孟元喆为泰宁节度使。孟母以下子弟妻妾官属，均各有赏。

这不仅是性格问题，更重要的是，赵匡胤深知西蜀是他攻灭的第一个南方小国（湖南荆南虽有楚国、南平国之称，实际并未称帝，仅是割据一方的节度使），西蜀问题处理是否得当，关系着宋朝在其他小国心目中的形象。

然而，孟昶住进了右掖门南汴水之滨那座五百多间房的豪华大宅院后，终日抑郁，仅仅七日，便暴病而亡，紧接着孟母李氏亦亡。赵匡胤厚待李氏，几乎视为己母，特命肩舆入宫，并曲言宽慰道："国母善自爱，无戚戚怀乡土，异日当送母归。"

孟昶死，李氏亡国丧子之痛无法宣泄，还是数日不食，跟着去了。

接着，由入蜀宋军劫掠搜刮当地百姓所致，蜀乱大炽，"盗起四方"。

赵匡胤强压着一肚子火，一方面废朝五日，为孟昶发哀，追封孟昶为楚王；一方面不得不集中主要兵力、财力、精力平定蜀乱。同时，为了避免其他各国以蜀为鉴，拼死反抗，赵匡胤暂缓了进攻的步伐，大肆收揽人心，放出了偃武修文、广施仁义的和平烟幕。

耽于安乐的南方各国王公贵族专门吃这一套。这是因为他们喜欢吗，不，是因为他们习惯于吃这一套，习惯于在苟且和侥幸中过自以为"太平"的生活。

士气民心全部松懈下来，王公贵族，依旧是温柔乡中的放情纵欲、恒舞酣歌、骄奢淫逸、挥霍侈靡。

他们不知道宋军已成为统一的中坚力量，这正是赵匡胤所希望见到的事。

兵进北汉

宋军灭蜀只用了六十六天。此战采用两路夹击的战略战术，取得了惊人的战果。"天府之国"并入中原后，使北宋的财力物力大大充实，为此后统一战争的持续进行奠定了物质基础。

赵匡胤对北汉久有攻伐之意，只是因为北汉有契丹做后盾，取胜难度较大，朝臣也多不赞同，所以，迟迟难定大举攻伐北汉的决心。及至"先南后北"国策制定之后，赵匡胤对北汉基本上采取以攻为守的策略，不时地发起小规模军事行动，进行袭扰和牵制。乾德元年（963年）七月，宋既平定荆湖正谋伐蜀之际，派安国节度使王全斌与洺州防御使郭进、赵州刺史陈万迈、客省使曹彬等率兵攻打北汉边地，俘获而还。北汉因乞援于契丹，打算进行反击，王全斌等又攻打北汉乐平县，并攻克之。同年十二月，又遣曹彬等攻入北汉境内，攻取了辽石二州。

乾德二年（964年）正月，昭义节度使李继勋、兵马钤辖康延沼、马步军都军头尹勋等又率步骑万余人再攻辽州，与北汉马军都指挥使郝贵超大战于辽州城下，郝贵超大败，北汉向契丹告急，引契丹步骑六万来攻，李继勋和罗彦环、曹彬等领兵六万迎战，大败契丹和北汉兵。

宋军数次进袭北汉，并不完全在于攻取几座城池，而是以攻为守阻止北汉乘宋南伐之机举兵进犯，也可认为是保障"先南后北"战略实施的辅助行动。

由于宋军的频频袭扰，加之国力衰弱，北汉也无力深入北宋境内，这一段时间里，基本上采取守势。这正是赵匡胤所希望看到的。为了使北汉不敢妄动，赵匡胤还曾通过边界上的间谍对北汉主刘钧说："君家与周氏为世仇，理应不屈。今我与尔无所间，何为困此一方之民也？若有志中国，宜下太行一决胜负！"

从表面上看来，赵匡胤这番话像是在叫战，但实际上则是休兵罢战之约。其潜台词是：宋与北汉并无仇怨，还是相安无事为好。刘钧的回答也很温和而谦恭："河东土地甲兵不足当中国之十一，区区守此，盖惧汉氏之不血食也。"刘钧既无意与宋决战，正中赵匡胤下怀，于是，他笑着对前来传话的间谍说："为我语刘钧，开尔一路以为生！"所以，终刘钧之世，赵匡胤没有以大军北伐。

但是，当宋灭后蜀之后，这种态势却发生了变化。

开宝元年（968年）七月，北汉主刘钧病逝，养子继恩嗣位，政局不稳，此时，契丹主也因喜好畋猎，饮宴无休，滥施刑罚，大失人心，赵匡胤感到机不可失，于是便改变了北守南攻之策，积极准备进攻北汉。他命令客省使卢怀忠等二十二人领兵屯驻潞州，命昭义节度使李继勋为河东行营前军都部署，打算分潞、晋两路进攻太原。

赵匡胤在积极准备用兵北汉的同时大力进行间谍活动，企图溃敌腹心，乱而取之。

宋平后蜀后不久，赵匡胤即先后派出了侯霸荣、惠磷两名间谍，打进了北汉内部。这侯霸荣是邢州人，身材魁梧，力大惊人，行走如飞，据说能够追得上奔马。他还精于射术，百步之内，箭无虚发。此人曾在并州和汾州一带为盗，北汉世祖刘崇得知，召为散指挥使，在乐平戍守。建隆三年（962年）八月，王全斌进乐平的时候，侯霸荣率部投降宋朝，补为内殿直。侯霸荣熟知北汉情况，赵匡胤派其重返北汉，可谓任用得人。惠磷是宋廷一小吏，此人聪敏多谋，善于机变。他受赵匡胤的指使，假称是殿前散指挥使，负罪逃奔北汉，被北汉任命为供奉官。这样，在赵匡胤未举大兵之时，后汉宫廷便出现了宋朝间谍的踪影，隐蔽战场的斗争随即悄悄展开。

混入北汉朝廷内部当供奉官的侯霸荣因是降宋后复归北汉，所以在其供职过程中时常表现出一种赎罪的姿态。他抓住一切机会向北汉主忏悔自己前事的不忠，同时又巧妙而圆滑地进行解释和开脱：乐平一战，宋军兵多势众，实难与敌，降宋本出无奈。他还通过自己降宋后的短暂经历，讲述寄人篱下的卑贱和耻辱，百般诋毁北宋朝政，盛赞北汉主的圣明，不遗余力地表现自己对北汉的忠诚，这样，终于又获得了北汉主刘钧的好感，重新建立起他在北汉朝廷中的威信。

刘钧本名刘承钧，是世祖刘崇的次子，乾祐七年（954年）嗣位后改名刘钧，其在位时北汉更加衰落，因而不再像乃父刘崇那样幻想入主中原。当李筠作乱后，他曾应李筠之约与其配合共击宋军，因李筠很快被击败而引兵北还。其后，又得罪了他的"父皇帝"契丹主，"助李筠有所觊觎"竟成了他的三大罪状之一，受到契丹主的严词责备。于是，"终以势力窘弱，忧愤成疾"，于天会十二年（968年）死去，时年四十三岁。

继承帝位的是刘钧的养子刘继恩，本姓薛，其母为世祖刘崇之女，生父是后晋护圣营士卒薛钊。后汉高祖主管禁军，因刘崇之故解除了薛钊的军籍，让他闲居在家，"衣食之而无所用"。其妻常居父母家，薛钊难得一见，故心中大不悦，乘醉拔剑刺之，妻伤而未死，薛钊随即自杀。其妻又改嫁何氏，生继元。世祖刘崇因孝和皇帝刘钧无子，就将继恩和继元收为刘钧养子，改姓刘。

刘继恩腹大而多须，身材上长下短，"乘马即魁梧，徒步即侏儒"。他对其养父刘钧很孝顺，"晨昏定省，礼无违者"。但是，刘钧却觉得他才能只及中人，难继大业，他曾对宰相郭无为说："继恩纯孝，然非济世才，恐不能了我家事，将奈何？"郭无为以为然。不多日，刘钧病危，临终召郭无为嘱以后事，刘继恩开始监国。刘继恩杀死了刘钧的另一养子刘继忠，派使者向契丹"父皇帝"报告了刘钧的死讯并请求嗣位，契丹应允，刘继恩继任为北汉皇帝。

新登帝位的刘继恩"怨郭无为初与父言不助己"，且恶其专政，想将他逐出朝廷，并想杀死他，但因怯懦畏惧没有成功。从此，刘继恩对郭无为"外示优礼，内实疏远之也"。这种情况引起了北宋间谍侯霸荣的注意，便极力向郭无为靠拢。郭无为因受刘继恩猜忌并随时都有被逐、被杀的危险，很希望找到一个帮手，侯霸荣也是处心积虑地"谋持继恩首献太祖"，于是二人一拍即合，暗中策划了一场宫廷政变。

当时，刘继恩独居一室守丧，左右亲信都不跟在身边，有人便建议将郭无为召入宫中杀死他，刘继恩犹豫未决。有人又献计说，可在宫中设宴，召请大臣参加，趁机将郭无为杀死，刘继恩思忖多时，默然应允。

九月初十，刘继恩依计摆起"鸿门宴"，召诸大臣及亲子宴饮，并伏刀斧手于其侧，准备见机行动。但是，郭无为暗中得知了消息，没有赴宴，刘继恩的阴谋落了空。

刘继恩很失望，他在宴会上疑虑重重，郁郁不乐多饮了几杯酒，昏昏沉沉地被人搀至阁中，不多时便进入梦乡。

这天夜晚，天特别黑，秋风阵阵，秋雨潇潇。当刘继恩正在熟睡之时，侯霸荣突然率十余人挺刀入阁，并随手将门反扣。刘继恩闻声惊起，赶忙到屏风后躲避，侯霸荣向前紧逼，刘继恩绕屏风而走，终被侯霸荣刺死。刘继恩从继位到被杀仅六十余天，此间多是守丧，甚至还未来得及建号改元。

北宋间谍侯霸荣得手后，心中充满了喜悦。然而，正当他准备割下刘继恩的首级回宋朝报功的时候，忽听嘭的一声合上的窗子被打开了，随即有人手持利刃跳窗而入，大呼一声，冲上前来，侯霸荣猝不及防，还未看清来人的面目即被一刀刺死。

短暂的厮杀归于平静，窗外，风还在刮着，雨还在下着……

侯霸荣不会想到，把他置于死地的正是和他共同策划这场政变的郭无为。

这郭无为是安乐人，少博学，善辞辩，后为道士，隐居武当山。后汉乾祐年间，后周主郭威在河中征讨李守贞时，郭无为杖策谒于军门。郭威见他生得方额尖嘴，识多见广，谈吐不凡，又问以当世之务，回答颇有见地，郭威以为奇才，将其留于门下，欲引为谋士，为他出谋划策，但郭威身边的人却极力反对，"无为纵横家流，今公握重兵，不宜亲之"。郭无为得知，拂衣而去，隐归抱腹山。

郭无为重新出山是在宋建隆元年（960年）以后，先是北汉主刘钧率兵援助李筠，将发太原，大臣赵华进谏说："筠举动轻易，今起兵应之，未见其可。"刘钧怒而不顾，遂行。及李筠败亡，刘钧也狼狈而归，他记取了这次贸然发兵的教训，开始重用文学之士。他又担心宋朝的军队随时都可能来攻，"颇求有智谋者与之计事"。枢密使段恒认识郭无为，因向刘钧推荐，刘钧以谏议大夫召郭无为入宫，"与语大悦"，又任命郭无为为吏部侍郎，参议中书省事，和赵文度同执政事。但二人各恃才高，互相瞧不起，刘钧乃将赵文度调任外官，以郭无为为左仆射、平章事兼枢密使，"机务一以委之"。从此，这位抱腹山人告别了深山寺庙，进入政界，成为北汉宫廷中的"道士宰相"。

在刘钧当政的时候，郭无为是颇受重用的。刘钧常将他引入卧内，与他商讨国事，临终时又"执其手，以后事付之"，足见信任之深。

但是，继立的刘继恩却和他的关系很紧张，其原因已如前述。加之，侯霸荣从中挑唆贿赂，终于使郭无为下决心除掉刘继恩，以保护自己的安全。

北汉宫廷中的这场政变是郭无为与侯霸荣共同策划的，还有一种说法是"无为指使霸荣作乱"，让侯霸荣在前台充当刺客，郭无为在幕后组织指挥。

刺杀刘继恩的计划与杀机四伏的"鸿门宴"同时开始。事先，他们已将刺杀步骤安排得周密妥帖，对行动部署、人员调动力争做到万无一失，以至于当侯霸荣入阁刺杀刘继恩时竟无一名侍卫在侧。

十分有趣的是，在刺杀刘继恩的同时，刺杀刺客的计划也在进行着。侯霸荣破窗入阁后，郭无为也秘密派人在阁外竖起了梯子，准备好了杀手，侯霸荣刀血未拭，郭无为的杀手已登梯而入，结果了他的性命，真可谓"螳螂捕蝉，黄雀在后"。

郭无为这样做首先是出于保护自己的需要。这位武当山道士不愧是参悟禅关的，他既看重眼前的利益，又不想坏了未来的前程，他与侯霸荣暗中交结，密谋政变，是想假侯霸荣之手除掉刘继恩。刘继恩既死，侯霸荣便失去了使用价值，所以要"亟诛霸荣以灭口"，脱尽自己与这场政变的关系。此外，他也清楚地看到，宋军虽已出兵进伐北汉，但太原城并未出现混乱迹象，加之有契丹为后盾，北汉还未必能很快灭亡。在这种情况下，若持政变之功向宋廷邀赏讨封还欠稳妥。特别是刘继恩之弟刘继元还拥兵在手，随时都会扫平内难，这样，如果搅入政变之中，岂不是自找麻烦吗？

郭无为深感庆幸，这件事他办得非常高明，刘继恩死了，侯霸荣及其同党也都被杀个精光，朝野上下无人知道底细，郭无为不仅安然无恙，还成了诛杀叛逆的功臣。

紧接着，郭无为又不顾宰相张昭敏的反对，坚持立颇通禅学、好与僧人往来的刘继元为帝，这样，郭无为又摇身一变，成为新皇帝刘继元近臣。

北汉发生的这场宫廷政变自始至终受到了赵匡胤的关注。当初派侯霸荣入北汉，其重要使命便是搅敌腹心，里应外合。赵匡胤认定，这是一招绝妙的好棋。

侯霸荣完成了他的使命，但郭无为殴诛侯霸荣并扶立新主又使这次政变的成果迅速化为乌有。赵匡胤的精心安排被打乱了，他只好急攻太原，向北汉施加军事压力，试图乘乱攻取之。

北宋李继勋的军队是在刘继元当皇帝的几天内进入北汉境内并挺进太原的。刘继元虽仪表堂堂，又善于言谈，但对统兵作战却不甚通晓。当侍者将北宋大兵压境的消息向他报告之后，刘继元只有一条"妙计"，那就是：急遣使者上表契丹，请求"父皇帝"发兵援助。他把契丹出兵当作唯一的依靠，如同儿子有难求助于父亲。

多年来，北汉父事契丹毕恭毕敬，极尽忠孝。北汉的创立者刘崇事无大小，不敢自决，总得禀告契丹主。刘钧稍稍有些疏略，竟遭契丹遣使持书来责，说他"不遵先志"，有违"父子之道"，严令他"率德改行，无自贻伊戚"。刘钧吓得非同小可，两次遣使携重金前往谢罪，契丹都未理睬，还扣留了使者。北汉土地狭小，出产很少，又要每年送财物给契丹，财政开支越来越困难，就任用善于经商营利的五台山和尚刘继颙做鸿胪卿。五台山与契丹临界，刘继颙常将得到的契丹马匹献给北汉，叫作"添都马"。刘继颙则在相谷地方募民开矿炼取白银。北汉主每年要向契丹纳贡白银千斤，还在此地建立了一支军队，名曰"宝兴军"，专门保障冶银和贡银。正是因为北汉主奴颜婢膝地向契丹孝敬了大量金钱，契丹才将北汉置于自己的羽翼之下，充当了北汉的保护伞，每有所求，必出兵相助。

这一次，刘继元的求救同样得到了契丹的应允，契丹主要刘继元阻止宋军的挺进，援兵随后到达。

契丹的慷慨出兵使刘继元吃了一颗定心丸，他遵照契丹主的旨令，派出一支由侍卫都虞候刘继业、冯进珂率领的队伍扼守团柏谷，以将作监马峰为枢密使，监其军。马峰是太原人，其妻是刘继元的女儿。刘继业原名重贵，姓杨，自幼侍奉世祖刘崇，被收为养子，因而改赐姓名。此人就是足智多谋、骁勇善战、鼎鼎大名的杨业，他在北汉亡后降宋，改名为杨业，杨家将的故事便是由杨业及其后代的事迹演化而来。

北汉马峰的队伍是到了洞过河以后和李继勋宋军相遇的。此时，宋军的先锋是何继筠，双方交战以后，马峰被打败，损失了两千多人，五百匹战马被宋军俘获。宋军还擒获了北汉将领张环和石斌，夺占了汾河桥，进逼太原城下，焚烧了太原城门延夏门。

宋军的初战告捷使北汉主刘继元慌了手脚，又派殿直都知郭守斌率领内直兵出战，遭惨败，郭守斌被流矢射中，退回城中。

宋军的捷报传至开封，赵匡胤大喜。他盲目地认为，北汉灭亡在即，太原城头将很快飘扬起宋军的战旗。于是，他派使者带诏书至太原，展开了强大的攻势。

与这封诏书同时下达的还有四十余道封官许愿的诏书，许诺任命郭无为为安国节度使，马峰以下都任命为节度使。

赵匡胤在令人草拟这些诏书的时候并非完全出于虚妄，他对北汉君臣的情况逐一进行了了解，对宋廷官职的空位也进行了摸底，而后，又反复斟酌北汉君臣的重新任职怎样才能恰如其分。他思索得很认真，仿佛北汉君臣马上就会前来投降，成为他大宋朝廷新的成员。

诏书首先送到北汉宰相郭无为手中。郭无为看后动了心，暗忖：宋军势难抵挡，契丹援兵未至，莫如劝主降宋，到宋朝安安稳稳地当个节度使。他也担心刺杀刘继恩之事早晚会被人窥知，与其日后被清算，不如尽快降宋。这样想着，郭无为只把给刘继元的诏书交了上去，其余的都藏了起来。他有他的主意：且观风云之变，见机行事。

宋军李继勋对太原的进攻越来越紧了。郭无为见形势不妙，就劝说刘继元投降，但刘继元坚信契丹兵一定会来援助，固执地不肯投降。郭无为无奈，只得再待机会。

这天，郭无为正在衙署闷坐，忽有小吏来报，他们在岚谷捉到了一个宋军的间谍，已解送太原。郭无为令人将间谍带上来，一看，原来是供奉官惠磷！郭无为早就知道他是间谍，惠磷当供奉官就是郭无为安排的，将惠磷治罪岂不是引火烧身吗？他对那小吏说，这间谍由他处理，不可声张。随后，郭无为即将惠磷释放，没有问罪。

惠磷是在宋军进入北汉境内以后逃出汉廷的。他认为北汉将亡，故急于归宋。意想不到的是，惠磷刚走到岚谷即被捉住，多亏送到了郭无为这里，否则注定性命难保。

但是，没有不透风的墙。有一降将名李超，曾在上党做过厮卒，知道惠磷底细，就告知监军马峰请求将惠磷治罪。郭无为得知大怒，将惠磷和李超一齐杀死灭口。

这样，身在北汉心在宋的郭无为又一次地躲过了风险，宰相的位置仍稳固如初，他期待着宋军早日杀进太原，期待着北汉尽快灭亡。

但是，北宋的军队初获小胜之后并不顺利。开宝元年（968年）十一月，契丹的援兵气势汹汹地杀将过来，围攻太原的李继勋军腹背受敌，不敢久战，匆匆退兵，北汉军则乘势反攻，宋军自八月以来所占领的州县不仅全部丧失，还被北汉军打进晋、绛二州，大掠而去。

赵匡胤对北汉的第一次进攻就这样得不偿失地收了场，此战的失败在于轻敌冒进，过于看重了与郭无为等里应外合的作用。郭无为呢，尽管机警地躲过了风险，保住了自己，终因大志难申，抱憾不已。

赵匡胤满脸不悦地闷坐崇德殿中，他万万没有想到，用兵北汉的结果会是这样。他想不通，泱泱大国北宋难道连小小的北汉也奈何不得？他又想起五代以来，北汉投靠契丹，助纣为虐，屡犯边地，抢掠边民的往事，心中更是怒火升腾。他发誓要再征北汉，洗雪损兵失地的耻辱。

开宝二年（969年）正月，赵匡胤遣殿中侍御史李莹等分往诸州，调发军储赴太原，以备诸军进攻太原时补给之用。紧接着，又派出四十九名使者调发各道兵马，屯驻在晋、潞等州。

正月初八，命宣徽南院使曹彬、侍卫步军都指挥使党进等各领兵先赴太原。正月十一，下诏亲征。遂以皇弟开封府尹赵匡义为东京留守，枢密副使沈义伦为大内部署，昭义节度使李继勋为河东行营前军都部署，建雄节度使赵赞为马步军都虞候，先赴太原。

正月十七，赵匡胤的车驾从开封出发了。这次御驾亲征，赵匡胤在很大程度上是出于一时激怒，愤而发兵。其声势之大、用兵之多是此前历次征讨难以比拟的，大有一举灭亡北汉之势。

正月二十，军次王桥顿、彭德节度使韩重赟来见。他来得正是时候。赵匡胤考虑到，此次北征，契丹必定再次驰援北汉，必须进行阻截，以保障主攻太原的顺利。他对韩重赟说："契丹必以为镇州、定州无备，由此路进入，卿可为朕倍道兼行，出其不意而破之。"赵匡胤以韩重赟为北面都部署，义武节度使祁廷义为副。韩重赟应诺，领命而去。

正月二十八，赵匡胤驻跸潞州，各州运来的军粮都在此集中，通往潞州的路上塞满了一辆辆运粮草的车子，赵匡胤以为是无故稽留，准备将转运使治罪。随驾出征的宰相赵普劝阻道："大军方至而将转运使治罪，敌人闻之，必以为我军备不足，臣以为此非威服远方之道，只需另择精明强干之人将其接替就是了。"赵匡胤以为然，另任户部员外郎王祐权知潞州之事。这王祐权果不负厚望，他亲临现场组织遣送疏散车辆，道路堵塞现象迅速得到缓解。赵匡胤又任命枢密直学士赵逢为随驾转运使，并铸印给他，以示重用。

此时，北汉侍卫都虞候刘继业、冯进珂正屯驻在团柏谷，汉军派出衙队指挥使陈廷山领骑兵数百侦察宋军情况，恰好与北宋李继勋的前头部队相遇，陈廷山见宋军势盛，未战而降。刘继业、冯进珂知寡不敌众，也领兵奔还晋阳。北汉主刘继元怒其畏敌怯战，收夺了他们的兵权，北宋李继勋遂大举进击，将太原城团团包围。

太原城的形势陡然紧张起来，刘继元的心绪坏到了极点，他一改谈禅读经、温文尔雅的风度，变得暴戾无常。刘钧的皇后郭氏本是继元兄弟的养母，但刘继元怀疑他的妻子段氏之死与郭氏有关，于是便派人勒死了郭氏，刘崇的十几个儿子及一些近亲子孙几乎都被他杀光，连宫中的嫔妃也不时遭到杀戮。

就在刘继元大开杀戒以泄愤怒之时，忽有侍者来报：契丹派人前来宣布册命。刘继元听罢，遂转怒为喜，在夜间开北门将使者迎进城来。

这位契丹使者叫韩知瑶，是前来宣布册命刘继元为皇帝的。北汉自立国以来，皇帝都要由契丹册命，北汉完全成了契丹的附庸，但北汉主却不以为耻，反以为荣，刘继元也不例外。他媚态十足地接待了契丹使者，跪地接受了契丹的册命。第二天，又大陈筵宴，欢迎契丹使者的到来，并庆贺自己正式登上帝位。北汉的大臣们都参加了宴会，重兵包围下的北汉宫廷又响起了喜庆的欢笑声。

席间，忽听院中有人在哭，刘继元命侍者出去一看，原来是宰相郭无为。郭无为一边哭着，一边拔出佩刀要自杀，说："今日以空城抗大军，计将安出？"北汉主赶紧下殿阶拉住他，引其入座。

郭无为演出的这一幕，是"欲以动摇军心也"，但是，刘继元却不为所动，闭口不谈投降之事。刘继元之所以如此固执是因为对契丹抱有幻想，加之又新被册命为帝，不甘心就这样让出宝座，俯首向宋称臣。第二天，刘继元又派使者前往契丹请求援兵，并加强了对太原城的防守。

三月十四，赵匡胤已在潞州驻跸十八天。这天，有人向赵匡胤报告，秘书丞、知河东转运使刘仪运送军粮误期，赵匡胤大怒，下令将他免官。这时，又有人前来禀报，抓到了一名北汉间谍，赵匡胤召他前来，询问太原防守及民情。那间谍答道："城中之民久受荼毒，日夜盼望王师，望陛下早日入城，以慰民心！"赵匡胤听罢，微微一笑，吩咐送给他一些衣物，将他放了。

也许是这间谍的话给他带来了希望，第二天，赵匡胤便命车驾从潞州出发，三日后，驻跸南关。在这时他得到了李继勋的报告，称：宋军在太原城下大败北汉军，斩首千余级，俘获战马六百匹。这捷报使赵匡胤又一次受到鼓舞，遂继续向太原挺进，驻跸于太原城南。在这里，他检阅了进攻太原的军队，鼓励将士奋力攻城，捣毁北汉朝廷。

宋军对太原的重兵包围引起了北汉诸州的恐慌。三月二十六，宪州判官史昭文前来投降，献出州城。赵匡胤任命史昭文为刺史，并赐给裘衣、玉带、马匹等，意在表明对北汉降官的优抚，促使北汉尽快投降。

接下来便是如何实施攻城的问题。为了博采众议，赵匡胤召集诸随驾大臣及将领们前来，共商良策。这次战前会议开得很热烈，大家争相陈述一己之见，大多数人的意见是：现今太原已成孤城，四周围兵数重，增加兵力，组织强攻，指日可破。只有左神武统军陈承昭不赞成强攻，他说："强行攻城，损失巨大，况太原城墙甚坚，防守甚严，北汉主必倾全力拼死守城，必难攻破。左右自有兵马数千，为何不用？"

赵匡胤觉得很奇怪，问："朕之兵马都在城外，哪里还有几千兵马？"

陈承昭微微一笑，道："汾水流急水沛，奔涌宣泄，岂是数千兵马所能比？"

赵匡胤顿悟："卿是说用水攻？"

陈承昭道："臣正是此意。"

赵匡胤大喜，当即命令陈承昭负责在汾水上筑长堤截蓄汾水，准备水攻太原。在筑堤期间，赵匡胤多次到城南观看，陈承昭既受信重，日夜不离筑堤现场，工程进展很快。

三月二十九，赵匡胤首先下令决开晋祠之水，直灌太原城。赵匡胤并未对这次灌城抱多大希望，只是想做一次尝试，同时也对北汉进行威慑。

第二天，赵匡胤命李继勋驻军太原城南，赵赞驻军城西，曹彬驻军城北，党进驻军城东，修造兵寨四十座，缩紧了对太原的包围。与此同时，又派棣州防御使何继筠为石岭关部署，屯驻阳曲以拒辽兵。

北汉主刘继元得知这一消息，愈加惶恐，先后派兵夜出城门，攻打东西兵寨，都未获得成功。

四月，赵匡胤亲临城东观看筑堤，并遣海州刺史孙万进率军数千包围汾州。赵匡胤听说契丹分兵两路从定州、石岭关前来援助北汉，乃驿召棣州防御使何继筠诣行在所，授以方略，并拨给他精锐骑兵数千，说："明日正午等候爱卿传来捷报！"当时正值盛暑，赵匡胤以麻粉浆赐何继筠，何继筠食毕辞去。他果然不辱使命，与契丹大战于阳曲北，大破之，擒其武州刺史王彦符，斩首千余级，获人口一百多，战马七百余匹，铠甲甚众。第二天，何继筠派他的儿子承睿诣皇帝行在献捷，赵匡胤早已登在高台上等候，得知这胜利消息，十分高兴。当时，北汉依仗契丹的庇护，太原城久攻未下，赵匡胤把何继筠所献铠甲和契丹兵卒的首级向太原守军展示，守军大受震撼。

五月间，韩重赟也在嘉山大破契丹援军。这样，契丹的两路援军皆被击败，北汉更加孤危。

初八，赵匡胤在城北，引汾水入新堤灌太原城。此后又至城东南，命水军乘小船载强弩攻城，内外马步军都军头王廷义亲自击鼓，免胄先登，中流矢而卒，殿前指挥都虞候石汉卿也中流矢后淹死。

五月初九，太原南城为汾水所陷，水从延夏门瓮城灌入，穿透两层外城，城中一片恐慌，赵匡胤亲至长堤视察，见水口渐渐变宽，北汉人沿城设置堤防，便命弓箭手乱箭齐发，使北汉人的堤防难以筑成。不多时，有大堆杂草从城内漂来，停留在水口，宋军箭弩难以射透，北汉军借此机会加紧筑堤，水口终于被堵住。

五月二十一，赵匡胤至城西，命诸军攻西门，派部分军队包围岚州，赵文度被迫投降，赵匡胤设宴款待，任命文度为重国节度使。

自打太原被围以来，北汉宰相郭无为整日惶惶不安，心猿意马。这天，他向刘继元请求自率兵马夜击宋军，刘继元信以为真，拨给他精兵千人，命刘继业、郭守斌为其副，刘继元亲自送至延夏门。这天晚上，先是晴天无雨，不多时便风雨大作，地暗天昏，郭无为走至北桥，驻马召集诸将，刘继业因马脚受伤，先收兵回城。郭守斌迷失了道路，也未呼唤到。这样，只剩下郭无为独自向前，因雨大难辨道路，郭无为只得返回。

这时，郭无为又劝北汉主刘继元出降，刘继元不听。宦官卫德贵趁机告郭无为谋反，以为罪不可赦。刘继元也对郭无为怀疑已久，便杀死郭无为示众。

五月二十二，赵匡胤亲临城南，命水军乘轻舟焚其城门，东西班都指挥使李怀忠率众进攻，中流矢，几乎丧命。殿前都指挥使都虞候赵廷翰率诸班卫士叩头请战，愿先登急击，以尽死力。赵匡胤道："汝曹皆我所训练，无不一以当百，所以备肘腋、同休戚也。我宁不得太原，岂忍驱汝曹冒锋刃，蹈于必死之地！"

赵匡胤如此爱将，使赵廷翰等大受感动，拜伏在地，高呼万岁。

此时，宋军正停留在甘草地里，因大雨连绵，阴云不开，很多人腹泻，契丹又派兵驰援北汉，夜从间道疾抵太原城西，鸣鼓举火，喊杀声不断，北汉太原守军士气为之大振，城守更加坚固。

面对这种形势，太常博士李光赞上书赵匡胤，以为现在正值炎热季节，大雨不断，若河水泛滥，道路阻隔，将给大军的粮草运输带来极大困难，请求暂班师回朝，再谋攻讨。赵匡胤又以班师事问之于赵普，赵普也作如是说。赵匡胤在城东召开班师会议，商讨班师的具体事宜。

这次班师实则是大溃退，宋军丢弃粟三十万，茶、绢各数万，尽为北汉所得，北汉"丧败罄竭，赖此少济"。

宋军撤退后，北汉决开城下水，注入台骀泽，但水落之后，城墙却多半倒坍。当时契丹使者韩知瑶还在太原，叹气道："宋军引水灌城，知其一而不知其二，设使先灌水再将水放出，太原人无生路矣！"

韩知瑶说的是真话。是的，假如赵匡胤不急于班师，半途而废，将浸泡太原城墙多日的水再放出去；假如甘草地上的宋军再挺住炎热坚持几日，宋军的此次北伐很可能像原先想象的那样，功成而返，北汉小朝廷就此寿终正寝。

但是，还能有这些"假如"吗？赵匡胤已经下达命令，开始了千军万马大撤退。这是一次前所未有的撤退，前所未有的狼狈，也是一次前所未有的损失。大量的粮草物资留给了北汉，如同给气息奄奄的北汉又注入了血液，北汉照旧又作为宋朝的一个不可小视的威胁，站立在宋朝北方。而宋军将士呢，这次大撤退也给他们在精神上、心理上造成了重挫，他们丧失了先前的傲慢和矜持，不得不对攻而不下的北汉刮目相看。

赵匡胤也难掩懊悔和沮丧，当他踏上归程的时候，真是别有一番滋味在心头。

赵匡胤是开宝二年（970年）六月十八从太原回到京师的，这段行程整整走了一个月零两天。这是一段令人懊恼的行程，自统一战争开始以来，赵匡胤还是第一次遭受到这样严重的挫伤。

剿灭南汉

当初发兵北汉时赵匡胤决不是这种心情，他是怀着胜券在握的兴奋起驾北上的。他动员了绝大部分军队，带上了朝廷百官，几乎是倾巢而出，势在必得。但是，兴师动众三个月换来的却是惨重的损失！诚然，北汉经过此次打击实力已大大衰落，大规模移民更使北汉"得之不足以辟土，舍之不足以为患"，但北宋也付出了巨大代价。

严重的现实深深地教训了赵匡胤。他不得不对自己的行动进行反思。他痛苦地认识到，北汉不是须臾之间可以平定的，北方威胁的扫除绝非举手之劳，而"先南后北"的既定方针更不可轻易改变！

赵匡胤的可贵之处在于他没有让北伐失利的低落情绪长久地停留在他的心间，左右他的行动，而是迷途知返，汲取教训，及时扭转了战略指向，迅速把统一战争的部署调整到既定的路线上。

赵匡胤的下一个目标是南汉。

南汉是唐清海军节度使刘隐所建，刘隐之父刘谦，曾任广州牙将、封州刺史兼贺水镇使。唐天祐二年（905年），广州发生兵乱，刘隐因平乱有功，升任此职。唐朝灭亡后，刘隐割据岭南。此后，刘隐称臣于后梁，朱温封他为南平王，进封南海王。乾化元年（911年）三月，刘隐病卒，其弟刘陟继任节度使。刘陟继位后，势力渐强，遂与后梁断绝往来。贞明二年（916年）八月，刘陟自行在番禺即帝位，国号大越，年号乾亨，次年改国号为汉，史称南汉。

南汉辖境四十七州，包括今广东全省、广西东部。南汉为岭南偏僻之处，有许多唐末遗臣客居于此。南汉还有海上贸易之利，对国家政治经济的发展提供了有利的条件。

但是，南汉的几代君王都不是有为之君，他们骄奢淫逸，滥施刑罚，使岭南地区变成了一座人间地狱。刘陟就曾宣称："寡人今生难成尧、舜、禹、汤，但不失做风流天子。"

刘陟继位后改刘岩，白龙元年（925年）改名刘龚，大有十四年（941年）又改名刘䶮。"䶮"是他自己造的字，读作"严"，取《周易》"飞龙在天"之意。

刘䶮骄奢淫逸，极尽享乐之能事。他常常携爱妃幸臣四处游巡，所到之处，地方官吏大事铺张，竞相进奉，宫中库房珍奇异宝如同山积，刘䶮一入库内，即流连忘返，废寝忘食。遇有北方商人来南汉，他往往要召至宫中，向其出示库中珍宝，以富有相矜夸。在治国上，他乞灵于严刑酷法，设置灌鼻、割舌、肢解、剐剔、炮炙、烹蒸等酷刑，其惨状在前面已加以描述。在外交上，采取与近邻修好，与中原抗衡的政策，他对吴越、蜀等国遣使通好，又将女儿嫁到闽国，自己则娶马殷之女为妻。对中原王朝则讥诮有加，他曾称后唐皇帝为洛州刺史，自称关中不凡之人，耻于久居荒蛮之地。

不过南汉政权也有一点可取之处，其辖域内中原流放士人颇多，自刘隐开始，即形成重用南下士人的传统。刘龑也广招文人学士置于幕府，以至各地刺史多由文人充当，使南汉境内刺史无武将。与此同时，又建立学校，恢复贡举制度，每年放进士、明经十余人，并设选部主持科举考试，这些措施，对于促进当地文化的发展无疑是有过重要作用的。

刘龑当了二十五年皇帝，于大有十五年（942年）死去。继位者刘玢，是刘龑的第三子。刘玢一如乃父，整日在宫中饮酒作乐，还经常私自出宫，将妓女带回宫中。刘玢当了两年皇帝，暴死于宫廷政变。

谋杀刘玢的是其弟刘晟，他杀兄自立后唯恐诸弟效尤，把诸弟杀戮殆尽，朝中重臣也多被刑杀。刘晟是个怀疑狂，诸大臣都不被信任，常在左右的只有宦官和宫人。他让宫人卢琼仙、黄琼为女侍中，参与政事，又重用宦官林延遇，令其典掌王命，专擅朝政。宫中宦官千余人，有内常侍、诸谒者之称，小小的南汉俨然是一个"宦官之国"。

刘晟在位期间，正值郭威建立后周。郭威曾派使节出使南汉，使者返回时，曾带回一株茉莉，郭威没有见过，问使者"是何香草"？使者答道"小南强"，并特意奏明"小南强"是刘晟起的名字。

不料二十年后，自命"小南强"的南汉政权的最后一位皇帝——刘晟死后继位的刘鋹被俘往开封，见到牡丹认不出是什么花，陪同的北宋大臣回敬他那是"大北胜"，算是狠狠地羞辱了他父亲一番。

刘鋹是刘晟的长子，十六岁继位为南汉中宗。他对国政大事漠不关心，大权掌握在宦官龚澄枢手中。专权用事的龚澄枢自己是宦官，也希望所有的朝官都和他一样不男不女。他对刘鋹说，朝臣有了家室便有了私心，不会一心效忠皇帝，只有宦者、宫人无牵无挂，能够为皇帝尽忠效力。龚澄枢的这番话完全是变态心理的荒谬剖白，但不晓事的刘鋹却言听计从，任其所为。于是，生理正常的文臣武将相继被逐、被杀，军国大事都由宦官、宫人处理，宦官多至七千人，形成一个庞大的宦官集团。宦官视百官为"门外人"，群臣有小过及士人、释、道有才略可备问者皆被阉割，如此方能出入宫闱。文士中状元后也要施以宫刑，"登龙门"便意味着"进阉门"。此种畸形官僚政治可谓绝无仅有，它造就了一个畸形的权力集团，也造就着一个畸形的社会现实。

赵匡胤决定讨伐这个"宦官之国"的时候，正是唯宦官是亲的刘铱当政时期，起因也与一个宦官有关。

这是乾德年间的事。赵匡胤发兵克复郴州，俘虏了南汉十几个内品官员，其中有一人叫余延业，生得瘦小猥琐，软弱无力，加之其似男非男、似女非女的形貌举止。赵匡胤一见到他便顿生厌恶，不屑地扫了他一眼，用暗含讥讽的口吻问道："尔在岭南为何官？"余延业女声女气地回答："为护驾弓箭手官。"赵匡胤深觉好笑，遂命授之弓矢，余延业用尽全身力气也未能将弓拉开。赵匡胤鄙夷地摇了摇头，心想：就凭你这副样子还配当护驾弓箭手官吗？不过转念一想，又觉得很得意。如果南汉的文臣武将都似余延业如此羸弱不能控弦，岂不是天助大宋，举手可灭？

随后，赵匡胤又一改容颜，颇感兴趣地问起了南汉的国政民情、为治之绩，余延业"备言其奢酷"，使赵匡胤对南汉政权又多了一些了解。

宋太祖得知，性好奢侈、刑罚严酷是几代南汉皇帝的通病。"风流天子"刘䶮设置了灌鼻、割舌、肢解、刳剔、炮炙、烹蒸等酷刑，还特制水狱，将毒蛇放入水中，再把犯人投入。有时还将犯人扔进热水中，再取出日晒，敷上盐酒，使其肌体腐烂，慢慢死去。刘晟在大开杀戒的同时纵情享乐，专门派水军指挥使率船出海，掠夺商贾金帛，大造离宫别馆。他接连修茸、装饰了八座宫殿，轮流游乐。每个殿侧都有宫人站立报晓，叫作"修窗监"。每次在殿中宴饮都在两旁搭起彩亭，酒酣时令人将野兽放在殿前，射杀取乐。一次夜饮，刘晟借着几分醉意，将瓜放在伶人尚玉楼的头上，要亲自试剑，一剑下去，竟将尚玉楼的头砍掉。

刘𬬮继位后耽于享乐，整日巡幸出游或作乐宫中，他宠幸一名波斯女子，因为这女人长得又黑又胖，刘𬬮灵机一动，赐名"媚猪"，自己则号称"萧闲大夫"，不问国事。对那些受宠的宫妃，却封作三公、三师等官职，甚至让她们穿上朝服，在朝中理事。刘𬬮继位的第二年，宦官们把一名叫"樊胡子"的女巫领入宫中，对刘𬬮说玉皇大帝已附到"樊胡子"身上，所以专门为这个女人设置帷帐，让她坐到帐中向刘𬬮传达玉皇旨意，女巫称刘𬬮为"太子皇帝"，并说龚澄枢等人都是玉皇大帝派来辅佐刘𬬮的，不可轻易加罪。刘𬬮心悦诚服，从此大事小事都要叩请女巫决断。

刘𬬮为人残忍，作烧煮剥剔、刀山剑树之刑，还让罪人与猛虎大象角斗，血肉横飞，惨不忍睹。

听罢余延业之言，赵匡胤大为惊骇，道："吾当救此一方之民！"

赵匡胤决定讨伐南汉以后并未马上发兵，而是采取了请人劝降的办法，试图不动兵戈使南汉臣服。开宝二年（969年）六月，赵匡胤一面以右补阙王明为荆湖转运使，准备发兵岭南，一面借助于南唐与南汉的密切关系，命已臣服于宋的南唐主李煜致书南汉，令其称臣，归湖南旧地，南汉主不从。刘𬬮不听李煜的招降，他是否已准备好了实力来对抗宋朝呢？事实并非如此。

刘𬬮继位的第三年，赵匡胤建立宋朝，南汉内常侍邵廷琄向刘𬬮建议，北宋势力迟早要南下，对此应当早做准备。或向北方朝贡修好、或整修武备，准备抗击。刘𬬮不以为然。

开宝三年（970年）九月，宋南面兵马都监丁德裕，潭州防御使潘美等率兵攻取郴州，杀其刺史及招讨使等南汉官员，刘𬬮这才想起了邵廷琄的建议，慌忙任命他为招讨使，率军抗宋。邵廷琄领兵出屯洸口，招兵买马，训练士卒，准备抗宋。但到次年夏天，宋军尚未到达，刘铱却接到有人打的匿名小报告，告发邵廷琚暗藏异心，试图谋反，刘铱当即遣使赐邵廷琚自尽。

开宝三年（970年），李煜令知制诰潘佑又写了一封劝降信，派给事中龚慎仪为使者，送到南汉。

这是一封文采飞扬的书信。信中首先追述了南唐与南汉"情若弟兄，义同交契，忧戚之患，曷尝不同"的亲密关系，然后是连篇累牍的劝降词，希望南汉皇帝"三思其心"，权衡利害，"使忠告确论如水投石"，尽快臣服宋朝。

信中说，"割地以通好，玉帛以事人"乃古今之常事，"小之事大，理固然也"。大朝皇帝"以命世之英，光宅中夏"是"承五运而乃当正统，度四方则咸偃下风"。今将"遏天下之兵锋，俟贵国之嘉问"，作为大国，这已是仁至义尽，若"介然不移"，不为所动，将不利于宗庙社稷，不利于黎民百姓，不利于天下，也不利于自身。

大朝皇帝是开明之君，昨命使臣入贡大朝，皇帝说："彼若以事大之礼而事我，则何苦而伐之；若欲兴戎而争我，则以必取为度矣。"由此足以看出，"大朝之心，非有唯利是贪，盖怒人之不宾而已"，与大朝为敌，是"不顾大小强弱之殊"逞一时之愤。今"大朝许以通好，又拒而不从"，难道是为国家、社稷者应该做的吗？大朝"师武臣力，实谓天赞"，"登太行而伐上党，士无难色；绝剑阁而举庸蜀，役不淹时，是和大朝之力难测也，万里之境难保也""国莫险于剑阁，而庸蜀已亡矣；兵莫强于上党，而太行不守矣"，南汉断然不可与大朝争锋！

听说，贵国有些"矜功好名之臣"，"献守主强国之议"，不主张与大朝和好，以为"五岭之险，山高水深，辎重不并行，士卒不成列，高垒清野而绝其运粮，依山阻水而射以强弩，使进无所得，退无所归"。又说，大朝所长在平地，今舍其所长，就其所短，虽有百万之众也无奈我何。主战者还认为，战而胜之，则霸业可成，战而不胜，泛巨舟而浮沧海也终不为人下，这都是"孟浪之谈"，"坐而论之也则易，行之如意也则难"。今荆湖西蜀已尽归大朝，此地都是便山水、习险阻之民，"不动中国之兵，精卒已逾十万"，况南汉与大朝封疆接畛，水陆同途，若诸道进攻，南汉必将无险可守！如果大朝以为足下无通好之心，不仅要发兵攻伐，还会"命弊邑断绝联盟"，望能体谅！……

李煜的劝降信细陈利弊，感人至深，但是，南汉主刘铱却根本听不进去，还把送信的使者囚禁了起来，并派驿者答书李煜，"言甚不逊"。李煜无奈，只得把南汉的答书呈上宋廷。

赵匡胤见刘铱不可理喻，便决定使用武力将其征服。开宝二年（969年）六月，任命王明为荆湖路转运使，做好进攻南汉的先期准备工作。次年，南汉侵掠道州时，州刺史王继勋主动请战："刘铱为政昏暴，民众饱受其毒害，请出兵讨伐！"赵匡胤也怒火中烧，于九月任命潘美为贺州道兵马行营都部署，尹崇珂为副，王继勋为兵马都监，率领十州兵从湖南南下，避开越城岭、都庞岭、萌渚岭、骑田岭、大庾岭等五岭的险道，向贺州进发，打算由南汉中部突入，一举荡平南汉。

若说赵匡胤当初令人劝降是出于无暇他顾和策略上考虑的话，那么，现在举兵南伐，则是"先礼而后兵"，做到了出师有名。赵匡胤在统一战争中始终重视出师有名，以为只有如此才能服天下之众，顺天下之势。赵匡胤南伐之"名"十分明确，那就是：惩南汉主之昏暴，救一方之百姓。

此次南伐的主帅潘美是赵匡胤素所亲重的一位将领，此人初入戎伍即在周世宗麾下，及周世宗即位，为供奉官，高平之战以功迁西上阁门副使。赵匡胤受禅后，命潘美往见执政，谕旨中外，时逢陕帅袁彦缮治甲兵，赵匡胤虑其为变，遂派潘盖监其军，见机行事。潘美单骑前往，晓以天命既归，重修臣职，终使袁彦缮认清利害，入朝觐见。此事办得非常完满，深得赵匡胤称赞。

此后，李重进叛乱，赵匡胤亲征，命石守信为招讨使，潘美以行营都监的身份为其副，平定扬州后，留为巡检，以任镇抚，以功授泰州团练使，后转潭州防御使。其间，岭南刘多次进犯桂阳、江华，皆被潘美击退。

从潘美的经历可以看出，此人办事妥靠，能迎合赵匡胤之意，且有与南汉作战的经验，堪称率军南伐的最佳人选，赵匡胤任用潘美，也属知人善任。

九月中旬，宋军攻拔冯乘，越过萌渚岭，经白霞，直指贺州。贺州守将陈守忠派人向南汉主告急，南汉接到警报，举朝震动。南汉主也慌了手脚，赶忙召掌管兵权的宦官龚澄枢前来计议。

这龚澄枢是广州南海人，"性廉谨，不妄交游"。年少时奉事刘龑为内供奉官，累迁内给事。刘晟袭位后，任用阉人林延遇为甘泉宫使，林延遇临死时对刘晟说："臣死，唯龚澄枢可用。"刘晟以为然，即日便提升他为知承宣院兼内侍者。刘龑继位，加特进、开府仪同三司、万华宫使、骠骑大将军，改上将军、左龙虎军观军容使、内太师，"军国之务皆决于澄枢"。自称玉皇大帝附体的女巫樊胡子曾对刘铱说，龚澄枢等人是玉皇大帝派来辅佐刘铱的，不可轻易加罪，刘龑遂对龚澄枢信任有加，言听计从。

不过，当这位宦官宰相来到刘铱面前的时候却根本没有良策可献。他对刘铱说，前方将士皆忠勇之士，只要前去宣慰一番，定能使士气大振。刘铱也觉得皇帝的圣谕威力无穷，便令人写了一份宣慰诏书，让龚澄枢驰驿急速赶往贺州。

当时，南汉的兵士因长期戍守边地，备受艰辛，极为贫苦，听说龚澄枢前来，以为会带来朝廷的赏赐，都非常高兴，但他们盼星星盼月亮只盼来一纸空洞的诏书，那诏书的措辞尽管娓娓动听，多有抚慰关怀之语，但兵士们却难以被感动。他们需要的不是这些！他们需要钱财，需要衣物，需要对其家人切切实实的资助！于是，在大失所望之后，兵士们被激怒了，他们心灰意冷，不想再为朝廷卖命，有的竟偷偷跑掉，南汉守军的士气不但未被激励，反而大大低落，而潘美的前锋军则乘势疾进，抵达芳林，龚澄枢非常害怕，乘小舟逃回广州，这位"宦官宰相"的贺州之行也便草草收场。

宋军顺利进抵贺州城下，刘铱又派大将伍彦柔率兵溯郁江、贺水西上，北援贺州。九月十五日，宋军包围贺州，同时分兵沿贺水南下。后来听说伍彦柔援军将到，主动后撤了二十里，在南乡布下三重埋伏，等待南汉兵前来。九月二十日，伍彦柔夜泊南乡。第二天黎明，舍舟登岸，伍彦柔挟着弹弓，坐在胡床上指挥部队向贺州进发。正在这个时候，宋军伏兵齐发，箭如雨下，伍彦柔措手不及，部众大乱，顷刻之间，被杀死十分之七八，伍彦柔也被活捉。被南汉主刘铱视为可用之将的伍彦柔被反剪双臂带到潘美帐前。潘美下令将其处死，割下首级以示城中，意在造成一种威慑，使贺州守军投降。然而，贺州守军仍顽固坚守，不肯投降，宋军一时难以攻下。这时，随军转运使王明对潘美说："宜急击之，恐援军再至，则我军胜负，未可知也。"在将领们还在犹豫之中的时候，王明已穿起甲胄，率领护送辎重的百余名兵士、数千人丁夫，携带铲土工具出发了。他们挖土填埋壕堑，直抵城门。守城汉军以为宋军来攻，自觉孤城难守，遂打开城门，接纳宋军入城，宋军遂克贺州。伍彦柔的后军闻听前锋被袭，主将已死，贺州已破，惊惧失措，弃甲曳兵而逃。

宋军占领贺州后，本可长驱直进，但西面的富、昭、桂和东面的连、韶、英、雄等州都有南汉守军，时刻威胁自己的侧后。潘美为了解除后顾之忧，并诱使南汉的主力西上，以便乘虚而击，遂亲督战船，扬言要沿贺水东下，直取广州。刘鋹忧心如焚，又无计可施，只得取用被罢免多年的老将潘崇彻，加封他内太师、马步军都统等官职，让他率兵五万进屯贺江口东，阻止宋军前进。潘崇彻本是南汉唯一尚存的能战之将，所率军队战斗力也较强。刘鋹急切之间，临时抱佛脚，想让潘崇彻为他卖命，哪知潘崇彻却不买这个账，他被解除兵权多年，心中对刘鋹愤恨难平，因此在进驻贺江口后，拥兵自保，观望不前。潘美见潘崇彻逗留不进，便挥师西上，南汉昭州、桂州守将一听宋军来攻，弃城而逃，宋军兵不血刃，便轻而易举地占领了这两州。十月下旬，宋军又连战皆捷，相继攻克昭、富、桂等州，从而解除了后顾之忧。十一月，潘美迅速转兵东向，攻克连州。刘鋹在宋军大举进攻下，愚蠢地认为宋军的意图不过是为了夺取湖南十四州，如今其目的已经达到，再也不会进一步南下，因此未再加强守备。潘美则乘虚东进，于十二月直逼韶州。

宋军的这一举动已是把兵锋指向广州，或者说，进攻广州的前哨战已经开始。因为韶州地处溱水和溪水的汇流处，顺流南下即可抵达广州，进军韶州等于叩响了广州的北大门。

当宋军直逼韶州的消息传来的时候，南汉主这才如梦初醒，感受到形势的危急，赶紧派都统李承渥率兵十万进保韶州，屯兵于韶州东南的莲花峰下。这李承渥并无指挥才能，所凭持的唯有一支"象军"。他以为，凭借象群这庞然大物和貌似威武的象阵足可吓退宋军。于是，当宋军到来时，李承渥首先摆开了象阵，每头大象上的十来个手执兵器的士卒皆威风凛凛，时或大呼大叫，以助声威。李承渥亲擂战鼓，指挥他的象阵分批次向宋军推进，大有所向无敌之势。宋军将士确实没见过这阵势，刚交战时被迫向后退却，以拒马进行抵制。李承渥得意忘形，以为宋军不足为惧，韶关不可突破。

第二天，双方又列阵相对。这一次，李承渥仍故技重演，以象阵为前军指挥出击。不过，当这群笨重的大象逼近宋阵时，宋军突然乱箭齐发，使象群无法前行。宋军使用的是强弩劲矢，射程可达二百五十步之遥，杀伤力甚强。大象身体庞大，正好成了宋军的箭靶，不多时，大象身上便中满了利箭，疼得它们跳跃奔窜，乘坐其上的兵士无法控制，纷纷被摔了下来。这时，宋军的拒马已组成一道屏障，大象无法前突，只好掉头反奔，李承渥的后军遭大象践踏，也随之大乱。宋军则乘胜进击，李承渥军大败，宋军斩获数万，李承渥带亲兵数人落荒而逃。

韶州城的命运不言而喻。十二月初四，潘美的队伍未费吹灰之力便占领了这座已经失去防范的州城，龟缩在城中的韶州刺史辛延渥和谏议大夫邹文远皆被俘获。

李承渥的惨败和韶州的陷落，使南汉举国震恐。刘鋹惊慌之余，只得部署保卫老巢广州。一面下令挖掘壕堑，增修城池，企图固守。一面调兵遣将。然而，一些能征惯战的大将，早已被自己杀死，环顾朝中，已无将可用。宦官刘鸾真，于是推荐他的养子郭崇岳。六神无主的刘鋹，像抓住了一根救命稻草，不管他有无才能，便立即任命他为招讨使，与大将植廷晓率兵六万，屯驻马迳，建立营栅，抗拒宋兵，守卫广州。

开宝四年（971年）正月，宋军又连克英州、雄州。这时屯驻于贺江口的潘崇彻，见南汉大势已去，便率部投降宋军。翼侧已无威胁，宋军于是放心大胆地直奔广州，很快抵达泷头。刘鋹见形势危急，遣使到宋军营中，低声下气哀求宋军停止进攻，双方罢战讲和。这时潘美已胜券在握，南汉灭亡指日可待，再加上赵匡胤事先已有指令，只许刘鋹投降，其他免谈，刘鋹的要求无异于与虎谋皮，自然而然遭到了潘美的断然拒绝。泷头以南，山水交错，地形险恶，适宜于布设伏兵。潘美唯恐部队中伏，便拘留使者，作为人质，挟持他迅速越过险地，于正月二十八日到达马迳，屯兵广州城西十里的双女山。

郭崇岳无勇无谋，本非将才，所部又多是宋军手下败卒，早已丧魂落魄，了无斗志。宋军几次挑战，郭崇岳都不敢出兵。除了一味坚壁自守，他唯一所做的就是日夜祈祷，乞求鬼神保佑。马迳是南汉的最后一道防线，离广州仅有百里路程，随着宋军的逼近，刘鋹犹如热锅上的蚂蚁，惶惶不可终日。他眼见求和不成，便将搜刮来的金银珠宝、嫔妃内宠一齐装载在十多条船上，打算逃亡海上，依旧去过那种花天酒地快活逍遥的日子。不料未及出发，宦官乐范勾结一千多名卫兵，将船只全部盗走。刘鋹逃跑不成，求和落空，只得派人到潘美军前，乞求投降。

乞降的使者到了宋营，被潘美派人押送到开封向赵匡胤汇报，刘鋹不知底里，以为乞降遭到拒绝，没奈何又再令郭崇岳严兵戒备。

二月初一，刘鋹又派其弟祯王刘保兴率领城内兵以拒宋军。植廷晓对郭崇岳道："宋军乘席卷之势，其锋不可当。我士卒虽众，然皆纷败之余，今不驱其向前，只能坐受其毙。"初四日，植廷晓率前锋军据水列阵，让郭崇岳殿后，防御宋军的冲击。宋军渡水来攻，植廷晓力战而死，郭崇岳奔回营栅。

这天晚上，刮起了大风，风向自东北而西南，潘美对部将王明等道："彼编竹木为栅，若攻之以火，彼必溃乱。因以锐师夹击之，万全策也。"众将以为然，于是潘美分遣丁夫数千人，每人手持两把火炬，"间道造其栅"。及夜半，万炬齐发，点燃了南汉军的竹木栅栏，风助火势，越烧越猛，郭崇岳的营寨成了一片火海，南汉军大败，尸陈狼藉，郭崇岳死于乱军之中，前来救援的刘保兴见势不妙，逃归广州。天亮以后，宋军直驱广州。

南汉已丧失了抵抗能力。龚澄枢、李托和内侍中薛崇誉等人密议："北军之来，利吾国中珍宝耳。今尽焚之，使得空城，必不能久驻，当自还也。"于是，他们令人在宫中放起火来，"府库宫殿，一夕皆尽"。

初五，宋军到达白田，南汉主刘䥑出降，宋军遂入广州，俘其宗室，官属九十七人，与刘䥑一起，囚禁在龙德宫。

宋军进城后，刘䥑的弟弟刘保兴藏匿于民间，后被抓获。南汉宫廷中有一百多个被阉过的乐工盛服请见，潘美笑道："尔等害人多矣，吾奉诏伐罪，正为此等。"遂下令将这些人全部斩首，潘美以露布告捷。二月二十三，捷报到达京师，宋太祖兴奋异常，赐宴庆贺。此番南伐共得六十州，二百余县，十七万余户。

赵匡胤攻灭南汉后实行了一系列抚绥政策，赦免被南汉关押的罪人，南汉任命的官员照旧供职，没有正当理由的赋税摊派全部免除，亡命山泽者释罪招诱，被胁从的吏民僧道官府给以凭证遣散，开仓赈济饥民，各军俘获的奴婢都归还原主，查访隐匿流散的俊士奇才，拒绝南汉引诱、坚守节操不肯在南汉为官者令州县长官上报其姓名，禁止岭南人买平民在脸上刺字为奴婢，废除于民有害的伪政等。

赵匡胤因潘美、尹崇珂征南汉有功，以潘美领山东东道节度使，尹崇珂领保信军节度使，并同知广州府事，又向岭南诸州派出通判。

赵匡胤的南伐之战称得上是成功之战。此战先礼后兵，出师有名；以潘美为帅，用人得当。在战略战术的采用上，先取贺州，而后声东击西，声称直取广州却引兵西上，使西面之敌疏于防范，轻易被攻灭。接着，又进军韶关，攻克了南汉首府的北大门，广州城遂成孤城，一鼓攻占之。

潘美遣使将刘䥑及其宗室、官属献于京师，同以往不同的是，赵匡胤特意举行献俘礼，当即宣诏责问刘䥑反复无常及焚烧府库之罪。刘䥑此时反倒镇定自若，他辩解说："臣年十六僭位，龚澄枢、李托等俱先朝旧臣，每事统由他们做主，臣不得自专。臣在国时，澄枢等是国主，臣实似臣子一般。"赵匡胤由此令大理卿高继申，审讯龚澄枢等人，得种种奸谀不法事实，斩于千秋门外，对刘䥑释罪不问，但赐给了他一个足以体现赵宋皇帝宽厚仁慈的称号，名"恩赦侯"。

对于这个侮辱性的称号，刘铱倒不在乎，他关心的是自己能否活命。一日，赵匡胤幸讲武池，从官未集，刘铱先行禀见，赵匡胤赐酒一厄。刘铱接过赐酒，大惊失色，竟叩头流涕说："臣承祖父基业，违拒朝廷，致劳王师征讨，罪固当诛，陛下既待臣不死，臣愿做个大梁百姓，沐德终身。承赐厄酒，臣未敢饮。"原来刘铱在南汉，专用毒酒鸩死臣下，因而担心赵匡胤也来这手。赵匡胤看出他的心思，把话挑明："朕推心置腹，怎会暗计杀人。"说后命左右取过刘铱手中的厄酒，一饮而尽。刘铱顿时把脸涨得通红。

刘铱丧失南汉，可本人在开封倒活得轻松自在。宋太宗出征北汉前夕，曾召群臣及刘铱等亡国之君宴饮，刘铱便对赵匡义说："朝廷威灵赫赫，四方僭号窃命之主，现在都在座席之中，明日平定太原，刘继元又快来了，臣下率先归朝，请求让我手执木棒，成为诸国降王之长。"一席话引起哄堂大笑，全然没有亡国之君的悲哀和痛楚，这在中国历代皇帝谱中也是不多见的。

荡平南唐

南汉覆灭的消息传到南唐，南唐君臣第一个反应是高兴、解气，好像自己打了胜仗。

李煜亦兴冲冲将此事原原本本告诉了小周后。叹道："咎由自取，咎由自取。真正是勿谓言之不预也——什么话都说到了，说透了，不听。你有什么办法？"

又摇摇头，笑道："'泛巨舟而浮沧海'，哈哈。这些个佳人啊……即便后宫……哈哈，'三千宫女如花面，妾最娟娟。此去朝天，只恐君王宠爱偏。'……"

小周后笑不出，只管出神。

南唐君臣上下，已无人不知无人不晓，宋朝屯兵于汉阳，下一个目标就是南唐。

李煜仍然谨守以小事大的原则，一步一步，忍痛做着不能忍受的退让，哪怕已心如明镜，仍然抱着最后的侥幸。

开宝四年（971年）十月，李煜自降唐国主为江南国主，唐国印为江南国主印，派弟韩王李从善（时任太尉、中书令）朝宋。李从善被宋以为泰宁军节度使，赐汴阳坊第，留汴梁不使返，其实是被宋朝扣作了人质。

李从善排行第七，是李煜同母弟，李煜与之手足情深。后来每登高北望，常泣下沾衣。自此岁时游宴，多罢而不讲。

从善妃屡次到李煜处号泣，李煜闻其来，只能避去，至从善妃忧愤而卒，人人觉得可怜。

李煜忍着如此离愁悲痛，竟还要特派大使，为宋留从善"任职"专程致谢！

开宝五年（972年）二月，李煜自令贬损仪制，改"诏"为"教"，中书、门下省为左右内史府，尚书省为司会府，御史台为司宪府，翰林院为修文馆，始去殿阙鸱吻，不复设，降封子弟封王者皆为公。以宋长春节，贡钱三十万缗。

开宝六年（973年）四月，李煜更遣使上表，愿受宋朝爵命。

赵匡胤高深莫测地微笑着，一切照准。如同过去批准李煜追尊其父李景为文孝皇帝，庙号元宗一样。

李煜心中却更加惶恐。赵匡胤就像是一只傲然踞坐的猫，微眯着眼睛，漫不经心地以略带同情的目光，瞟着面前陷入绝境、徒作无益挣扎的小鼠。

南唐并非无人主战，镇守武昌的镇海军节度使林仁肇就曾密言李煜，献计道："宋淮南诸州戍守单弱，各不过千人。且连年出兵，灭西蜀，平荆朗，今又取岭表，往返数千里，师旅疲惫。此在兵家为有可乘之势。请予臣兵数万，出寿春，渡泚水淮水，据正阳。此一带本是南唐旧土，思旧耆民必然支持，可就地扩军征粮。以攻为守，收复淮北之地，势如转丸。"

"而且，"林仁肇沥剖血诚，接言道，"为万无一失，臣起兵之日，陛下可收捕臣之家属下狱，使人驰报北朝，就说林仁肇窃兵谋叛，请发兵剿之。事成，臣凯旋受赏，事不成，请族诛，以明陛下事北朝无二之心！"

李煜大惊，道："无妄言！自取祸，宗社不保！"

不久，李煜为避免与宋冲突，竟将林仁肇从前驻的武昌重镇，调任南都留守南昌尹。

枢密院承旨、沿江巡检卢绛，也曾密言李煜，献计道："吴越敌寇，乃我国心腹之患，将来必为北兵羽翼攻我。臣屡与之打交道，知其兵弱易图，不如先下手为强，出其不意将其灭了！"

李煜大惊，道："如此，岂不授人以柄，令宋军师出有名了吗！"

卢绛道："臣请诈以宣、歙二州叛，陛下可深言讨贼，备重礼，请吴越出兵助剿。吴越兵必定倾巢而出。那时，陛下发一军径取湖州，吴越兵又必定回师相救，其以臣为叛军，不会提防，臣正好乘其不备，从背后杀去。湖州既下，吴越趁势可灭。灭吴越，则国威大振。北兵不敢动矣。"

李煜不听。

非但文臣武将，南唐百姓，也有愿战者。

开宝四年（971年）十月，有商人来告，宋在荆南造战舰数千艘舣，请李煜派人密往焚之。

李煜害怕，不敢从。

李煜对外卑躬屈膝、小心翼翼，谨守以小事大的原则，生怕触怒了宋朝，授宋以口实，引发宋伐南唐的大战。

对内却不能抑制那种因长期饱受屈辱、怨恨郁积，却仍面临穷途末路的狂躁不安、绝望失措、猜疑一切的混乱心境与思维，自毁长城，铸成了千古之恨。

开宝五年（972年）二月，李煜中赵匡胤反间计，杀了大将林仁肇。

林仁肇刚毅多力，身长六尺余，姿貌伟岸，文身为虎形，军中呼为"林虎子"，其战功累累，是南唐第一员大将、猛将。

元宗时，后周军攻淮南，在正出搭浮桥。林仁肇率敢死队千人，驾轻舟，满载薪草，乘风飞流而下，举火焚桥。后周驸马张永德来战，恰遇风回火转，南唐军败。张永德善射，引弓射之，箭到林仁肇处，均被其格去。永德大骇道："敌有人，未可逼也。"

舍之而去。林仁肇起家行伍，虽为将帅，一直与士卒均食同服，且有勇略，善征战，深得南唐将士爱戴。

赵匡胤谋攻南唐，唯忌惮林仁肇一人，于是令人密往南唐，赂其侍者，窃绘林仁肇画像，带回宋朝，挂于别室。李从善来朝时，赵匡胤故意表示信任，以图示之，道："汝以为此图何如？"

从善答道："此似本国林仁肇。"

赵匡胤因道："仁肇且将至矣。"

又指空宅，道："将以此赐仁肇。"

李从善使人密报李煜。李煜气急败坏，不知是计，竟派人将林仁肇毒杀了。

赵匡胤听到后心中一块石头落了地，拊掌大笑。

开宝六年（973年）十月，李煜又逼死了内史舍人潘佑。

这时的南唐国势日日衰削，当权者尸位素餐无所作为。潘佑愤切上疏极论时政，历诋大臣将相，词甚激讦。李煜屡赐手诏嘉叹，却终无所用。潘佑连上七疏，没有任何效果，气得自请归田。李煜却应他所请，罢免了他所有职衔，令他专修国史。潘佑愤怒以极，再次上疏，直斥李煜，道："三军可夺帅也，匹夫不可夺志也。臣乃至继上表章，凡数万言，词穷理尽，忠邪洞分。陛下力蔽奸邪，曲容谄伪。遂使家国暗暗，如日将暮。古有桀、纣、孙皓者，破国亡家，自己而作，尚为千古所笑。今陛下取则奸回，败乱国家，不及桀、纣、孙皓远矣。臣终不能与奸臣杂处，事亡国之主。陛下必以臣为罪，则请诛戮以谢中外。"

潘佑言词已属过激，句句狠戳李煜痛处。张洎等奸臣复在旁边添油加醋地挤兑潘佑，一贯以"温良恭俭让"、好脾气著称的李煜，一股蕴积已久的无名之火突然爆发，勃然大怒。以为潘佑狂直系受其好友李平的影响，下令先把李平抓起来，然后再抓潘佑治罪。

潘佑以士可杀不可辱，举刀自刎，李平缢死狱中，二人全家被徙外郡。

李煜从此再也听不到逆耳之言。

李煜杀忠臣，加速了赵匡胤征讨南唐的准备。

杀忠臣，这本就可以成为征讨南唐的重要口实之一。何况，杀忠臣，冷了江南忠臣义士之心，冷了江南民心，更成了征讨南唐势必成功的重要条件之一。

先是开宝六年（973年）四月，宋学士卢多逊已奉赵匡胤之旨出使江南，借口"朝廷重修天下图经，史馆独辟江东诸州为名"，索取各种有关地理资料。此时，"江南十九州之形势，屯戍远近，户口多寡，多逊尽得之矣"。而前在荆南建造数千艘战舰、几千艘黄黑龙船的工作也已接近完成。

战争的准备，紧锣密鼓；战争的脚步，逐渐近了。

开宝七年（974年），甲戌年，秋。李煜遣使至宋，求放李从善回国，不许。于是，"倔强不朝"的借口成立。

而宋朝征讨江南的十万大军，早在李穆自汴梁出发之时，便已部署停当。

主帅——西南面行营都部署，由宣徽南院使、义成军节度使曹彬充任，这是赵匡胤特别拣选的、平蜀之役中唯一廉洁奉公的名将。大军临行之前，赵匡胤殷切叮嘱曹彬道："南方之事，一以委卿，切勿暴掠生民；务广威信，使自归顺，不须急击也。"都监是刚刚在平汉之役中立了大功的山南东道节度使潘美。

颍州团练使曹翰率师先出江陵（在今湖北），曹彬及马军都虞候李汉琼、宾州刺史田钦祚率舟师继发。而潘美及侍卫步军都虞候刘遇、东上阁门使梁迥所率水陆并进之师，是与国信使李穆同日而行的！

十月，李煜派遣八弟李从镒向宋进贡帛二十万匹、白金二十万斤；又派遣起居舍人潘慎修向宋进贡"买宴"钱五百万，帛一万匹，几乎倾国库而出。与此同时，筑城聚粮，准备拒守。

闰十月，曹彬率宋师顺流而下，自蕲阳（今湖北蕲春西北）过江，陷池州（今安徽贵池）。李煜下令戒严，去宋开宝纪年，称甲戌岁，致书助兵犯常、润二州的吴越国主道："今日无我，明日岂有君？一旦今天子易地赏功，王亦大梁一布衣耳！"

曹彬大军接着连下铜陵、芜湖、当涂，进至采石，此时距其出江陵仅仅一个月。

先是南唐池州人樊若水举进士未第，以钓鱼为幌子暗自勘察、测量了长江采石矶地形，赴宋向赵匡胤献计，在此造浮桥渡大军过江。曹彬大军出发后，赵匡胤即派八作使郝守浚够率众多丁匠，用大船载巨竹绳索在石牌口（今安徽怀宁）试搭浮桥。曹彬攻下采石，这浮桥便移至采石矶，三日完成，不差尺寸。大军长驱渡江，如履平地，直抵金陵城下。

时金陵城内主持军政的是神卫统军都指挥使皇甫继勋。

说起来，皇甫继勋倒是将门之后，其父便是南唐有名的大将皇甫晖。皇甫继勋却不像其父，是一个纨绔子弟。

宋军攻来，皇甫继勋拿不出任何良策，华而不实地在全国动员军队，有民产两千出一卒的"义军"，分家者出一卒的"新拟生军"，新置产出一卒的"新拟军"，客有三丁者出一卒的"团军"又称"拔山军"，民间竞渡的龙舟队编为"凌波军"，庸奴赘婿编为"义勇军"，募豪民招雇亡命无赖为"自在军"，后大括境内自老弱外皆募为卒，号"排门军"，民间又有以农器为兵器、积纸为盔甲的"白甲军"等，五花八门共十三种之多。这样未经训练、漫无组织的所谓"军队"，如何上得了阵？

宋军围城之际，皇甫继勋保惜富贵，贪生怕死，只欲李煜早日投降。手下偏裨之将有募死士谋夜出奋击者，他竟"鞭而囚之"，更内结传诏使，所有军情，都蒙蔽不奏。有师勤王，亦令止行就地待命，致使被宋军分别击破、消灭。自己在城中不采取任何军事对策，只消极闭门而守。或者连守都说不上，只等着李煜出降的那一天。

开宝八年（975年），乙亥年。

二月，宋军拔金陵阙城，李煜仍蒙于鼓中。

一日李煜偶尔登城，向下一望，只觉天塌地陷一般，那宋军竟已列栅城下，甲帐相连，旌旗遍野！这才知是为皇甫继勋所蔽、所误，遂下令将皇甫继勋置于刑典。刚把皇甫继勋推出宫门，便军士云集，一拥而上，出刀脔割，顷刻而尽。

李煜心中剧痛，口吐肺腑之言，道："我平生喜耽禅学，世味淡如也。先帝弃代时，兄皆早逝，竟以我越升非次，实非我本来意愿。自割江以来，屈身中朝，日日心惊胆战，唯恐获罪。每每想弃万乘之国如脱履，顾无计耳。今竟烦天讨。我本即厌之为君，又安惜一日之辱？只是我既同中朝对立，势成骑虎，将不见纳，是以欲起上江兵力声援，勉力与他周旋罢了。君其勉之！"

宋军主帅曹彬却并不急于攻城，他记着临行时的情景。赵匡胤特别叮嘱："江南之事，一以委卿，切勿暴掠生民；务广威信，使自归顺，不须急击也。"

赵匡胤又说："城陷之日，慎勿杀戮。设若困斗，则李煜一门不可加害。"

赵匡胤解下佩剑，赐予曹彬，缓缓环视众将，森然道："副将以下，不用命者，斩。"

官家所言，曹彬深记在心，何况李煜尚有援兵未至。曹彬重任在身，一贯是文韬武略、部署周全的大帅风度，并非孟浪之人。

宋军数月围城不战，李煜猜不透曹彬的打算，南唐举国皆知亡在旦夕。光政副使张洎等却谓北师已老，将自遁去。李煜竟信其言，晏然自安，甚至在围城中令户部员外郎主持科举考试，取孙确等三十八名进士！

秋，南唐镇南军节度使朱令赟率十五万大军来援。

朱令赟本就知势不敌，大军将发，对卫尉卿陈大雅道："某这颗头颅已决为家国一抛！君与我同死，无益也。请君先为某入朝言之，可乎？"

陈大雅冒着矢石，潜回金陵，与李煜相持泣道："令赟军必无成矣。"

朱令赟军至湖口，他考虑到，若前进，宋军必据其后，若进未破敌，退绝粮饷，将陷于绝境。遂檄南都留守刘克贞赴军，想等他来了以后，使代拒湖口，再行进发，然金陵危急飞书督兵者接踵而至。朱令斌心一横，率军向前。

朱令斌军用木编为大筏，长百余丈，大舰乘千人，欲突下断采石浮桥。恰遇江水浅涸，舟筏难行；宋军又布疑阵，于洲渚间密树长木，远望似帆樯，朱军不敢遽行。

至皖口（今安徽怀宁西）虎蹲洲，两军会战。朱令斌乘坐巨舰，高十几重，上建大将旗鼓。宋师州舟小，聚攻之。朱令斌发"火油机"攻宋师，"火油机"是朱令斌军所刨，以巨舟装满芦苇等易燃之物，外面遍涂油膏。一声令下，"火油机"纷纷点燃，冲向宋阵，纵烧横杀，宋军不能支。正在此时，北风大作，朱令斌军"火油机"反焰自焚，水陆大军十五万不战皆溃，粮米戈甲俱焚。朱令斌投火而亡，江面上的烟焰十日未止。

孙皓、陈叔宝之流，贪生怕死，总对"生"有所贪，有所留恋，总把生看得高于一切。贪恋个人的荣华富贵、骄奢淫逸，不惜把个人的"生"，建立在国家人民的"死"之上，卑鄙至极，可耻至极！

李煜呢？

李煜最后的抉择，与孙皓、陈叔宝并无不同。

十一月二十五，离最后通牒的破城日期还有两天，曹彬突然高卧不起，说是"病了"。

众将齐集探病，以为攻城日期将至，盼主帅……

曹彬道："我病乃心病，非药食可医。只要诸公对天盟誓，破城日不妄杀一人，我病即时可愈。"

众将焚香盟誓毕，曹彬立刻起而升帐。

李煜知大势已去，心情反而平静下来。

他镇定地吩咐黄保仪，城破之日，举火尽焚父子两世所收集珍藏的历代名家墨宝真迹，而后，往宫中净室，听沙门德明等讲《楞严圆觉经》。

二十六日，李煜入后苑，听隐士周惟简讲《易经》，听讲毕，回寝宫，与小周后吟诗作词。

小周后早即暗暗料理六宫后事，她以国后之尊，召集妃嫔宫婢，正色告以国家实情，有愿出宫者即刻发遣出宫；有愿殉国殉主者，暂送敬德尼院带发修行，待城破火举，自行了结。

此时，宫中到处断钗遗脂、委花弃帛，空空落落。

小周后仍旧温柔至极，满含深情，以大礼候迎李煜，李煜亦满含深情，将小周后揽于怀中。

二人就这样紧紧依偎着。

不知过了多长时间，李煜柔声道："小妹，你不想读我的新词吗？"

"想。"小周后亦柔声道。

"那么，取笔砚来。"

小周后取来笔砚，为李煜铺好纸。李煜援笔在手，定神凝思，挥洒道：

"无言独上西楼，月如钩。寂寞梧桐深院锁清秋。

剪不断，理还乱，是离愁。别是一般滋味在心头。"

李煜回头看看小周后，小周后脸色苍白，凄然一笑。

有人来报："曹彬已下令攻城！"

李煜侧耳听去，隆隆战鼓如滚滚惊雷，隐隐传来，他漫不经心地问道："现在是什么时辰了？"

"回官家，是辰时。"

李煜不再说话，继续写道：

"辘轳金井梧桐晚，几树惊秋。昼雨新愁，百尺虾须在玉钩。

琼窗春断双蛾皱，回首边头。欲寄鳞游，九曲寒波不溯流。"

小周后微微点头，手足情深，危城之中，他是在思念入宋为质的弟弟……

人报："宋军以床子弩连发火箭寒鸦箭，城头箭矢如雨，战棚起火……"李煜并不抬头，漠然道："知道了。"笔犹不停。

小周后看去，首句是："樱桃落尽春归去，蝶翻金粉双飞。"

天子以樱桃荐宗庙。樱桃落尽，春已归去。宗庙何存？樱桃何在？只剩两只凄美的蝴蝶，孤零零地相舞相随。

小周后接着看去："子规啼月小楼西，玉钩罗幕，惆怅暮烟垂。……"

凭窗远眺，西方暮烟低垂，那里是北朝之宋，凄清的冷月下有杜鹃啼血。那杜鹃，相传是失国的蜀帝杜宇之魂所化。它飞到这里，飞到那里，声声悲啼着："不如归去！不如归去！"何其惆怅哀思乃尔。

再向下看，小周后一震，这是说到了自己："别巷寂寥人散后，望残烟草低迷。炉香闲袅凤凰儿。空持罗带，回首恨依依。"

不及细想，群臣忽大入，齐跪道："宋军已破城将入。望陛下念一城生灵，受一时之辱，率臣等肉袒出城……"

李煜颓然笔落，长叹一声，随众臣走了。

小周后兀自呆呆立着，良久，方吩咐传命黄保仪举火。一时间，无数国宝化为灰烬，近百宫嫔香消玉殒，忠臣烈士慷慨死难……

肉袒，实际只是免冠短装。

李煜一干人等来到曹彬大营，出乎意外受到曹彬的礼遇。曹彬以宾礼相待，命人取来自己的锦袍，请李煜穿上。让李煜回宫整治行装，并亲切体贴道："归朝以后，俸禄有限，宜尽量多带细软，厚置行装，能拿多少是多少。不然，有司清点载入册籍后，便动不得了。"

李煜忽然有一种新奇的轻松感觉：脱去国主的重负，做一名布衣，再也没有俗事、烦事的纠缠，与小周后长相厮守，过普通人的平凡生活……这不正是自己梦寐以求的吗？

他甚至在对未来的憧憬中有些兴奋了。

然而，当辞庙、离开金陵时，李煜仍不由怆然泣下。

他泪眼蒙眬地望着没有表情的小周后，心中开始对自己的忍辱偷生产生怀疑。

当局者迷，大祸临头。

他终于明白，他错了。

当船至汴口时，李煜登普光寺，在佛前虔诚祈祷很久，施舍了大量缗帛。他只求佛保佑他与他的家人，做普普通通的人，过平平静静的生活。

开宝九年（976年）正月，李煜白衣纱帽，率宗族官员四十五人待罪御明楼下，赵匡胤照例诏并释之。赐李煜光禄大夫、检校太傅、右千牛卫上将军，仍封违命侯。封李煜妻周氏为郑国夫人，其他宗族官员亦各有封赐。

李煜求做普通人而不得，他是"有圣旨，不得与人接"的违命侯，他是被囚禁的降王，是俘虏。

李煜求过平平静静的生活而不得，他自己不能平静。到了汴梁，李煜才痛切感到：世上有一种胜过一切的情，有一种强于一切的恨，这便是思念故国家乡之情，这便是亡国亡家之恨！

为了这思念故国家乡之情，为了这亡国亡家之恨。李煜自轻自贱，自悔自责到了极点。除了这思念故国家乡之情，除了这亡国亡家之恨，李煜一切的情感都归于沉沦。

他留给后人的只剩下《虞美人》："春花秋月何时了，往事知多少？小楼昨夜又东风，故国不堪回首月明中！雕栏玉砌应犹在，只是朱颜改。问君能有许多愁？恰似一江春水向东流。"

而在这一个世界，气吞山河，站在辉煌巅峰的，只有一个人——赵匡胤。他离最后统一，只剩下一步之遥。

威加东南

赵匡胤攻下南唐以后，并没有陶醉于胜利之中，偃兵息武，安享太平。因为在南方还有两个割据政权：钱氏的吴越和陈洪进割据的漳州、泉州一带，赵匡胤的卧榻之旁同样容不得他们酣睡。于是，在曹彬胜利回京的喜庆声中，赵匡胤一个新的想法已经形成。

吴越是唐镇海、镇东军节度使吴越王钱镠建立的，辖境十三州，包括今浙江省和太湖东北部、东部和南部，首府杭州。

钱镠的小名叫"婆留喜"，这名字有些来历：钱镠出生时其父钱宽方外出归来，邻人对他说，他家传出兵马之声，钱宽以为不祥，进家后抱起婴儿钱镠就要往井里扔，后经祖母苦苦挽留，小钱镠才保全了性命，因"婆留"而"喜"。

钱镠长成之初并未给钱家带来多少欢喜。他不安心农作，只知舞枪弄棒。二十四岁时钱镠被招为乡兵，后任偏将，开始了军旅生涯。他参与过镇压黄巢义军，被唐廷授镇海军节度使。他将镇海军使府设在老家杭州，率所部兵卒及征发来的役徒数十万人大修杭州城，使杭州成为东南沿海的军事重镇。遂后，他假唐廷之名，击杀了公然称帝的董昌，遂尽有两浙及苏南十三州之地。唐昭宗天复二年（902年），钱镠任镇海、镇东两节度使，封越王，两年后又封吴王。朱全忠代唐建梁后，于开平元年封钱镠为吴越王，后改封吴越国王，建都钱塘。钱镠据两浙三十余年，是五代十国中享国最长的君主。

钱镠在位期间注意发展农业生产，征发民夫修筑钱塘江石堤，并造龙山、浙江两闸，阻遏海水倒灌，杭州之民多受其益。又在太湖流域建造堰闸，以时蓄泄，利农利民。钱镠还招待商旅，劝课农桑，择贤任能，严明赏惩，他本人也较为节俭，不事铺张，勤于治理，辖境政治安定，经济繁荣，海上交通发达，文艺称盛于时，有"地上天宫"之称。

这一切都得助于保境安民的国策。钱镠自知国小势危，力图自保，也不轻易用兵。唐天祐后，中原多事，称王者相继，有人劝钱镠称帝自主，钱镠明智地说："此儿辈自坐炉炭之上，而又踞我于上耶？"他的原则是："与其闭门作天子，与九族百姓俱陷涂炭，不若开门作节度，使终身富贵无忧。"他在临终时告诫他的继承人钱元瓘："子孙善事中国，勿以易姓废事大之礼。"后世子孙牢记此言，始终坚持这一国策，使吴越小国得以延续八十年之久。

后汉乾祐年间，五传至钱俶。钱氏政权对中原王朝采取恭顺的态度，保持着一种审慎的客气。周世宗征淮南，钱俶曾出兵助周围打毗陵、宣池。赵匡胤即位当年，授钱俶为天下兵马大元帅。随着赵宋王朝势力的增强，钱俶对宋朝的贡奉日趋频繁。他的生存战略是竭十三州之物以供宋，务得中原欢心。赵匡胤也就乐于以种种名衔相诱惑，驱使其为赵宋王朝效力。

建隆元年（960年），赵匡胤从远交近攻的基本国策出发，授钱俶"天下兵马大元帅"，以示安抚。不久，又改赐"承家保国宣德守道忠正恭顺功臣"。这一大串冗长的赐号关键是"恭顺"二字。赵匡胤希望钱俶恭顺于宋，永不违逆，钱俶也深悟其意，对宋恭顺备至，"贡奉有加常数"，仅乾德元年就向宋进贡白金万两、犀角、象牙各十株、香药十五万斤，金银珍珠玳瑁器物近百件，极尽吴越特产，倾国以事中朝。

钱俶对赵匡胤恭而敬之，也畏而惧之。当赵匡胤决定伐南唐时，南唐主李煜曾有意联合钱俶合力拒宋，遣使致书说："今日无我，明日岂有君？一旦今天子易地赏功，王亦大梁一布衣耳。"

应该说，李煜此言道出了事情的真谛。作为南唐友邻，钱俶也应该知道唇亡齿寒的道理。但是，在此之前，他还接到了赵匡胤的一道训令。赵匡胤对前来进贡的钱俶幕吏黄夷简说："汝归语元帅，常训练甲兵，江南强倔不朝，我将发师讨之，元帅当助我，无惑人言云'皮之不存，毛将焉附'！"

有了赵匡胤这番话，钱俶当然别无选择。他不仅对南唐的相约拒而不答，还将南唐来书交给了赵匡胤，出卖了自己的邻友。

钱俶拒绝和南唐的联盟还因为利益的诱惑。赵匡胤在伐南唐之前，特命有司在开封薰风门外建造了一座大宅邸，"连亘数坊，栋宇宏丽，储偫什物无不悉具"。赵匡胤对吴越进奉使钱文赟说，这大宅叫"礼贤宅"，是专门为李煜和钱俶准备的，"先来朝者以赐之"。钱俶一心投靠北宋，当然希望住上这座大宅，所以毫不犹豫地站在了南唐的对立面。

赵匡胤的这些做法实属高明，既有威严的训令，又有利益的引诱，钱俶不得不就范。

开宝七年（974年），北宋大举进攻南唐，下诏要钱俶同时行动，并以钱俶为升州东面招抚制置使，出任方面军主帅。

吴越内部对钱俶助宋攻唐激烈反对，丞相沈虎子谏劝说："江南，国之藩蔽，今大王自撤其藩蔽，将何以卫社稷乎？"钱俶仍然听不进去，反倒罢免了沈虎子的职务。

唇亡齿寒的道理，钱俶何尝不懂。问题在于以李煜治国的才能，南唐怎么可以成为吴越的屏障？钱俶有苦难言，不得不走上"识时务者为俊杰"的道路。钱俶以五万余兵力从国城出发，不遗余力地进攻南唐常州，并分兵攻击江阴、宜兴，开辟东南战场，每有胜利便向宋告捷报功，汇报战况。

在宋伐南唐的过程中，钱俶亲自领兵，为宋朝立下了大功。他作为东南面行营招抚制置使，承担了一个方面的作战任务。常州城下一战，破南唐军三千余众，生擒六百人，迫使常州的南唐守军举城而降，钱俶因而得到了军衣五万副的赏赐，并被加赐太师。此后，钱俶把大军交给大将沈承礼随宋军平润州，进讨金陵，也出了大力。不过，赵匡胤令钱俶伐南唐并不希望他有太大的作为。北宋之兵力远过于南唐，即便没有吴越之军也可以取胜。赵匡胤的意图是，通过让钱俶出兵彻底破坏吴越与南唐的联盟，将可能倒向南唐的力量切切实实地拉到自己一边。所以，钱俶攻破常州，使命已经完成。城破之日，赵匡胤便诏令钱俶归国，又对吴越的进奉使任知果说："元帅克毗陵有大功，俟平江南，可暂来与朕相见，以慰延想之意，即当复还，不久留也。"

赵匡胤这番话是对钱俶所助一臂之力的感激和安抚，同时也是给钱俶下达了一道命令：南唐亡后速来朝觐！

极力主张称臣纳地的崔仁冀看清了这一形势，对钱俶说："主上英武，所向无敌。今天下事势可知，保族全民，策之上也。"钱俶以为然，但对这次朝觐的吉凶却不托底。他担心赵匡胤会把他扣留，不让其返国。他对宋太祖的许诺"暂来相见，即当复还"也心有疑虑。李煜之弟李从善不就是被扣开封，一去未返吗？赵匡胤能扣李从善也便有可能扣他钱俶，若这样，吴越国将不国矣。想到这里，钱俶不禁捏了一把冷汗。

可是，他又不能不去，这是宋朝皇帝的命令，岂可违抗？况且，宋军凯旋，也理应前去祝贺，这是起码的礼节！所以，思来想去，还是决定北上。

赵匡胤在平南唐后即召吴越王钱俶入朝，是一个高明的举措。它威抚相融，刚柔相济，虚实并举，向钱俶昭示了一个严峻的事实，提出了一个严肃的问题：南唐灭亡了，吴越怎么办？南唐之国力，远胜于吴越却在宋军的讨伐面前一朝瓦解，吴越难道想步南唐后尘吗？摆在吴越面前的出路只有一条，那就是俯首听命，献土称臣。

赵匡胤的这一策略不啻于十万大军压境，产生了巨大的威慑作用，吴越朝野惶恐失措，"地上天宫"一片惊慌。朝臣们窃窃私语，议论纷纷。有的说，中朝皇帝雄才大略，计谋多端，这次召王北上很可能会大摆"鸿门宴"，将王置于死地；有的则列举了诸如彗星见于中天、野鸡在鼎耳鸣叫、桑树楮树共生于庭及乌夜啼、马生角等天象之异、灾祸之变，说是吴越气数将尽，国运将终。这些蛊惑人心的征兆被渲染得活灵活现，真真切切，使人不得不信。如一位目击彗星者说，那彗星长六尺，光芒耀眼，十余日乃灭；而另一位灾异报告者则称，过去传说兴妖作怪的桑楮树一夜之间长成合抱粗，且援引古事论证，此灾异在勾践灭吴时也曾在吴国出现，此后不久，越军便大败吴国，吴王夫差被包围在姑苏山上，自杀身死。

吴越王钱俶听到这些传闻禁不住心惊肉跳，他不止一次地焚香祷告，请神灵上苍保佑钱氏。但是，他又不敢拒命或耽搁，这样做岂不会使宋朝抓到把柄吗？假若像宋对南唐那样，因诏令入朝不行随后大兵加之，怎么得了？所以，经过一番利弊的权衡，钱俶还是在开宝八年二月上路了，为防不测，他带上了妻子孙氏、爱子惟濬，还有近臣平江军节度使孙承禧，临行，又对留守臣僚叮嘱再三，仿佛是在诀别。

吴越的朝臣们也认为君王此行凶多吉少，他们在西湖边上建造了一座"保俶塔"，祈求神灵保佑钱俶平安归来，使吴越继续存在于东南一隅，王室显贵长保富贵荣华。

出乎意料的是，事情并不像吴越君臣想象的那么可怕。赵匡胤听说钱俶已整装入朝，十分高兴，他或许认为，用和平的、不战而胜的手段达到统一，乃是一位政治家治国才能的最好体现，因而对钱俶给予了特殊的礼遇。他派皇子赵德昭到睢阳迎接，钱俶将至开封时，赵匡胤还屈尊亲自到住所检查为接待钱俶所准备的一切什物。

吴越王钱俶一行是二月十二到达开封的，赵匡胤将他们安置在收拾一新的"礼贤宅"，关怀备至，接着，在崇德殿接受了钱俶的朝见和祝贺。

此次来开封，钱俶为了表示其对宋朝的忠诚，带来了大宗贡物。在崇德殿，贡白金四万两、绢五万匹。当日宋太祖在长春殿赐宴，钱俶又贡白金两万两、绢三万匹、乳香两万斤。祝贺平灭江南，又贡白金五万两、钱十万贯、锦一百八十万两、茶八千五百斤、犀角象牙二百株、香药三百斤。赵匡胤贺幸"礼贤宅"看望，又贡白金十万两、绢五万匹、乳香五万斤，以助郊祭。

对于钱俶的一片忠心，赵匡胤一笑置之。这微笑似很亲切又暗含威严，既令人心暖又有些神秘莫测。被宋朝吓怕了的钱俶仍然觉得是个谜，他希望这谜底尽快披露，又担心会出现他惊骇了许久的那种结果。

开宝九年（976年）二月二十三，赵匡胤在大明殿举行了盛大宴会，热情款待这位远道而来的客人。酒宴之上，赵匡胤盛赞钱俶能识大体，不与南唐联手。及受命围常州，又亲率大军，勇冒锋镝，身先士卒，终使常州城破，守军投降。赵匡胤说，此番平江南，甚得吴越力助，钱俶功不可没。说到此处，赵匡胤令侍者为钱俶斟满御酒，与钱俶同饮三杯。

钱俶受此厚爱，顿时喜形于色。他觉得这三杯御酒胜过琼浆玉液，每一滴都温暖着他的全身，每一滴都润泽着他的心田。

但是，钱俶也略怀忐忑地注意到，在赵匡胤与他共饮的时候，侍宴的大臣们都用异样的目光注视着他，他们的脸上大都带着一种奇怪的神情，是忌妒？是嫌恶？是愤慨？钱俶一时难以猜透。为了不使宴会的气氛变得太紧张，他主动邀大臣们饮酒，并努力轻松坦然，以掩饰自己复杂的心情。

赵匡胤显然已经看出了端倪，遂令乐舞伎进殿，以助酒兴。当乐曲声响起、舞伎们飘然而舞的时候，大明殿内充满了喜庆欢快的气氛，大臣们的目光随之离开钱俶，转移到舞伎身上。他们也开始了交谈，一边欣赏歌舞，一边指指点点，议论评说，似乎已经淡忘了钱俶的存在。

直到这时，钱俶才如释重负。他也被歌舞伎们的精彩表演深深地吸引着，不由自主地用手敲打着桌案，和着乐曲的节奏。他也想到杭州，想到他的宫廷、他的舞伎，思恋和伤感又油然袭上心头。此处虽云乐，毕竟是他乡。先王为经营杭州，耗费了大量精力，杭州之美绝不亚于开封，谁知道何时才能返回呢？

四天以后，赵匡胤又传下谕旨，召钱俶和惟濬到宫苑宴射。赵匡胤特别钟爱这一娱乐活动，经常与近臣宴射，有时在迎春园，有时在玉津园，建隆二年（961年）春，还颇有兴致地步出明德门，到作坊宴射。

今天宴射的场地更宽阔、更敞亮些，偌大个宫苑内草木初绿，生机益然。给人以心旷神怡之感。赵匡胤之所以选在这里，是试图让钱俶精神再轻松一些，更愉快一些，解除不必要的顾虑和烦闷。赵匡胤没让任何大臣作陪，因为他看出钱俶对大臣们有些提防。

宽松的氛围和惬意的景色使钱俶为之一爽。他尽兴地饮酒谈笑，和赵匡胤一起比赛射箭。他们还以小兽为活靶，兴致倍增，其乐融融。

又过了三天，赵匡胤亲自到礼贤宅去看钱俶，问寒问暖，谈笑风生，仿佛没有了君臣的界限，倒像是老朋友久别重逢。经过这一番体贴、关怀之后，钱俶这才长长地舒了一口气，先前的担心和疑虑渐渐云散。

三月，赵匡胤专门下达了一纸诏书：

古者宗工大臣特被隆眷，或剑履上殿，或书诏不名，率由丰功，待以殊礼。今我兼其命数，用奖勋贤，辉映古今，尤为优异。咨尔吴越国王钱俶，德隆宏茂，器识深远，抚奥区于吴会，勒洪伐于宗彝。昨以江表不庭，王师致讨，委方面之兵柄，克常、润之土宇，辅翼帝室，震叠皇灵。而乃执圭来庭，垂绅就列，罄事君之诚恳，为群后之表仪。爰峻徽章，以旌元老。可特赐剑履上殿，书诏不名。

紧接着，三月初四，赵匡胤又决定封钱俶夫人为吴越国王妃。诸宰相闻听，以为这样做不合古礼，谏阻道："自古以来，只有同姓诸侯王妻方可封为妃，吴越为异姓诸侯，封其王妻为妃，多有不当。"他们请赵匡胤慎重而行。

赵匡胤颇不以为然："势与俗化，礼与变俱，自古明君都是观时而制法，因事而制礼，法令制度，各顺其宜；方便国事，未必法古，为何一定要按循古制呢？我朝制礼应以利国利民为本。若说封异姓诸侯王妻为妃史无先例，那么就从我朝开始，以示殊恩！"

赵匡胤说得很果决，全无商量余地。大臣们默然无语。当天，赵匡胤正式下达诏书，由钱俶的儿子惟濬将诏书带到礼贤宅。

这以后，赵匡胤又数次召钱俶父子至宫苑中宴射，并令各亲王作陪。钱俶感动得热泪交流，下拜叩谢，赵匡胤令内侍将其扶起，说："大元帅乃本朝功臣，理应如此！"

赵匡胤给予钱俶如此的礼遇完全是出于政治需要，也是统一天下的需要。宋朝之于吴越，国力、兵力都不处于同一层次，赵匡胤若攻取吴越，真是太容易了。但他并不想这样做，他想创造另一种形式——一种不用武力达到统一的形势，试图通过特殊的恩宠、特殊的礼遇将吴越拉到自己身边，服服帖帖地接受宋王朝的统辖。这样，可以省去财力物力的消耗，免受长途征伐之苦，用和平手段达到统一。

十多年前，赵匡胤制定统一大计时便有这样的想法，对后蜀、对南汉、对南唐，他都尝试着这样做过，只是在万不得已时才发兵攻讨的。这一次，赵匡胤决心取得成功，他要让吴越成为一个样板，让尚未归附的北汉起而效仿。

三月下旬，赵匡胤将西行洛阳。钱俶为表示对皇帝的忠诚，恳请同去。赵匡胤声称怕钱俶不能承受旅途之劳，让他暂留开封。赵匡胤出行的前一天，在讲武殿举行了一次盛大宴会，召钱俶父子入宴，文武近臣作陪。席间，赵匡胤关切地对钱俶说："南北气候不同，风土各异，天暂热了，卿可暂回，早些启程！"

钱俶很感激赵匡胤放行，但联想到在开封的这十多天赵匡胤对他的特殊恩遇，又有些舍不得，哭着说，今后每隔三年一定来朝拜一次。赵匡胤道："吴越道路遥远，来往不易，若有此心，待俟诏旨，再来觐见吧。"

钱俶离开开封这天，赵匡胤特赐导从仪卫之物，华丽无比，从礼贤宅直排列到迎春苑。自从钱俶来京到其归国，宋太祖共赐其金器万两，白金器数万两，白金十万余两，锦绮绫罗绸绢等丝织品四十余万匹，骏马数百匹，其他器物不可胜数。

除此之外，赵匡胤还赐给他一件特殊的礼品：一个封缄甚严的黄包袱。赵匡胤对他说，此包暂不要打开，可在途中密观。钱俶接过这黄包袱，不禁犯了嘀咕：这包袱内究竟是春风还是雷霆？

钱俶上路了，途中，遵照赵匡胤的吩咐，秘密将包袱打开，原来是一包大臣们的奏折！钱俶细细看过，内容大体都是奏请扣留钱俶的，力劝赵匡胤借此机会剿灭吴越，尽取其地。钱俶冷汗直流，一方面感谢赵匡胤不加扣留，同时也更加恐惧。自此，钱俶更加小心谨慎，宋廷令他解散兵甲，命他拆除城堡，均照办不误。

钱俶从开封归来后，对宋朝更加恭顺。以前，他在功臣堂处理政务，都是在西北方就坐，现在，他却让人把座位移到西边去，说："西北者，神京在焉，天威不违颜咫尺，俶岂敢宁居乎？"

钱俶对朝贡也更加尽心，每次的贡奉物品制作都极其精巧，运往开封时还要陈列于庭，"焚香而后遣之"，其对北宋王朝的虔敬和畏服，简直到了无以复加的程度。

这一切，正是赵匡胤希望看到的，其威服政策所要达到的也正是这样的目的。至此，吴越已名存实亡，而吴越王钱俶也是徒有虚名而已。

赵匡义继位后，钱俶被召往开封，虽然表面上仍十分优宠，但他感到必须献出吴越国土了。太平兴国三年（978年）五月，钱俶献出土地，将所辖十三州、一军、八十六县、五十五万零六百八十户全部纳入宋朝版册。北宋则在扬州虚设一淮海国，令他为王，但实际上仍留他在开封，吴越国至此结束。

吴越国王没有了，但钱俶日子也不轻松，寄人篱下，只能谨慎克己。同李煜不同的是，他懂得小心度日，看人家脸色行事。每天的早朝，他必定要提前赶到宫门等候。一日，风雨大作，众节度使未有一人上朝，只有钱俶父子二人，连赵匡胤也怜悯万分："卿已是中年，宜避风冷，自今入见，不须太早。"靠着这种小心谨慎，以安度余生，至端拱元年，钱俶以六十岁高龄病逝。

至此赵匡胤经过十余年的东征西讨，南征北伐，次第削平了荆湖、后蜀、南汉、南唐等割据政权。只有北汉和吴越，尚未最后纳入宋的版图。

赵匡胤在位期间，曾三次出兵攻打北汉，虽然最后没有将其灭亡，但从军事、经济、政治等各方面给对手以沉重打击，为后继者灭亡北汉奠定了良好基础。

至于吴越，钱俶已在赵宋王朝实力压迫下完全臣服了。

赵匡胤要将吴越划归自己的名下，已无异于探囊取物，轻而易举了。

因此，到赵匡胤去世时，全国统一的大局已定。除了辽和边疆少数地区外，中原与南方的广大区域，又聚集到了一杆大旗之下。

追根溯源，统一的局面确实来之不易。它首先是历史发展的必然。

有道是合久必分，分久必合。唐中期以来，长期诸侯割据，军阀混战，造成了社会的严重动荡，耗尽了人民的膏血，所谓"天下黎民，莫非疲弊；天下州县，靡不凋残"。战火所经，田园荒芜，流离载道，白骨横野，丁口锐减。社会在战火中战栗，民众在苦难中挣扎。饱受战争之害、流离之苦的广大民众，渴望国家的统一，社会的安定。

频繁的战争，带来了沉重的兵役负担。广大农民被迫远离家园，脱离生产，直接破坏了劳动生产；各个割据势力各自为政，关卡林立，阻碍了社会经济的发展，妨碍了商品经济的正常交流，这是一方面。另一方面，一些政权为了自身的生存，又不得不采取一些措施来恢复和发展经济。例如在后周时，把原来属于营田务的田地、耕牛和农具等都赐给佃户，并减免赋税，因而出现了"葺屋植树，敢致功力"的景象。在农业生产得到恢复和发展的基础上，商业贸易交流也随之增加。尽管分裂割据造成了人为的阻隔，但各地的商品交流仍在进行，而且联系日趋紧密，相互依赖日益加强，逐渐形成了以中原汴梁为中心的商业网。经济的发展最终必定要为自己的进一步发展开拓道路。各地生产的恢复和发展，经济联系和交流的加强，必定要打破分裂割据的局面。

人民渴望统一，社会经济的发展不仅要求结束割据状态，而且为统一提供了经济基础，统一已成为时代潮流，势在必然。

登上皇位的赵匡胤，没有辜负时代的期望。他接过了柴荣的大旗，依靠后周所奠定的基础，"其处心积虑非一夕一日，在于取天下也"。凡所措置，规模宏远，造成了更宏大的统一之势。其所作所为，使久经离乱、迫切要求安定的人民看到了希望。如担任后蜀宰相的李昊所言："观宋氏启运，不类汉周，天厌乱久矣，一统海内，其在此乎？"南汉大臣邵廷琯也多次说："天下乱久矣，今闻真主已出，将尽有海内，其势非一天下不能已。"赵匡胤众望所归，"应天顺人，体元御极，战无不胜，谋无不臧"，最终实现了统一。

在贯彻先南后北战略时，赵匡胤又正确地运用了各个击破的策略，保证了统一战争的顺利进行。南方各政权承平日久，积弱不振，但他们拥有的总兵力却不下七八十万，不容小视。而赵匡胤即位之初，兵力只有二十万人，除去防卫辽、北汉以及党项外，能南下作战的兵力一般只有几万人，在兵力上处于劣势。南方各政权本来是唇齿相依，利害攸关，但由于统治者缺乏远见，难以同舟共济。于是赵匡胤巧妙地利用了它们之间的矛盾，运用政治和外交手腕，进行分化，以配合军事进攻，达到各个击破的目的。

在具体的战争过程中，赵匡胤每战都注意周密计划，进行充分准备，尽力做到知己知彼，不打无准备之仗。进军荆南前，派卢怀忠前去了解"江陵人情去就，山川向背"。从后蜀降将赵彦韬那里知悉四川地区的地形地貌，派卢多逊出使江南侦察南唐各方面的虚实。所有这些使赵匡胤对敌方情况了如指掌，因此在战争中能够指挥得当，所向克捷。

宋承五代之后，时当一统，地处必争，统一战争无疑是进步的。但人厌干戈，渴望和平。顺乎民心要求，赵匡胤在战争中实行攻心为上，攻城为下的方针，尽量减少流血，避免伤亡。为此，实行优待降者的方针，给予各政权的最高统治者以出路，保持其富贵，再加之以兵威，军政兼施，又打又拉，分化瓦解。从而减小了统一战争的阻力，加速了统一战争的步伐。

民心的向背是决定战争胜负的关键性因素。五代割据军阀为了取得士兵的支持，对士卒姑息放纵，竭尽人民膏血以填充其无底欲壑，所谓

"今四方诸侯皆悬赏以募勇士，吾若束之以法，急则弃吾，吾安能独保此乎"！赵匡胤毕竟要高人一筹，他认识到，改朝换代，"虽云天命，实系人心"。为此，必须申明军纪，严禁部队烧杀抢掠，残害无辜。他宣布："朕固不吝爵赏，若犯吾法，唯有剑耳！"灭蜀时，听说有一军官割掉一民妇乳房后把她残杀，赵匡胤大怒："兴师吊伐，妇人何罪，而残忍至此，当置法以赏其冤。"因此，不顾一些人的反对，将这个军官依法处斩，悬头示众，以示惩戒。再如平定南唐时，多次派使者告诫曹彬，约束部下不要滥杀无辜。在统一战争中，"既下诸国，必先已逋欠，涤烦苛，赒乏绝，雪冤滞，惠农民，拔人才，申命郡邑，反复不倦"。赵匡胤一反近世帝王的做法，申明军纪，严禁杀戮，因而大得民心。人民支持，是赵匡胤实现统一的可靠保证。所谓"得天下以仁，而民从之，故天下一于宋"。

与赵宋政权蒸蒸日上的情况相反，当时的各割据政权，无一例外都昏庸腐朽。如后蜀孟昶穷奢极欲，挥霍民脂民膏；南唐李煜沉湎酒色，不理政事；南汉刘𬬮终日与波斯女游戏宫中，全然不知世事变换。他们玩物丧志，以致政治腐败，民不聊生。君既无宏图，将也无守志，武备废弛，军心涣散，士气低落。宋军一到，便如秋风扫落叶，摧枯拉朽。这种局面给宋的统一提供了有利时机，所谓"彼未尝誓死以守，此未尝喋血以争""宋于是乘之以有功"，完成了统一使命。

统一的实现，是社会发展的必然结果；劳动人民的支持，是完成统一的决定性因素。"个人的性格只有在社会关系所容许的那个时候、地方和程度内，才能成为社会发展的因素"。但是，这并不能抹杀宋朝开国皇帝赵匡胤个人的作用。"发展的加速或延缓在很大程度上是取决于这些'偶然性'的，其中也包括一开始就站在运动最前面的那些人物的性格这样一种'偶然情况'"。赵匡胤的作用正在于运用他个人政治上的雄才大略和军事上的老谋深算。他经过艰苦的努力，结束了长期军阀割据混战的局面，促进了统一的实现。赵匡胤卓越的才能是统一得以完成的一个重要因素。

统一的完成，结束了唐安史之乱以来二百年长期军阀混战的局面，使饱受战争灾难的广大民众终于有了一个较为和平安宁的生产生活环境，为社会的进步、经济的发展和文化的繁荣创造了一个良好的环境和外部条件。

大权在握

第六章

智收兵权

赵匡胤虽已稳定了局势，但又有一件忧心事使他寝食难安，这就是如何牢固控制禁军的问题。赵匡胤出身行伍，久掌禁军，深知这支中央主力军对皇权安危的巨大作用。特别是殿前都点检等禁军高级将领，兵权在握，位高势大，篡位弑主，极易得手。他亲身经历了澶州兵变，亲自以黄旗当龙袍披在郭威身上，使这位禁军统师摇身一变为后周皇帝。他还亲自上演了陈桥兵变的政治活剧，神话般地将"主少国疑"的后周改变了国号。唯历其事方知其妙，出于皇权永固的需要，赵匡胤在安定了诸藩镇之后又不得又将注意力集中到禁军将领身上。

使赵匡胤大伤脑筋的是，这些禁军将领大都是他的"义社兄弟"，是功不可没的开国勋臣。赵匡胤重友情，讲义气，不能搞"兔死狗烹"那一套，但心病不除，终不得安。为了解决这个老弟兄的新问题，有效地防止旧事重演，他召见了谋臣赵普，请他帮助出出主意。

此时，原宰相范质、王溥、王仁辅三相已同日罢政事，赵普被任命为门下侍郎、平章事、集贤殿大学士，荣登相位。当初陈桥兵变成功后，赵普本以佐命功居功臣之首，但论功行赏时，赵匡胤仅授予他右谏议大夫、枢密直学士的一般官职，原因是赵普"少习吏事，寡学术"，赵匡胤以为他难服后周旧臣。后来赵普献嘉谋平"二李之乱"，又随驾出征，愈显其不可多得的政治才能，赵匡胤于是越来越看重赵普。

皇太后杜氏也颇器重赵普，每与赵匡胤参与大政，仍呼赵普为"赵书记"，并说："赵书记且为尽心，吾儿未更事也。"

杜太后是在建隆二年（961年）六月病逝于滋德殿的，临终前，召赵普入殿，与赵匡胤兄弟共受遗命，足见其受信任之深。

也就是在杜太后病逝一个月后，赵匡胤召见了赵普，他和赵普商讨的是一件大事，一件治国安邦的大事。

赵匡胤问赵普："自李唐以来，数十年间，帝王易八姓，朝代屡更迭，战火不息，生灵涂炭，天下大乱，这是何故？"

赵普没有立即回答皇帝的问题，而是岔开话题，道："李筠、李重进之乱，绵延数月，扰得民心不安，若不是陛下御驾亲征，疾速进击，掩其不备，后果实堪忧也。臣以为古今事大都事不同而理相通，即所谓鉴古可以知今，古今一也。"

赵匡胤道："卿以为李唐数十年之乱与二李之事有何相通之理？"

赵普道："李唐自高祖、太宗皇帝开创大业，历三百年天下，诸帝多励精图治，慎于守成，致使盛世频现，万国来朝。然天宝之后，藩镇作乱，狼烟四起，经久不散，终使大唐王朝终结。此后便进入暗无天日、兵革不息之时代。五十三年中，王朝五更，帝王易八姓，历十四君。各短命王朝长者一二十年，短者仅四年。其所以至此，盖因骄兵悍将恣行，藩镇专横跋扈，动辄兴兵作乱，篡夺皇权。而二李之乱，亦因其自恃拥兵在手，资深位崇，故而藐视天威，冒天下之大不韪。"

赵匡胤赞同地点了点头，深思有顷，旋即问道："朕欲息天下之兵，为国家长久计，其道若何？"

赵普深施一礼道："陛下之言至此，天地人神之福也，国家幸甚，万民幸甚，请受臣一拜！只是，臣尚有小虑，不知是否当讲！"

赵匡胤道："朕虽非圣明，愿效唐宗，广纳直言，卿素为朕所重，何虑之有？"

赵普微微一笑，噤口良久，没有说话，随即他想起了前不久赵匡胤安排的一次特殊的宴射。

那天，赵匡胤召他的"义社兄弟"前来宴射。当"义社兄弟"兴冲冲地来到宫中以后，赵匡胤首先和他们闲聊了几句，问了问他们的生活起居，然后吩咐内侍："备弓马来！"

少顷，诸兄弟得到了皇帝授给他们的一弓、一剑、一马。弓皆良弓，剑皆利剑，马皆骏马，诸兄弟受宠若惊，跪地叩谢。他们感激万分地说，皇帝既临大位，不忘友情，给予他们这些老兄弟诸多关照，赐以重要官职，他们终生难忘，并表示牢记圣恩，披肝沥胆共保社稷。

赵匡胤理着胡须，微微一笑，道："我等且出城吧！"

当即，赵匡胤也乘御马，与诸兄弟同出开封城西门固子门，直奔郊外。

三月早春，旷野上已渐渐有些绿意，溪水清澈地流淌，和煦的微风吹来阵阵清新，使人惬意地感受到春的气息，春的活力。

赵匡胤和诸兄弟在侍者事先选定的一块草地上坐了下来，此处在两个小丘中间，环境幽静，阳光温暖，草地上盛开着一片色彩缤纷的野花，犹如一块天然地毯。为了保持这种野外氛围，未置桌案，只是在草地上铺了一块毡毯，将酒菜就放在上面。众人席地而坐，边谈边饮，似乎已经淡忘了君臣之间的距离，只有兄弟间的情谊。

"义社兄弟"这样的聚会只是在他们职低位卑时有过。那时候，他们地位相同，情感相通，没有等级的界限，也不存在彼此间的戒备和隔阂，但随着时间的推移，世事的变迁，这一切仿佛都已是相当久远的事。今天往事重现，诸兄弟都颇受感动，沉浸在对往事的美好回忆中。

酒至半酣，赵匡胤突然拉下脸来，起身道："诸位兄弟，且将所授弓、剑拿出，将马备好！"

众人顿时大惊，睁大了眼睛望着赵匡胤，手中的酒杯不由自主地放了下来。他们想问什么，却又不敢问，不知如何问，只是张着嘴，愣着神儿，惶恐失措。

赵匡胤用威严的目光扫视了一下诸兄弟，掷地有声地说道："此地远离皇城，幽静无比，没有外人，没有闲人，只有朕和尔等，尔等要想当皇帝，只需箭上弦，剑出鞘，易如反掌！"

赵匡胤的这番话像是暴风刮来的一阵冰雹，把几个"义社兄弟"都砸傻了。他们面如土色，浑身颤抖，呆若木鸡，轻松、和谐、欢快的野宴霎时变得一片肃杀，气氛紧张得要爆裂。他们不约而同地齐跪在地，道："万岁息怒，我等断然不敢！"

赵匡胤嘴角上泛起一丝冷笑："尔等既然拥戴我为天子，就要尽臣之职，献臣之忠，不得偃蹇无礼，欺君罔上！"

诸兄弟连连叩拜："谨遵圣命，永不敢忘！"

赵匡胤见众人确已伏服在地，便改换了口气道："兵骄则逐将，帅强则叛上，此乃五代以来之恶习，诸位久在军中想已知之。而今，朕对诸位以诚相待，信任不疑，赐以高官，委以重权，切勿辜负了朕之一片苦心！"

"小臣不敢！"

赵匡胤又道："朕方才言辞过激，一是因为多饮了几杯，二是想起了潞、扬二州的祸乱，尔等切不可过高估计了手中那点儿兵权就忘乎所以，铤而走险，步逆贼二李之后尘！"

"小臣一定引以为戒！"

赵匡胤脸上骤然泛起的阴云此时又骤然散去，野宴上极度紧张的气氛也一下子缓和下来。赵匡胤又命侍者斟酒，并首先举杯，邀诸兄弟共饮。于是，亲亲密密的兄弟情谊又像小溪一样流淌起来，尽管它再也不像原先那样舒缓、顺畅、自然……

众人又饮了一阵子，赵匡胤又提议骑马较射。众人经过了那场惊吓，本已没有了兴致，但他们哪敢违抗圣命？赵匡胤话音刚落，便一个个地翻身上马，引弓搭箭，按照赵匡胤的指令，比起射箭来。然而，众兄弟因余悸尚存，心怀惴惴，注意力也已分散，射术远不如昔时，或偏离方向，或绵软无力，统帅的神威，大将的风采，荡然无存。赵匡胤看在眼里，默不作声。他无意责怪他们，他根本不留心较射的输赢，在他的心目中，"义社兄弟"皆不足道，真正的赢家只有一个，那就是他，威不可犯的大宋皇帝。

开封郊外的这次特殊宴射是赵匡胤为解决功臣宿将"偃蹇难制"问题的一次彩排和试探，他发现了什么，又悟出了什么呢？

赵普许久才回过神来，他想：是时候给皇上说明此事了。于是赵普忧心忡忡地对赵匡胤讲："石守信、王审琦等皆陛下故人，各典禁军，为国家计，请改授他职！"

赵普一语正中赵匡胤下怀，赵匡胤心下想：赵普的忧心虽然也和自己产生共鸣，但对其"改授他职"的建议却一时难以定夺。他下不去手，他感到这样做太对不起这些曾经舍生忘死拥立他的兄弟。

赵普看出皇帝很为难，又想出另外的理由，劝道："石守信、王审琦幸伴陛下多年，久蒙厚爱，备受恩泽，臣想他们未必能辜负圣恩，举兵反叛，臣只是觉得，这几个人勇则勇矣，功亦高矣，只是缺少统兵驭众的本领，恐难制服部下。万一所部有人作孽，他们也难得自由了。"

赵匡胤微微地点了点头，说："容朕再想想。"

接下来发生的事，让赵匡胤心情慢慢好起来了，他看到了机会。一天，殿前都点检、镇宁军节度使慕容延钊入朝，侍卫军节度使韩令坤返京，赵匡胤以为良机已到，便单独与他们进行了一番交谈。先是问及他们一些有关禁军将校素质、兵士管理等情况，然后对他们说，鉴于以往禁军失控、大权旁落的教训，准备取消殿前都点检这一头衔，将包括侍卫亲军在内的禁军指挥权统统收回，实行中央集权。二人听罢，默然良久，心潮起伏。他们知道，事情已无法改变，只好连声应诺，无可奈何地下殿去了。

就在这一天，他们双双被罢免了原职，慕容延钊改任山南西道节度使，韩令坤改任成德节度使，"自是殿前都点检遂不复除授"。

赵匡胤罢免慕容延钊后不再设立"殿前都点检"。这一官职是有他自己的考虑的，或者可以说，这一官职太重要也太敏感了。"殿前都点检"是禁军的最高统帅，禁军是中央主力军，是国家军事力量的支柱。在武人掣肘天下的时候，"殿前都点检"虽说受命于天子，但因其掌握着军队，拥有着武力，随时都可能呼风唤雨，将高高在上的天子玩弄于股掌之中，改朝换代、帝王易姓只需举手之劳。郭威是这样做的，赵匡胤也是这样做的，而他们当时的官职又都是"殿前都点检"！

回思往事，赵匡胤心潮翻滚，仿佛又回到了澶州，回到了陈桥，"黄袍加身"的场面恍在眼前。"殿前都点检"给他提供了机会，使他获得了成功，但这机会和成功只能属于过去，属于他，决不允许再次出现，再给予任何人！

他需要的是把统领禁军的大权切切实实地抓到自己手中，确实做到指挥自如，他再也不需要任何人代他行使职权。

当初赵匡胤任后周"殿前都点检"时，慕容延钊为副，赵匡胤常"兄弟延钊"，"及即位，每遣使劳问，犹如兄呼之"。慕容延钊是在建隆二年（961年）长春节从镇宁军治所来朝的，他原本是前来祝贺皇帝生日的，想不到却被解除了禁军统帅的大权，远徙山南。慕容延钊的心灵大受创伤，情绪一落千丈。他感到，这一年的冬天特别冷，尽管皇帝派人送来了貂裘、百子毡帐，但仍觉难驱寒气，他是心冷。

慕容延钊死于被解职的两年之后，时年五十一岁，他离开人世时也是一个寒冷的冬天。

韩令坤被剥夺了侍卫马步军都指挥使后被派往边远的常山，将赴镇，赵匡胤于别殿为其置酒钱行，"因助其为治"，此后韩令坤便一直驻守北边，再也没回来。

韩令坤死于乾德六年（968年），他是疽发于背而死的，时年四十六岁。据说其镇常山七年间，较有政声，"北边以宁"。但这一切对于赵匡胤来说都是无关紧要的了。

接下来，赵匡胤又组织了一次集会，参加者有侍卫马步军副都指挥使石守信、殿前副都点检高怀德、殿前都指挥使王审琦、侍卫都虞候张令铎、步军都指挥使赵彦徽等。仍是"宴射"时的"元勋故旧"和"义社兄弟"，仍是盛防酒宴，其情甚殷，但这一次不是在郊外，而是在大内。

宴会厅内，气氛热烈，帷帐似乎重新换过，陈设也都焕然一新。被招来助兴的是一班精心挑选的歌舞伎，酒馔也是特殊配备，山珍海味，一应俱全，烹饪方法也皆高超绝妙，这一切都十分鲜明地显露着皇家气派、皇家规格和皇帝非同寻常的用意。

然而，置身于宴会厅内的这班"义社兄弟"却没有多少幸受殊宠的喜悦，他们甚至显得有些紧张和拘束。这是因为"郊外宴射"那一幕在他们心中的烙印太深刻了，他们唯恐皇帝故伎重演，再来一顿敲山震虎和令人胆战心寒的告诫。他们怯生生地看着赵匡胤，像是在寻找着他们心中疑团的答案。

赵匡胤的目光也在众兄弟的脸上扫视着，他也在寻找，寻找着他们心底的秘密，寻找着复杂表情后面的难言之隐。不过，赵匡胤的神情要比"义社兄弟"轻松得多、舒缓得多，他还不时地向诸兄弟微笑致意，那微笑中充满了友好和融洽。

"诸位！今日是兄弟聚会，不必拘君臣之礼，尽管开怀痛饮！"

赵匡胤首先举起了酒杯，并邀诸兄弟同饮。诸兄弟不敢怠慢，也努力地做出一种轻松的微笑，然后，将杯中酒一饮而尽。

此时，只听歌舞领班的手板一响，乐声顿起，舞伎们则和着乐曲的节奏，姿态万千、美目流盼地舞了起来。

酒兴正浓，赵匡胤停杯在手，道："大厦构建，须千人合力；天子立国，须众卿辅佐。是所谓无百川无以汇江河，无土石难以成高山。朕之所以登临大位，富有天下，皆因尔曹之力也。尔曹之德，无有穷尽，每念至此，不胜感激之至！"

众人齐声道："陛下神权天授，微臣不足道也！"

赵匡胤放下酒杯，面带忧色地说："众卿辅佐之功，苍天可鉴，即使卿等不言，朕亦深记于心矣。朕今为天子，位居人上，万民景仰，殊不知，天子也有天子的难处，远不如为节度使之乐！"

石守信等道："陛下何出此言？天子之贵岂可节度使所能比？"

赵匡胤道："卿等只知其一，未知其二也，天子治国家，驭万民，夙夜忧叹，寝食难安。一忧天下不治，积贫积弱；二忧五谷不丰，百姓冻馁；三忧官吏不廉，贿赂公行；四忧边患不止，外寇侵扰；五忧文教废弛，学校不兴；六忧赋敛繁重，民所不堪；七忧流民失业，土地荒芜；八忧财政混乱，国库空虚；九忧刑罚失当，盗贼难禁……唉，人皆以为天子易做，个中难处，谁能知之？当年孙权曾上书劝曹操称帝，自己甘愿称臣，曹操却说孙权是想把他放在炉火上烤。即使可以称帝，也只想效周文王，让其子当皇帝。魏武帝之所以如此，是提心自己失败使国家倾危，慕虚名而处实祸。魏武帝大略雄才，虑近知远，实可敬也！"

赵匡胤这一番话使石守信等既钦佩又怀疑。魏武帝曹操确实是终其一生没有称帝，但曹操有曹操的情况，曹操有曹操的心计。尽管他生前没有皇帝的名号，但其挟天子以令诸侯，权力无边，不啻于无冕天子，这岂止是一顶王冠所能涵盖得了的？况且，当今皇帝并不是曹操，他也不曾效仿过曹操，陈桥驿黄袍加身与魏武帝拒不称帝怎可相提并论、同日而语？

至于赵匡胤谈到的忧心事，石守信等倒认为这是发自内心。但是，这些忧心事是古往今来所有的皇帝都会遇到的，也是很少有人能够真正解决的。是所谓忧则忧矣，时间既久也便不以为然了。不过，石守信等听罢赵匡胤这番谈话后还是做出了十分敬佩的样子，恭维说："陛下以天下为己任，忧国忧民，真乃万民之福也！"

赵匡胤淡淡地一笑，又继续说道："朕还有一忧，如同一块心病，使朕终夕未尝高枕而卧！"

石守信等惊问："陛下还有何忧？"

赵匡胤扫视了一下四周，缓缓地却是声音很大地说道："这还不明白吗？谁不想当天子、居大位？"

"义社兄弟"们这才如梦初醒，顿首道："今天命已定，谁敢复有异心？"

赵匡胤道："此言差矣。朕确信汝等无异心，不会负朕，但汝等可保证部下都无异心吗？"

石守信等面面相觑，不知所言。

赵匡胤又道："俗话说，人心不可测。一旦汝等部下有人贪婪富贵，以黄袍加汝身，汝等将奈之何？纵使汝等不愿，其可得乎？"

"黄袍加身"，多么敏感的字眼！多么令人震颤的告诫！石守信等吓慌了。他们纷纷起身离席，齐刷刷地跪倒在赵匡胤面前，涕泪交流地说："我辈愚钝，未虑及此，唯愿陛下哀怜，请示一条生路！"

赵匡胤笑道："众卿何必如此？请起！请起！"

然而，义社兄弟们却没有起来，他们满面愁云地望着赵匡胤，热泪滚滚而下。

此时，舞乐已经退下，侍者宫人也知趣地离开了，宴会厅内只剩下赵匡胤和他的"义社兄弟"，还有这满桌案的残酒冷炙。先前的热烈气氛早已不复存在，飕飕冷风吹遍大厅，吹得人周身寒彻。

赵匡胤站起身，一边踱着步子，一边慢悠悠地说："人生匆匆，有如白驹过隙，所谓富贵二字，无非是多积金钱，厚自娱乐，使子孙无贫乏之忧，世世代代常保富贵。尔等何不释去兵权，出守藩镇，到外地去做官？然后，再置办肥田美宅，为子孙永远不可动之业；多致歌儿舞女，每日饮酒相欢以致天年？朕还打算与卿等约为婚姻，永结秦晋之好，到时候，朕与卿等既是皇亲，又是兄弟，君臣之间，两无猜疑，上下相安，不亦善乎？"

石守信等茅塞顿开，暗忖：皇帝此番招来宴饮，原来是叫我等交出兵权、离开京师啊，皇帝真是用心良苦！

想到这里，他们心里都像是打翻了五味瓶，苦辣酸甜都搅在了一起。他们留恋自己九死一生、久经沙场得来的军权，实不忍就这样轻易地交出去。但又一想，当今天下大定，皇帝已不是昔日的皇帝，不交又怎奈何？军权是好东西，它带来了富贵和荣耀，但当此之时，如果违逆君意，只能招致祸患。还是皇帝说得对，人生苦短，及时行乐吧。只要有美女常在侧，杯中酒常满，也就无复他求了。

经过一番激烈的、短暂的思想斗争，义社兄弟们终于想通了。他们不再忧愁，不再恐慌，多日来压在心上的石头也搬开了，情绪也陡然变得轻松而美好，同声拜谢道："陛下念臣等至此，真生死骨肉之情也！"

第二天，石守信等"皆称疾请罢"，赵匡胤很高兴，"抚慰赐赏甚厚"。紧接着，义社兄弟们都被调离京城，派往藩镇。石守信为天平节度使，高怀德为归德节度使，王审琦为忠正节度使，张令铎为镇宁节度使，"皆罢军职"，只有石守信仍兼侍卫都指挥使，但兵权却不在其手。

赵匡胤也没忘记他的"约婚以示无间"的许诺。高怀德娶了赵匡胤的妹妹、寡居在家的燕国长公主；石守信的儿子石保吉娶了赵匡胤的女儿延庆公主，拜左卫将军、驸马都尉，后领爱州刺史；赵匡胤的另一个女儿昭庆公主下嫁王审琦的儿子王承衍。张令铎之女则嫁给了赵匡胤三弟赵廷美。赵匡胤有六个女儿，三女早亡，成人的三女竟有两个女儿在这场政治联婚中定下终身，他的唯一的妹妹也加入其中，真可谓处心积虑也！

被释去兵权的石守信等人既得到丰厚的赏赐，又与皇帝结为亲戚，还得以长保富贵，终其天年，心理上得到平衡，情绪很快稳定，心甘情愿地将一颗忠心系挂在赵匡胤的御辇上。

整改军队

赵匡胤通过"杯酒释兵权"解除了禁军将领的兵权，杜绝了这些将领及其部属利用兵力翻云覆雨的可能性。但是要真正维持国家的长治久安，还必须对军队体制做进一步的改革和整顿，完善机制，彻底根除兵权过分集中在某部分将领手中的弊端。为此，赵匡胤采取了如下措施。

对于统兵体制，宋人林骃曾有一段妙论。他说："天下有二权，兵权宜分不宜专，政权宜专不宜分。政权分则事无统，兵权专则事必变，此善计天下者所宜审处也。"林骃所说的"分"与"专"，自然是站在皇帝的角度来讲的，事实上，这段妙论未尝不可以看作是对赵匡胤治国治军经验的一种总结。

靠人事调整来抑制可能滋生的野心，在短时期内固然可以奏效，但毕竟不是长久之计。行伍出身、有着丰富经验的赵匡胤，对军队的内情是相当了解的。他知道，标本兼治方能长治久安。因此，他在大刀阔斧调整人事关系的同时，在治本问题上也殚尽心机。治本的方向和目标十分明确，那就是从体制上分散兵权。

在赵匡胤的分权方案中，最中心的思想就是确立枢密院和三衙的领兵体制，实现握兵之重和发兵之权的分离。

枢密院的设置，始于唐代永泰元年（765年）。当时这一机构由宦官担任，其职责是沟通官僚和皇帝之间的联系，接受臣下表奏送给皇帝批阅，并将皇帝指示宣付有关部门执行，类似于今日的政府办公厅，是皇帝专有的秘书机构。五代后梁时期，这一机构曾一度废止，其职事并入了崇政院。后唐时，重新设置枢密使，既用武将，也参用文臣。但无论文武，权力都极大，地位甚至高于宰相，而且并非专掌军务。后汉时，大将郭威任枢密院使，"主征伐"，此后，枢密院开始专掌兵事。

赵匡胤建立宋朝后，"枢密院与中书省对持文武二柄，号称二府"。中书省称为东府，枢密院称为西府。枢密院长官为枢密使，副长官为枢密副使。由于枢密院负责军务，因而宰相便只是最高行政长官，不再参与枢密院事务。

根据宋代的规定，枢密院"掌兵籍、虎符，握发兵之权"，类似于现代国家的国防部。但其地位则远在国防部之上，枢密使乃是与宰相地位相当的重臣，他不受宰相节制，而直接听命于皇帝，而原来政府机构中受宰相节制的国防部——兵部所承担的职能其实已被枢密院侵夺。

在石守信等掌握重兵的禁军将领被解除兵权的同时，其所担任的职位没有再补充人选，实际上是撤销了这些职高位重的职务。如在任命慕容延钊为节度使时，便趁机除掉了殿前都点检这个重要的禁军职位。在任高怀德为节度使时，又撤除了殿前副都点检一职。石守信刚开始出任节度使时，还挂着个空名军职，不久亦被解除，于是侍卫马步军都指挥使一职也被取消。加上先前石守信升任侍卫亲军马步军都指挥使一职后，副都指挥使没有除授，实际上空缺，这样，禁兵殿前司和侍卫亲军司两司的高级将领大多离职，职位也大多空缺。剩下的几个职位，或者由庸才担任，如殿前都指挥韩重赟，就是因为他庸才无谋，容易控制，担任此职长达六年之久。既然庸才无谋，当然不可能率兵征战。韩重赟虽处殿前都指挥使之位，但没有率兵打过仗。据历史记载，这期间，他先后负责过修筑皇城、整葺洛阳宫殿、堵塞澶州黄河决口等，就是没见他率兵出征。或者由资历粗浅者担任，如殿前都虞候张琼是在其前任皇弟赵匡义兼开封尹后由内外马步军都头越级擢补的，他"性暴无机，多所凌轹"，不久被人诬告不法而被赐死。侍卫亲军司的两位将领刘光义、崔彦进无论是才能还是威望都远在其前任高怀德等人之下。

由于侍卫亲军司正、副将领职位都不设置，又没兼领的统帅，于是侍卫亲军司逐渐分裂为侍卫马军司和侍卫步军司，加上殿前司，合称"三司"，又称"三衙"。殿前司设殿前都指挥使，侍卫马军司设侍卫马军都指挥使，侍卫步军司设侍卫步军都指挥使，即所谓的"三帅"。禁军由三衙的三帅分别统领，而总领禁军的全部权力则集中于皇帝一人手中。"三衙鼎立"改变了过去由禁军将领一人统帅各军的体制，先是分散兵权，之后再集中于皇帝，这种由分散到集中的军事体制保证了皇帝对军队的绝对领导权。

三衙统领禁军，只是统管禁军的训练等事项，而没有指挥调动权。禁军的调遣和移防等指挥调动权归枢密院管辖，"凡天下兵籍、武官选授及军师卒戍之政令，悉归枢密院"。枢密院设枢密使和枢密副使，拥有调兵权，但不能直接统率兵众。这样，握兵权和调兵权分开了。遇有战事需派禁兵出征，统兵的将领大都临时委派其他官员担任，于是统兵权又分开了。赵匡胤采取这样的措施分散禁军的兵权，目的在于断绝唐末五代那种将领和士兵长期结合而形成"亲党胶固"的关系，防止武将发生兵变。正如北宋人范祖禹所言："祖宗制兵之法，天下之兵，本于枢密，有发兵之权而无握兵之重；京师之兵，总于三帅，有握兵之重而无发兵之权，上下相维，此所以百三十余年无兵变也。"宋代一兵之出，必待枢密院之符，而出征之兵的将帅不是管军的三衙，却是临时委派的其他官员。因此，无论是将领还是部门，都不可能拥兵自重，对皇权构成威胁。有宋一代，这种兵权分离分散体制被作为祖宗家法所沿袭。南宋人李纲评论说："祖宗之时，枢密掌兵籍、虎符，三衙管诸军，率臣主兵柄，各有分守，所以维持军政，万世不易之法。"宋神宗时，有人建议废除枢密院而归权尚书省兵部，宋神宗说祖宗时不以兵权归有关部门，才专门设置机构和官员统领，使之互相牵制，怎么能够废除呢！

禁军的将领一般不久任，而是时常加以调换。同时实行"更戍法"，经常变动禁军驻地，每隔三年或两年甚至半年就更换一次。这时将领却不随之更换，从而使"兵无常帅，帅无常师"。于是诸军在营时间少，新旧更出迭入，移防士兵相属于道，成为宋朝社会生活中一大景观。依据宋人的解释，更戍法一则可以使士兵均劳逸，知艰难，识战斗，习山川，使兵不至骄惰；二则更出迭入，士兵少有顾恋家室之意，到新环境里驻防，不易萌生"非心"，而等到刚刚熟悉环境，理顺了上下人情关系，却又得更戍他邦，如此将领"不得专其兵"，这后者恐怕正是赵匡胤创设更戍法的苦心和深意所在。兵将分离政策，从另外一个角度防止将领和士兵形成根深蒂固的亲党关系，骄兵悍将想犯上作乱也没有足够成熟的内部外部条件。正如北宋人富弼所言："天下营兵，纵横交互，移换屯驻，不使常在一处，所以坏其凶谋也。"

在中国古代这类封建国家，政治家手里掌握一支军队，特别是一支有战斗力的军队，实在太重要了，用以守成，用以创业，须臾不可缺少，而一旦失去这一筹码，就等于失去了当政治家的资格。这个道理，赵匡胤是明白的。虽然他在控制这支军队方面煞费苦心，但内心深处，却依旧希望自己手中的这支军队是一支有战斗力的、能征善战的部队。

作为后周时期领兵打仗的统帅，赵匡胤对如何治军是颇有心得的。他本人在后周整顿禁军的经验及在历次征战中所获得的教训，使他在当了皇帝之后，在治军方面，大体确立了"少、严、精"的基本思路。

所谓"少"，即淘汰老弱，补充精壮，使之无冗兵。

赵匡胤在平定各割据政权后，曾遇到一个不大不小的难题，那就是对各割据政权的军队怎么处理。全部放归为农，予以解散固然是一个办法，但却难以保证这些以当兵为职业的各级军人不对新政权产生不满，进而重新聚合起来将矛头对准赵宋王朝。全部收编，一则军队素质难以保证，二则国家财力也难以负担。基于这些考虑，赵匡胤在处理这些军队时，采取了一种比较谨慎的态度。《文献通考》记载说："国朝初平伪国，合并所得兵，别为军额。其愿归农者，解其籍，或给以土田。"实际上，赵匡胤的办法是把其中精壮者收编为宋军，而把老弱者放归为农。

乾德元年（963年）平定荆南后，赵匡胤于是年五月下诏，荆南军士卒年老者听自便。次月再诏，愿归农者听便。而且"官为葺舍，给赐耕牛、种食"。对愿留者则"分隶复、郢州为剩员"。是年十月平定湖南后，又"放潭、邵州乡兵数千人归农"。

乾德二年（964年）六月，又将数千名北汉军队的俘虏放归于农，让他们在得到政府的一些照顾后，"分隶畿县民籍"。

乾德三年（965年）四月，又放洋州义军八百人归农。

这些措施，自然主要考虑平息敌对情绪，可是被放者，毫无疑问也多是不适合继续留在部队的老弱士卒。

与此同时，赵匡胤十分注意把割据政权军队中的精壮之兵补充到自己的部队。平定后蜀后，挑选一百二十人组成了川班内殿直，又将一千三百九十名江南降卒立为归化、归圣军，将二百六十名北汉降卒立为效顺指挥。此外，"取太原兵以为龙卫，取幽州兵以为神武，左右员寮本藩镇厅头也，左射拱圣本诸州骑兵也，忠节之军升自川陕，虎翼之军选自江淮"。所谓"龙卫""神武""拱圣""忠节""虎翼"等拣选制的实行，一是增强了中央兵力，达到了强干弱枝的目的，二是提高了军队的战斗力。精壮者经过拣选，填补较高的军种或军级，因而改善了整个兵员的素质，使战斗力增强。据《宋史·兵志》记载，通过拣选，"自厢兵而升禁兵，禁兵而升上等，上等而升班直"。

对于士卒的拣选，赵匡胤每每乐此不疲。军士擢升等，他都要"临轩亲阅"，"非材勇绝伦不以应募"。乾德四年（966年）闰八月，赵匡胤命殿前、侍卫将校大阅戎事于军中，由他推动掀起了一阵比武热。十二月，赵匡胤又在后苑亲自检阅皇家卫队——殿前诸班，将武艺不中选的三百多人全部授以外职，不再留在殿前诸班内。至于中央和地方部队的老弱残废者，在持久而深入的拣选运动中，自然被列入淘汰对象，要降低军种或军级、退充剩员，以至削除军籍。

为了确保质量，贯彻"少则无冗兵"的质量建军原则，赵匡胤还命各地严把征兵关，将不合格者阻挡于门外。赵匡胤从社会稳定的角度提出了一条国策，并称之为"可以利百代"，这就是饥年募兵政策。他认为在饥荒年头大量募兵，可以做到"留在南亩者唯老弱"，难以造成反抗的大气候。可当兵吃粮也不是一件容易的事。招兵时，各州长吏、都监要依据赵匡胤下颁的木梃，确定应募者的身材高矮和体力强弱，以便决定分配到禁军还是厢军中去，身体瘦弱者则会被拒之门外，即使侥幸入选，还要经过层层拣选，很可能要不了多久又会被淘汰下来。

所谓"严"，即厉行兵法，强化管理。虽然宋代当兵不易，但应募进入军队的士卒却难以产生荣耀的心理。应募入伍的士卒首先必须刺字，在士兵脸部、手部等处刺字，始于唐代末期。当时幽州军阀刘仁恭强征统治区的男夫，"命胜执兵者尽行，文其面曰'定霸部'，士人则文其腕或臂曰'一心事主'，于是境内士民，稚孺之外无不文者"。后梁太祖朱温在唐末混战之际，用法极严，"将校有战没者，所部兵悉斩之，谓之'跋队斩'，士卒失主将者，多亡不敢归"，为了防止士兵逃亡，朱温"乃命凡军士皆文其面，以记军号，军士或思乡里逃去，关津辄执之，送所属，无不死者，其乡里亦不敢容"。

刺字的目的在于防止军士逃亡，宋代继承了这一恶习。每逢招兵，在进行体检后，合格者"然后黥面，而给衣屦、缗钱，谓之招刺利物"。当兵刺字，反映出宋代兵士社会地位极低，与某些犯人、官府工匠和奴婢处于同一档次。

除降低社会地位外，赵匡胤还严行军法，对士兵实行强化管理。赵匡胤将军法视为驭兵利器，总是不遗余力地加以推崇。在后周时期的六合之战中，士卒有不致力者，赵匡胤"阳为督战，以剑斫其皮笠"。次日查出有剑迹者，统统斩杀。自己做了皇帝后，为了革除五代以来那种"士卒骄横，侵逼主帅，下陵上替"的积习，制定了"阶级之法"。

阶级法的基本精神，是确立各级军职的上下绝对隶属关系，"以绝其犯上之心"。据《宋会要辑稿·食货》四十五之一十三记载："诸军厢都指挥使至长行，一阶一级全归伏事之仪（虽非本辖，但临时差遣管辖亦是）。敢有违犯者，上军当行处斩，下军及厢军徒三年，下军配千里，厢军配五百里。即因应对举止，偶致违忤（谓情非故有陵犯者），各减二等，上军配五百里（死罪，会降者配，准此），下军及厢军配邻州，以上禁军应配者配本城。诸事不干己辄论告者，杖一百，进状，徒二年（并令众三日）。诸军论告本辖人，仍降配，所告之事各不得受理（告二事以上听理，应告之事，其不干己之罪仍坐）。诸军告本辖人再犯，余三犯，各情重者，徒二年，配邻州本城。"这些条文，无一不体现下级要绝对服从上级，听从上级的命令与指挥的原则。按照这些条文，下级"陵犯""违忤""论告"上级，哪怕理由充足，也绝对不能容许。

除此之外，军人必须遵守的法律极多，宋人王质列举就有"斗伤之禁，有博戏之禁，有禽犬之禁，有巫卜之禁，有饮禁，有滥禁，有逃禁，有盗禁，有诡名之禁，有匿奸之禁，有敛财之禁，有驰艺之禁，有窃造兵器之禁，有私传兵式之禁，有出法物之禁，有结义社之禁"。

《武经总要》前集卷十四《罚条》记载的处罚条例竟多达七十二条。例如对战时纪律的规定包括："临阵非主将命，辄离队先人者，斩""贼军去阵尚远，弓弩乱射者，斩""临阵闻鼓声，合发弓弩而不发，或虽发而箭不尽者，斩""临阵弓弩已注箭而四顾者，斩""下营讫，非正门辄出入者，斩""失旗鼓旌节者，全队斩，或为贼所取者，亦全队斩""不服差遣者，斩"；"巧诈以避征役者，斩""避役自伤残者，斩""战阵失主将者，亲兵并斩，临阵擅离主将左右者，并科违制之罪""军中有火，除救火人外，余人皆严备，若辄离本职掌部队等处者，斩""军士虽破敌有功，擅掘冢烧舍，掠取资财者，斩""奸犯居人妇女，及将妇女入营者，斩""贼军弃仗来降而辄杀者，斩""贪争财物资畜，而不赴杀贼者，斩""破贼后，因争俘虏相伤者，斩"。尽管上述《阶级法》和《武经总要》中载录的处罚条例已不是宋初的法令，而是经过以后加工、补充和完善才达到的，但从赵匡胤时代开始，显然已略具规模，打下了制御防范军士的基础。

阶级法和一系列禁令的施行，的确有效地防止了武人军中作乱，使得"士知有校、校知有帅，帅知有朝廷"。南宋文人王应麟吹捧说，阶级法"发于圣训，著于令甲，于是上下之分定，朝廷之体尊，数百年陵犯之习，片言而革"。这一法令的执行所产生的功效，连南宋孝宗皇帝也深为折服，称"二百年军中不变乱，盖出于此"。

在实际的军队管理中，赵匡胤是极度敏感的，他对中下级军官和士卒中的敢于违反禁令或犯上作乱者，处理起来绝不手软。

建隆元年（960年）八月，泾州马步军教练使李玉，因与彰义节度使白重赟不和，遂与部下阎承恕合谋陷害，他派人从街上买来马缨，并伪造诏书，称白重赟图谋不轨，"令夷其族"。李玉将诏书及马缨出示给都校陈廷正，并称使者已去，令其执行。陈廷正将信将疑，将此事报告了白重赟，情急之下，白重赟连忙向赵匡胤报告，赵匡胤闻之大吃一惊，没想到军中竟有如此胆大妄为之徒，急令六宅使陈思诲驰马泾州，将李玉和阎承恕捕获，经过审讯后对两人惩以极刑。

同年十月，晋州兵马钤辖、郑州防御使荆罕儒在京土原与北汉军队交战中战死。荆罕儒是赵匡胤倚重的一名边将，闻其死讯，悲痛之余，"因索京土原之将校不用命者"，先后将慈州团练使王继勋、毡毯副使阎彦进等负有领导责任者予以降职，又"斩其部下龙捷指挥使石进德等二十九人"。

建隆三年（962年）七月，禁军云捷军中发现有人伪造侍卫司印章，赵匡胤急令搜捕，将伪刻者斩首。这一事件引起了赵匡胤的高度警觉，他说："诸军比加拣练，尚如此不逞，长此以往，如何了得！"于是下令对内外诸军中的一切"不逞者"严加搜捕，流放登州、沙门，由此引发了一场大规模清洗运动。

建隆四年（963年）十月，德州刺史何隐擅自开省仓给军士供粮，被判官郭象飞告发，查实后，何隐被降职为亳州别驾。

乾德三年（965年）十一月，赵匡胤内弟王继勋指挥的禁军雄武军，因新近组建，主官领导无方导致军纪松弛。光天化日之下竟在大街上掠人子女，"里巷为之纷扰"。赵匡胤闻讯大惊，将肇事者捕获，又将百余名参与者悉数斩杀。连小黄门阎承翰，也因为"见而不奏"，被决杖数十。直接长官王继勋由于孝明皇后的关系，才没有被追究责任。可是次年六月，王继勋因恃恩骄恣，多为不法，被部曲告发，查实后被褫夺军职。此人被免职后，闷闷不乐，便拿家中奴婢泄怒，"专以脔割奴婢为乐，前后被害者甚众"，外人不得而知。一日天雨，墙围倒塌，群奴奔逃至国门诉冤，赵匡胤这才了解实情，不久王继勋被削去官职，软禁私宅，后又流放登州，宋太宗时被杀。

乾德四年（966年）闰八月，又"索殿前诸军无赖者得十数"，黥面后流放通州义丰监。同时，又下令殿前、侍卫诸军及边防监护使臣，均"不得选中军骁勇者自为牙队"。

同年十二月，"斩妖人张龙儿等二十四人"。张龙儿以幻术同卫士杨密、刚又遇、李丕、聂赟、刘晖、马韬相勾结，又串联承旨载章、百姓王裕等人"共图不轨事"，赵匡胤对这起牵涉到军队、政府机关和一般百姓的阴谋叛乱事件深为震怒，除将上述当事者全部斩杀外，还对张龙儿、杨密、李丕、聂赟人实行族诛。

乾德五年（967年）四月，赵匡胤在殿前司送来的报告中批示，将一百二十名"不逞者"发配到郓、齐、冀、博、德、沧等州流放。

开宝二年（969年）十月，禁军散指挥都知杜延进与部卜十九人密谋作乱，赵匡胤令杨义擒捕，亲自审讯后将他们全部斩杀，并实行族诛。

开宝三年（970年）五月，赵匡胤下令禁止京城民家私藏兵器。

开宝四年（971年）一月，又下令禁北汉边境内迁民户私蓄兵器。同月，开封府按照赵匡胤的旨意，将曾经为盗、犯有前科的京城诸坊恶少及亡命军人三百六十七人捕获，尽管他们已金盆洗手，然而赵匡胤仍下令将其中情节比较严重的二十一人处以极刑，其余均被杖决后流放。

同年十一月，朝廷举行的郊祀典礼结束后，援例要进行赏赐。赵匡胤在祭祀活动中指定御马直一军为卫队，所以每人增赏五千钱，可由后蜀亲兵中挑选而组建的川班内殿直军士不能如例获赏。川兵骄习不改，纷纷击登闻鼓，要求同御马直一样获得同等赏赐。面对慷慨激昂的索赏要求，赵匡胤大怒，他派中使对川班将士宣称："朕之所与，即为恩泽，又安有例哉！"随即命人将闹事者四十余人全部斩杀。这样严厉处理后犹不解恨，又将其余军人流配许州骁捷军，将其军官处以决杖并予以降职，最后索性解散了川班内殿直。

开宝六年（973年）二月，禁军军官、殿直傅廷翰出任棣州兵马监押，傅廷翰试图投奔契丹叛宋，被知州周渭擒捕送至开封，赵匡胤派人将傅廷翰械系送交御史台监狱关押，查实后斩首示众。

开宝八年（975年）九月，百姓宋惟忠私习天文，蛊惑人心，被赵匡胤处以极刑。

由上可见，在涉及皇位稳固、国家安全问题上，赵匡胤是断然不允许任何不轨之举的，而对于军队参与的各种不法活动，处理起来更为严厉。他不仅时刻提防兵变叛乱事件的发生，而且对一般的"犯上"行为也严惩不贷。

赵匡胤治兵的第三个指导思想是"精"。所谓"精"，即重视训练，去其骄惰，使成精锐。

赵匡胤认为，军队失于训练，就会滋生骄惰之气，就无以言战斗力。所以他对军队的训练，有一种近乎偏执的爱好。自唐末至五代，守卫皇宫的皇家卫队一直没有进行过训练。赵匡胤当皇帝后，"首议教阅击刺骑射"。赵匡胤身体力行，拿出自己的看家本领，亲自做示范讲解，使这支卫队勤于习武。看到军士们训练效果不错，他显得非常高兴，不由得赞叹道："此殿庭间数百人耳，犹兵威可观，况堂堂之阵，数万成列乎！"

赵匡胤在繁忙的政事之余，特别留意军队的训练情况。建隆二年（961年）正月，他视察造船务，亲自检阅水战演习；二月，又视察飞山营检阅炮车训练。建隆三年（962年）九月，赵匡胤在讲武殿内阅兵，两个月后，先后两次在西郊举行大规模检阅。建隆四年（963年）四月，赵匡胤又从内府库中拿出钱来，招募新军数千人，"凿大池于京城之南，引蔡水注之；造楼船百艘，选精卒，号水虎捷，习战池中"，并特意让熟悉水战的前南唐将军陈承昭负责指挥和管理。随后，又到玉津园检阅骑兵演习。乾德二年（964年）三月，赵匡胤发现各地方长官纷纷使役骑兵，"失于教习"，明令禁止。

乾德三年（965年），赵匡胤倡导的军事训练大比武活动达到高潮。同年闰八月，他下令殿前、侍卫两司的军官无一例外地要"大阅戎事于军中"，十二月，在经过数月的训练之后，赵匡胤把殿前诸班集中到后苑比武，亲自测试，将武艺不甚理想的三百多人全部淘汰出皇家卫队。

在此后的十余年间，一直到他去世，赵匡胤每年都要检查和视察部队的训练情况，史书说他这类活动"曾无虚岁"，未尝间断确是事实。说明赵匡胤对他手中的这支部队的确是倾注了大量心血和寄予了很高期望的。

为了防止士兵骄惰，提高其吃苦的能力，赵匡胤还挖空心思为军队制定了许多清规戒律。例如，他规定军人只许穿褐色衣服，不许穿白色衣服。衣服的长度不得过膝，葱韭等蔬菜不准进入军营，禁止兵士买鱼肉和酒回营等。最有趣的是，每月给禁军发粮时，总要来回折腾士卒，营在城西者，必给城东粮仓之米，营在城东者，则要到城西去领取，还明确规定不许雇车或雇人相送，必须由士卒自己背取。赵匡胤对这一主意还颇为自得，他曾专门抽出时间，登上右掖门，观看士兵领粮的情况。赵匡胤想方设法让士兵过一种简单艰苦的军营生活，据说是要使"士卒衣食无外慕，安辛苦而易使"。

在"少、精、严"思想指导下，赵匡胤建立、训练出了一支精干的王朝军队，捍卫着赵家政权。

为了达到集权的目的，赵匡胤在军队布防上绞尽脑汁，想出了内外相制、强干弱枝的办法。

宋初，军队经过整顿后，分为禁兵、厢兵、乡兵、蕃兵四种。其中禁兵是中央掌握的正规军，全国的主力作战部队，主要驻扎在京师及军事要地。厢军是地方长官掌握的军队，总领于侍卫司。乡兵系按户籍抽调壮丁经过编队训练的地方兵，也有由招募而来的。蕃兵是边境少数民族士兵组成的军队。赵匡胤时期的军队主要是禁兵和厢兵，约有三十八万人。其中禁兵约二十万人。太祖分其一半驻守京城，另一半分驻外地。以京城的禁兵足能控制驻守外地的禁兵，外地的禁兵合起来又能与京城禁兵相抗衡，这叫作"内外相制"。《曲洧旧闻》卷九记载说："艺祖养兵止二十万，京师十万余，诸道十万余。使京师之兵足以制诸道，则无外乱；合诸道之兵足以当京师，则无内变。内外相制，无偏重之患。"内外相制——无偏重之患的布防原则还不止限于京城与地方兵力的配备，其他许多场所兵力的配置也体现了这一原则。《历代兵制》卷八记载说："京城之内，有亲卫诸兵，而京城之外，诸营列峙相望，此京城内外相制之兵也；府畿之营云屯数十万众，其将、副视三路者，以虞京城与天下之兵，此府畿内外之制也。非特此也，凡天下之兵，皆内外相制也。"这里说天下之兵都按内外相制的原则部署是与事实相符的。例如，除京城内外、府畿内外，各地方兵力的分布，往往同时兼驻三衙禁兵或侍卫马司、侍卫步司的禁兵，兵力数量大约相等，便于互相制约。这就是说，中央和地方、京城内外、开封府畿内外、各地之间兵力数量的部署、兵种的部署，大约都保持一定的比例，从而达到内外相制、内外相维的目的。

强干弱枝是与内外相制相配套有适应的战略部署，是指军队无论在数量上还是在质量上，京城都要比地方雄厚。赵匡胤把天下精锐士卒都集中到京城，兵力配置上比任何一个地方都要占绝对优势，三衙中殿司的禁兵主要驻防京师及其附近地区。侍卫马司、侍卫步司的禁兵虽然遍布全国各地，但骨干力量仍然驻防在京师及其附近地区。这样布防的目的显然是为了加强京城的武装力量，弱化地方的武装力量，即强干弱枝。但地方又必须拥有一定的军事力量，一则用来镇压人民的反抗，二则地方武力联合起来可与京城强大的武装力量相抗衡。

赵匡胤整顿军队，集中军权，取得了较大的成效，这有两点可以为证。一是军权的集中，阻断了"兴亡以兵"现象的继续，成功地实现了赵匡胤不希望赵宋政权成为继后周之后的第六个短命王朝的愿望；二是通过对军队的整顿，军队的战斗力有所提高。统一战争之所以能取得节节胜利，与赵匡胤整军和集中军权有密切关系。与此同时，整军和军权集中也带来了一些消极效应。握兵权、发兵权、统兵权分离，兵将分离，"更番迭戍"，这些集权措施在赵匡胤时虽然显得十分必要，它有利于消除军队对皇权的威胁，防止割据和兵变。但无疑不利于调动将领认真训练士兵、率领士兵勇敢作战的积极性，士兵处在疲劳之中，也不大愿以死效力将帅，从而从另一方面又削弱了军队的战斗力。久而久之，这些负面作用越来越大，军队内部种种弊端暴露无遗，军队数量虽不少，对外作战却以失败居多。

中央集权

秦始皇第一次在幅员辽阔和交通落后的条件下建立了中央集权的统一国家后，为了有效地统治广土众民，在全国设置三十六郡，由中央派出监察御史，监察各地郡守，中央与地方的矛盾并不突出。

汉代郡、国并行，其数目较秦代增加了近两倍，因而中央直接统辖郡县便产生了困难。汉武帝时把全国分为十三部州，各置刺史以察郡守，试图继续维持和强化中央对地方的控制。到东汉末年，刺史改为州牧，拥有财赋和行政之权，州由监察区变成了行政区，出现了州郡县三级制行政体制。中央使者成了最高地方长官，成为乱世破坏统一的割据势力。

三级制行政区的划分，实在是中央与地方矛盾关系的产物。一方面，要在统治手段（交通、通信）相当落后的条件下完成对广袤疆域和众多人口的有效统治，在原有二级制机构之上另设立一级机构是势所难免的；但另一方面，一旦新立机构官吏成为地方最高长官，掌握军政大权，特别是当政治经济军事力量平衡局面被打破时，地方就容易形成与中央对抗的割据局面。

客观地说，这些因素对于藩镇割据有一定影响，但并不是根本的原因。造成割据的根本原因有两条，一是中央没有一支能统摄全局的武装力量，而地方拥有重兵；二是地方军事权和行政权的合一，造成了中央与地方的对立。

军政权力的相合，造成了中央政权大权旁落、地方群雄竞起的尴尬局面。这些藩镇"大者连城十数，小者亦兼三四"，它们来自官吏，不由中央；专擅财货，豢养骄兵；以武人典狱，法外施刑，最终发展到"大者称帝，小者称王"。

事实上，处理好中央与地方关系，加强中央集权，不是赵匡胤和赵普的主观臆想，这种需要也是从晚唐五代数十年间统治者不断总结经验教训的一个成果。在他以前的许多前辈"老师"，例如朱温、李存勖、李嗣源、郭威、柴荣等都做过某种程度的尝试，为他的成功铺就了一块块基石。

在解除藩镇武装上，朱温对魏博牙兵的打击可谓突出的一例。

藩镇之所以能军事割据，核心是掌握着一支"牙兵"。唐末魏博牙兵"强买豪夺、逾法犯令，吏不能禁"，到后来发展到"父子相袭，亲堂胶固"，以致"变易主帅，如同儿戏"，变成了一股特殊的武装力量。906年，朱温在称帝的前一年，派客将马嗣勋、寇彦卿等，领军千人，乘其不备，突袭魏博牙兵，"死者七千余人，洎于妇孺，亦无留者"。杀戮持续了半年，终于使这股特殊的武装力量得到平定。定州王处直因为"牙帐"跋扈难制，便"自队长以上记于别簿，渐以他事诛戮，迨二十年，别簿记之，略无孑遗"，这些措施是有成效的。魏博牙兵经过两次消灭后，赵翼称之为"魏之骄兵，至是而尽"。

另外，对一些重镇，用"陪都"的名义直接置于中央政权控制之下，也是削藩的措施之一。后唐曾把太原叫作"北都"，把魏博命名为"兴唐府"。将真定、河中、凤翔等镇的县，升格为"次畿"。

再有，开始实行剥夺地方的招兵权，拆毁城隍等措施。后唐明宗天成元年（926年）规定，节度使、刺史今后的"牙队"，只许在国家规定的数目内，不得自行"招致诸色人"。后唐庄宗还借潞州杨立叛变事件，撤除诸道城防，"潞州城峻而隍深，故立辄敢据之，庄宗因兹诏诸道撤城防之备焉"。后周时，郭威又进一步罢去了州郡自造武器的权力，下令"诸道作工赴京作坊以备役使"。

最重要的一点是，五代诸君在削弱地方兵权的同时，不约而同地采取了加强中央军队的措施。后梁朱温以李顷掌禁军，"倚为肘腋"。后唐设置"侍卫亲兵"制度，潞王李从珂在位时，禁军数达到十万。后周柴荣对中央军队的整编，赵匡胤即是直接参与者。

除收取地方兵权外，在行政、财政大权方面，五代诸朝也开始实施诸多限制。

后唐庄宗削弱了地方任用官员的权力，"今后大镇节度使，管三州以上者，每年许奏管内官三人，管三州以下者，许奏二人"。明宗时，规定内外官僚，包括节度使、刺史一切在内，"并不得擅发书题，妄行请托于诸处安排公人"，如有违者，荐者和被荐者都要受到严厉处分。后汉、后周都有诏命，"两京诸道州府留守判官、两使判官、少尹防御团练军事判官，今后并不得奏荐"。后梁时，还曾规定郡县长官权位高于镇将，并命令以后刺史可以不通过节度使直达中央奏事。

前代各朝为加强中央集权采取了诸种措施，并不能因此就看轻赵匡胤的种种努力。一是各朝采取的措施并不系统，大多没有从根本上，或者说没有提出一套完整的措施来固定这种中央对地方的控制关系；二是朝代更替频繁，许多措施的贯彻落实很难收到应有的效果。所以即使在后周世宗时期，藩镇的势力仍然是较为强大的，中央支配地方的地位并未得到巩固。淳化二年（991年）正月，赵匡义曾对近臣讲起："前代武臣，难为防制，苟欲移徙，必先发兵备御，然后降诏，若恩泽姑息，稍似未遍，则四方藩镇，如群犬交吠，周世宗时，安审琦自襄阳来朝，喜不自胜，亲幸其第。"号称一代英主的周世宗，对安审琦如此礼遇有加，实在是一种言不由衷的表白和姿态，也反映出内心对藩镇势力的畏惧。他在征伐淮南返回时，许州百姓向他告发节度使向训的诸种不法之事，周世宗不但没有派人查实予以处罚，相反却把此人交给了向训，向训便把这位倒霉的告发者活活沉入水中。李筠任潞州节度使八年，种种不法之事，所闻不少，但周世宗不敢采取什么措施，听凭他在这个独立王国胡作非为。

但赵匡胤则不然，首先，他依靠禁军夺取了政权，表明他对中央军事力量的控制已有完全把握；其次，先后消灭了李筠和李重进割据势力中的最强大者，向其他藩镇显示了中央力量的强大，也表明削夺藩镇之权的时机已经成熟。

削夺藩镇主权，其手段不只一种，无论采取何种手段，都贯穿着赵匡胤基本的统治意图：强干弱枝，集权于中央，集权于自己。

一般认为，赵匡胤削夺藩镇之权，并没有采取疾风骤雨式的剥离方式，而是渐进地、有条不紊地创设种种制度，采取恩威并施、文武相济的各种手段得以完成的。而且这一过程一直延续到宋真宗时代。

赵匡胤之所以能如此从容，不外乎：一是他已完全控制了局势，特别是对军队的统御。论实力，各路诸侯已无力与赵匡胤一争高下。二是从统治的角度看，怀柔政策有时比军事进攻更为有效。中国人历来讲究"不战而屈人之兵"，对赵匡胤来说，执掌权柄他喜欢一人独揽，可是装门面，在天下臣民面前树立一个好的形象却是他一直努力在作——而至终尚未作成的一篇文章。

或许还有一层较为隐秘的原因。赵匡胤本人曾做过节度使，而且是在节度使任上当上皇帝的，因而对这些坐镇一方的藩帅的种种心态自然了如指掌，采取何种办法，如何选择最佳时机，他应该是胸有成竹的。

赵匡胤对那些直接构成威胁，并有明显造反动机及行动的藩帅施之以武力，而对那些关系比较疏远，且持有疑虑的节度使，则采取调动的办法，使他们难以形成独立王国，以削弱其割据的基础。

至于个别看不顺眼而又没有多少能耐的节度使，赵匡胤根本用不着挖空心思地调兵遣将，动用军队，甚至连调动之类的把戏都不需要，随便找个借口就可以将他就地免官。建隆三年（962年）二月，滑州节度使张建丰就因为一起"甲仗军资"仓库失火事件，被赵匡胤免掉了节度使之职，并将他发配唐州。其实，有许多比军用仓库失火更为严重的事件，赵匡胤从不把它放在心里，有些还曲意为之辩解、遮掩。显然，失火事故不过是赵匡胤找的一个漂亮的借口而已。

对于那些长期居住边疆、拥有少量军队、父终子继的节度使，也就是少数民族的首领们，赵匡胤则对他们实行特殊政策。例如对定难（治夏州，今内蒙古乌审旗）节度使李彝兴、永安（治府州，今陕西府谷县）节度使折德扆、灵武（治今宁夏灵武县）节度使冯继业等人，"许以世袭"，不再由朝廷另行派员，而让他们继续戍守西北边防。建隆二年（961年），折德扆入朝觐见，赵匡胤对他"待遇有加"。建隆三年（962年），李彝兴派遣使者进贡名马三百匹，赵匡胤正命玉工为自己制作腰带，得到消息便灵机一动，召见使者，询问李彝兴的腰围有多大，使者说李彝兴粗腰大腹，赵匡胤恭维道："你的主帅真是个福人。"当即派人将打制给自己用的玉带赐给了李彝兴。这种怀柔确实收到了意想不到的好处，这些节度使不但没有造反，而且戍边也很卖力。

自建隆、乾德年间开始，赵匡胤将自己的亲信和比较有才干的中央官吏分派到新征服地区和重要地区担任知府知州，以贯彻自己的治国方针和统治意图，这些官员毫无例外都是文官，又是以中央大员身份"代理"掌管地方事务，从而在收夺了节度使所拥有的行政权力的同时，又加强了地方与中央的联系。赵匡胤之所以热衷于以文臣代替武将，就在于以他的经验，觉得武将大都骄横跋扈，动辄举兵犯上，而文臣与军队联系较少，关系不深，难以形成兵连祸结、反叛朝廷的气候。赵匡胤对于这一指导思想甚为得意，他说："今用儒臣干事者百余人，分治大藩，纵皆贪浊，亦未及武臣十之一也。"宁愿让文臣"贪浊"，也断不容武人举兵犯上，这便是赵匡胤的根本心思。

赵匡胤所开创的"文臣知州事"制度在宋初的几代皇帝手中得以继承和发展，到宋仁宗时期，全国上下简直成了文人的世界。所以蔡襄形容说："今世用人，大率以文辞进：大臣，文士也；近侍之臣，文士也；钱谷之司，文士也；边防大帅，文士也；天下转运使，文士也；知州郡，文士也。"

在实行"文臣知州事"的同时，赵匡胤还采取了另一项收权措施，即逐步罢废支郡。

所谓"支郡"，就是非节度使直接治理的州郡。唐末五代时期，一个节度使除了管理所驻州郡的政务外，还要治理附近州郡的政务。如山南东道节度使辖襄、均、房、复四州，节度使驻襄州，均、房、复三州各有防御使、团练使或刺史处理州务，但须秉命于节度使，而不能直达于朝廷。均、房、复三州就是山南东道节度使的"支郡"。

以文臣知州事和废罢支郡措施的实行，使位尊权重、声势煊赫的节度使的权力受到了很大的削弱，其实际权力仅等于某一州府的长官，有的甚至徒具虚名，仅仅属于一种荣誉称号。自中唐以来藩镇权势过重，拥兵自大的情形终于得到了改观。

收夺藩镇之权，并不是赵匡胤的终极目的，按照他的思路来调整严重颠倒的中央和地方关系才是他的真实意图。因此，除削夺地方藩镇之权之外，对州郡的行政权力也要进行限制。即使任命文臣知州，也要防止其权力过大。为此，赵匡胤又采取了两项措施。其一是"三岁一易"，即"知州""知县"在一地的任职时间不得超过三年。乾德三年（965年）北海

（今山东潍坊）军知军杨光美任职已满三年，由于在当地为政清廉，颇得百姓爱戴，当地数百人赴京请愿，请求杨光美继续留任，赵匡胤派人劝他们散去，在劝阻无效的情况下，赵匡胤采取断然措施，"笞其为首者"，才将请愿者赶走。乾德四年（960年）七月，赵匡胤下令，"自今诸州吏民不得即诣京师举留节度、观察、防御、团练使、刺史、知州、通判、幕职、州县官"。这是针对北海军百姓请愿事件由政府做出的反应。他同时还指出："若实以治行尤异，固欲借留，或请立碑颂者，许本处陈述，奏以俟裁！"这道命令的意思是，确实政绩突出、坚持继续留任者，也应通过正常渠道请求，由中央政府来决定。可见，当时执行"三年一易"的制度是多么坚决。

仁厚治国

第七章

重农固本

赵匡胤在位十七年，主要任务自然是忙于统一战争和加强中央集权，但他并没有忽视发展社会生产，而是把发展生产当作励精图治的一件大事来抓。从更深远的意义上说，只有生产发展了，统一战争和中央集权才有经济基础。宋太祖认为农桑之业乃衣食之源，所以每当春天播种之际，他都要告诫各地地方官勤勉于政，劝课农桑，并且形成制度，根据当时的历史条件，赵匡胤把发展生产的着眼点主要放在采取种种措施招抚流民、减轻农民负担、开垦荒田及兴修水利上，并为手工业和商业的发展创造了一些条件。

五代以来，兵乱相继，严重破坏了经济生产。当时，经济比较发达的北方是军阀混战厮杀的主要战场，受到的破坏特别严重，屠杀人口、焚烧房屋、践踏庄稼是一个普遍现象。有的军阀甚至人为制造黄河决口事件，以水代兵，肆意残害人口，损坏耕地和庄稼，致使千里沃壤成为荒凉贫瘠之土。从关中到齐鲁，从荆襄到黄河两岸，土地荒芜，人烟稀少。就连洛阳城也是"城邑残破，户不满百"。直到宋初，京城开封周围二十多个州，幅员数千里，耕种的土地至多也只有三分之一。南方各地战祸相对而言少一些，可是处于各割据政权的统治之下，经不起苛赋和酷刑的重压，离井背乡的人也不在少数，旷闲荒芜的土地也是举目可见。

同历代封建帝王一样，赵匡胤在立国之初，对于前代兴亡的经验教训，始终留意总结并加以吸取。"弭兵"虽难以做到，"重农"却不能不加以考虑。因为这直接关系到新兴政权的长治久安，在他在位期间，除了不断用兵征服其他割据政权以实现统一之志外，内部施政上，通过兵制、官制和税制三个方面的大力整顿以加强中央集权，改变分裂割据局面，而且采取轻赋劝农、休养生息等办法稳定社会经济，充实国家财力，借以清除和防止割据势力的复辟及农民起义的反抗，是赵匡胤始终持有的基本国策，也是他定国理财的根本方针。

同之前和之后的封建帝国一样，宋朝赋税是帝国财政收入的主要来源，土地和人口是赋税制度中两个最基本的要素。

宋朝的赋税制度，沿袭唐代后期和五代十国时期所实行的两税法。在中国土地制度史上，唐代以前，颁布过大量限制土地兼并的有关法令，以确保国家的赋税收入不受影响。汉代有限田之令，晋代有占田之律，北魏大张旗鼓地实行均田之制，隋朝和唐初又进一步严格规定口分和永业之田。无论是占田还是均田，都以课税对象的人丁为依据，如北魏和隋初实施均田时，土地授受以一夫一妇为单位，缴纳租课也是按一床计算。唐代均田制按丁授田，租调制相应按丁征课，表明土地和人口同赋税制度存在着密不可分的关系。

不过，以人丁为依据的赋税制度到唐中叶以后逐步遭到破坏。开元、天宝年间以后，法令废弛，兼并之弊有逾西汉成、哀之间。特别是在安史之乱以后，各地有权势者相率招收流亡，隐漏户口，横夺租赋，均田制瓦解了。以人丁为征课基础的租庸调制也实行不下去了，欧阳修曾用"口分世业之田坏而为兼并，租庸调之法坏而为两税"来揭示两税法产生的社会背景。

宋初对度田也是大刀阔斧地进行。在后周大规模度田后的第三年，赵匡胤即位后的次年就按照后周度田的办法，在全国进行度田。赵匡胤还鉴于后周度田官"多为民所诉",而遭贬黜,所以提出此次度田要"精择其人"。

赵匡胤宣称此次度田的目的是"勤恤下民",意在通过度田,均平田租,使豪族不致偷漏,百姓不致苛重,同时达到增加国家财政收入的目的。虽然赵匡胤派出度田的常参官经过仔细挑选,但是因涉及利益问题,还是不断有人逾规越矩受到惩处。

同变化了的赋税制度相联系,朝廷除了要尽量准确地掌握各州县的土地数量外,还格外留意土地是否荒芜。对于无主荒地,赵匡胤采取鼓励开垦的政策。乾德四年(966年)闰八月平定后蜀后,他曾颁布一道诏令,对那些因各种原因逃离家园而后又回来认领田宅者,如已过十五年,除本户坟茔外,法律上不再予以认可和支持。同月,他又发布了一道面向全国的类似诏令,规定:"自今百姓有能广植桑枣、开荒田者,并令只纳旧租,永不通检。"这道诏令在很大程度上是针对检田过程中由于"吏缘为奸,税不均适",而导致"百姓失业,田多荒芜"采取的一种补救措施。由于百姓开垦的荒地自此不计入度田数额而增纳新税,因而新政策对于稳定和鼓励农民发展生产的作用是明显的。

赵匡胤关注农民、留意农事同他的艰苦经历、现实要求和务实作风有密切的关系。即位之初的建隆元年(960年),他就下令朝臣出外归来之日,必须"具所见民间利病以闻",以便从各个方面了解和掌握下情。乾德四年(966年)八月,在一次有宰相、枢密院使、开封尹和翰林学士等政要人物参加的宴会上,赵匡胤特地谈到了他对农民问题的看法。他对赵普说:"下愚之民,虽不分菽麦,如藩侯不为抚养,务行苛虐,朕断不容之!"

在农村和农民问题上,流民问题极其引人注目。翻开中国历史,我们就会发现一个明显的事实:历代王朝无一例外地毁于流民之手。这些失去土地或不安分于土地的农民，这些反叛性、战斗性和破坏欲十分强烈的农民大军一旦被组织起来与现政权对抗，这个政权事实上就会面临垮台而没有任何挽回的余地，从陈胜、吴广到黄巢起义到后来的李自成，都是这一理论成功的实践者。几千年来，历朝统治者为约束农民设计了数不清的方案，其根本目的就是要把他们牢牢地禁锢在土地上，或者通过官方设定的通道以平息和淡化他们的反抗意识。当然，采取的方案，也依统治者的意志和需要有宽厚和苛严之分。赵匡胤采取的办法，是兼收并蓄、标本兼治。

从治本的方面来看，赵匡胤首先是以土地资产状况为依据，重订户籍，将全国人口分成主客户两类，实行严格管理。在主户中，根据土地资产有无与多寡分成三等的上户和属四五等的下户，客户则指少数侨寓外地的小工商业者及农村佃农。对居民进行五等定籍管理，固然在于保障国家的赋税收入，却同时也试图将农民固定于土地之上。其次，他推出了"荒年募兵"政策。即在饥荒年份，由国家大量招募流亡农民充当士兵，以缓解他们迫在眉睫的生计问题并进而淡化和分散他们的反抗意识。这一政策，被后来的统治者推崇为"祖宗家法"中最为重要的一条，称之为"天下有泰山之安，而无一日飞尘之惊"。第三条措施则是通过行政手段推行政府种植计划，将农民固定于土地。建隆二年（961年）春，赵匡胤重申后周显德三年周世宗的一道诏令，规定各县将民籍分成五等后，地方长官必须课民种植，第一等须种杂木百棵，以下每等减少二十棵，另种桑、枣树五十棵。男女十七岁以上者，人种韭菜一畦，面积为阔一步，长十步。没有水井灌溉者，由邻居相帮打井。对于这一强制施行的种植计划，每年春秋要进行一次检查，其检查结果要列入地方官员的考核内容。由政府出面推行如此具体详细的种植计划，并且强调要与地方官员的政绩挂钩，这虽然不是赵匡胤的发明，可也反映了他约束稳固农民的良苦用心。

赵匡胤小心对待农村和农民问题，这在当时的封建帝王中是难能可贵的。他不仅在大量的政策条文中体现了与民生息的思想，又要求制定政策的中央机构和中央官员亦能做到慎宽民力。

赵匡胤曾严厉指责管理国家绫绵院的周翰不懂爱惜民力。周翰写得一手好文章，素负才名，赵匡胤与其父相识于军中，对周翰亦颇为赏识，做了皇帝后，赵匡胤将周翰派去管理绫绵院。结果周翰到任后，肆意枉为，采取种种手段，动不动即对绵工施行杖责的处罚。赵匡胤听说后，非常生气，命人将周翰招来，斥责说："你难道不知道他们的肤血和自己的没有两样吗？这样毒辣，于心何忍！"说完犹不解怒，执意要让周翰也尝尝杖责的滋味。

义仓的废置也反映出赵匡胤对民众的体恤。建隆初年赵匡胤就下令在各地设置义仓，用来充作赈灾救济之用。但在随后的执行过程中，地方官员不恤民力，反倒加重民众供输，成为一项苛政，劳扰百姓，百姓不堪其苦，赵匡胤感到义仓已失去了它应有的功能，成为各地盘剥百姓的借口，因而于乾德四年（966年）下诏予以废置。

而对丰收之年谷贱伤农的问题，赵匡胤也注意发挥政府的调节功能，命以高价收购，不使农民利益受到太多的损害。

赵匡胤在位的十七年，风调雨顺的年岁有，但不多。据史料记载，乾德四年（966年）是丰稔之年，所以该年八月，赵匡胤曾下诏说："丰年之咏，播于颂声，广蓄之训，重于载籍，今三时不害，百姓小康，田里无愁叹之声，垅亩有遗滞之穗。"因而提醒地方各级官吏要更加注意劝农崇俭。但其余年岁，自然灾害十分频繁，见于记载者，水、旱、蝗、鼠灾不断。特别是开宝四年（972年）由于黄河的屡屡决堤，造成山东、河南等地洪水泛滥，一时饿殍遍野，民不聊生，李焘在《续资治通鉴长编》中，用极其沉痛的笔调，以"是岁大饥"四字形容这一年的凄楚和艰难。

对于以农业经济为主体的国家来说，自然灾害所带来的危害，不亚于一场战争所造成的破坏。幸好历朝历代名目繁多的荒政政策给赵匡胤提供了可资借鉴的救灾经验，他运用起来得心应手。

赵匡胤对水利建设的重视，是前后几代帝王所不能相比的，这其中固然有他的军事目的，但同时对当时社会经济的发展也具有积极的意义。

宋代建都于开封，从中原各个王朝的建都历史来看，大抵是长安、洛阳、开封。洛阳是九朝古都，文物茂盛，颇具帝王之气，也曾是山东、江淮漕运的集散地。长安则是老牌都城。但无论建都于哪个城市，都要受到水运系统的制约。唐代久居长安的天子与朝臣，由于关中水利的破坏，尤其是漕运系统的险阻与不便，时常就食于洛阳，由于关中仓廪枯竭，有时连军粮都难以保障，士兵吃饭成为一个大问题，进而动摇了立国的根本，由此可见长安的窘境。但洛阳由于军阀割据，战乱频繁，致使宫室残破，土地荒芜，已失去昔日的风采。从五代后晋到后周，都将京城定于开封，相当程度上是由于江淮漕运集结地的东移，由洛阳转移到汴河与黄河交汇点河阳的缘故。

建都开封，以汴河为中心的航运系统对于保障京城的供给显得至关重要。宋太宗赵匡义曾极有深度地指出："东京养甲兵数十万，居民百万，转漕运仰给，在此一渠水。"宋仁宗时张方平更明确指出："今日之势，国依兵而立，兵以食为命，食以漕运为本，漕运以河渠为主……有食则京师可立，汴河废则大众不可聚。"

由上可见，将军政中心开封与经济中心江淮紧密联系起来的汴河运河水系乃是赵宋王朝的国脉，所以保持这一水系的畅通便成为宋朝政府的头等大事。

赵匡胤对这一关系到国家安危的漕运系统不敢有丝毫的马虎，即位之初，即致力于对汴京周围的水运系统的整治，以保持漕运的畅通。

宋初对水利的治理，右领军卫上将军陈承昭功不可没。

陈承昭最先并不是一位水利专家，而是一名久经战阵的将军，而且是与赵匡胤交过手，败在赵匡胤手下的南唐将军。

陈承昭是江表人，起先在南唐国王李璟手下出任保义军节度使，周世宗征淮南时，李璟委之以重职，以任濠、泗、楚、海水陆都应援使，担任后勤保障和总预备队之责。

命中注定他日后同赵匡胤相遇，周世宗征淮南，赵匡胤是周世宗手下爱将，并且统率先锋部队。待后周军队攻克泗州，发兵东下的时候，赵匡胤这支先锋部队同南唐后备部队相遇于淮河。

两年交战，彼此打得难解难分。论治河，或许赵匡胤不如熟知水利的陈承昭；论打仗，陈承昭却不是赵匡胤的对手，几番厮杀后，陈承昭在溃逃中被赵匡胤活捉，作为一件重要的战利品呈送给周世宗。

好在胜利者对失败者有足够的宽容。周世宗没有对他兴师问罪，却待之以礼，授他为右监门卫上将军，并帮他在洛阳安置了一个新家。

宋初建国，赵匡胤考虑到漕运系统的重要，四处物色人选，挑中了这位过去的降将。

陈承昭不负重望。《宋史》本传说他"督治惠民、五丈二河以通漕运，都人利之。建隆二年，河成，赐钱三十万"。实际上陈承昭对水利的贡献，远不止如此。引溵水至京城，与闵水相汇，打通闵水的漕运系统，是陈承昭指挥完成的；赵匡胤凿池于朱明门外，引蔡水灌入，建立宋朝水军，进行操练，具体负责者也是陈承昭；乾德元年，赵匡胤大发近甸丁壮数万，修治畿内河堤，以防黄河决口，担任总指挥的又是陈承昭；甚至，随赵匡胤亲征太原，陈承昭还建议以水伐兵，围汾水以灌太原城。

陈承昭对宋初水利的贡献，使赵匡胤对他刮目相待。当他得知陈的女婿王仁表尚在南唐，女儿一家难以团圆时，赵匡胤竟然亲自修书给南唐国王，要求他将人送到宋朝，以解分离之苦。

试想，要将数万民夫调度得井井有条，换一个没有领兵打仗经验的人，是否会有这样的效果呢？

又试想，打仗不行的将军，却在水利建设上颇有些作为，对后人来说，究竟是一件幸事，还是一种悲哀呢？

或许是出于统一战争的需要，赵匡胤对手工业尤其是造船业较为重视，他多次亲临造船坞。这些船只在平定南方各国的战斗中发挥了重要作用。又因为漕运粮食和物资，调运军需物品，需要大量的船和其他运输工具，相应的制造业也应运而生，适势发展。如赵匡胤确定各地财政收入除必要开支外，全部运送京师，所以用于运载钱帛粮食等物资的工具——舟车一时洛阳纸贵，显得极其缺乏。开始时为了应付急需，只得向百姓租借。可这样终不是长久之计，对百姓的扰乱也无法避免。因此这个办法实行不久，宋太祖就补充规定上供钱帛等物资所用的舟车不得再向百姓租借，而由官府提供，这样势必需要发展相应的舟车制造业。而转输战争物资一般需要轻车，所以赵匡胤曾专门下令各州制造轻车以适应馈运军需物资的需要。

赵匡胤时的商业贸易主要有官府专卖和民间自由贸易两种形式。宋朝建立后，与前代一样，对盐、茶、酒、矾等日常消费品的生产、运输和销售实行全面垄断经营，即常说的禁榷专卖制度。赵匡胤所实行的专卖制度与前代基本相同，只是对违反专卖规定的处罚有所放宽。赵匡胤虽然一再强调严禁私贩，可对私贩的处理却呈宽容趋势。如后汉初，犯私曲者弃市，后周规定私贩至五斤者死罪。赵匡胤认为后周的规定过严，遂在即位的次年规定百姓犯私曲至十五斤、私酒入城至三斗者处以极刑，其余按等治罪。宋太祖还认为前代的盐法过于严密，规定官盐擅入禁地贸易至十斤，煮盐至三斤者，处死。到了乾德四年（966年），赵匡胤对上述规定又放宽了：官盐擅入禁地贸易至一百斤，煮盐至五十斤者，处死。私造酒曲至城郊五十斤以上，至乡间一百斤以上；私酒入禁地两石以上者，处死。李焘记载完这个规定后说："法益轻，而犯者鲜矣。"李焘所言只触及一个现象问题，在现象的背后却隐含着这样一个事实，即入宋以来，随着商品经济的发展，上述日常消费品在民间贸易中所占比例越来越大，原有的规定已经不能适应商品经济发展的形势，迫使赵匡胤不得不一再放宽处罚规定。此外，从实际情况看，赵匡胤时期的专卖制度也不是绝对的。如河北旧禁盐，建隆末年赵匡胤始令邢、洛、磁、镇、冀、赵六州城外二十里可通行盐商。至开宝二年（970年）四月，赵匡胤还下令废除河北各州盐禁，允许盐商自由贩卖，过商斤税一钱，坐商斤税二钱。岭南平定后，盐法与荆湖地区相同，但酒曲不实行专卖。

官府从盐、茶、酒等商品的专卖中获取了巨额收入，仅淮南蕲、黄、舒、庐、寿五州茶的专卖收入每年就高达一百万缗。所以，在赵匡胤时期，专卖制度对解决政府财政收入困难、维护中央集权具有一定的积极作用。

官府对民间商贩货物除了特殊规定外，都要征收过税和住税。二者的税率各时期各地区全都不尽相同，但大致为百分之二和百分之三。各州县包括部分关镇设有税务负责收税。为了保护商旅的利益，抑制各地税务对商旅的欺压，赵匡胤颁布了商税则例，在税务、官署、交通要道张榜公布应纳税的商品种类、数量。《文献通考》引载陈傅良的话说："艺祖（太祖）开基之岁，首订商税则例，自后累朝守为家法。"又据《宋史·食货志》记载："常税名物，令有司件析，颁行天下。揭于版，置官署屋壁，俾其遵守。"有了这个则例，征税人员就不敢擅自增加税率，保护了民间商业贸易的发展。

宽厚治国

赵匡胤以仁德治天下。在建国之初，他以宽容的气度包容了后周的旧臣和周世宗的儿子；在治国的过程中，他对待将士和敌人将领也显示了一代仁君的宽容风范。

对别人显示出宽容的气度，会收到意想不到的效果。海纳百川，有容乃大。宽容，对自己来说，是体现了自己博大的胸怀，使自己的眼界豁然开朗。对别人来说，做过的错事能够得到原谅，势必产生一种知恩图报的感激之情，为己所用。

被后人称宽厚仁慈的赵匡胤，在这方面做得要远比曹操高明许多。即使是对待敌人，赵匡胤也充分体现出宽容和大度，不滥杀降卒，不惊扰地方，每攻占一地，必先安民，更何况对待自己的文臣武将呢？

早先赵匡胤在游历期间，曾一度衣食无着，到达当时的复州（今湖北天门）时，他去投奔父亲原来的同僚、复州防御使王彦超，希望王彦超能看在父亲的面子上，收留并提携一下自己，闯出一番事业。可是，当时王彦超看到赵匡胤穷困潦倒，不愿收留他，只是看在他父亲面子上拿出十贯钱便打发了赵匡胤。三十年河东三十年河西，没想到后来赵匡胤竟然当了皇帝，王彦超反而仍是一个臣子。

一天，赵匡胤在宫中设宴招待群臣。酒酣耳热之时，赵匡胤偶然发现了正在座席之上的王彦超，不由得想起了当年他流落时的窘况和十贯钱的事。赵匡胤忍不住便问王彦超："昔日我落魄之时，到复州投奔于你，你为何将我拒之门外？"王彦超一听此话，立刻吓得酒意全无，惊慌中答道："当时臣下只不过是一个小小的刺史而已，一勺之水哪里能够容得下您这条神龙呢？假如臣下我当时收纳了陛下，陛下怎能有今天呢？"赵匡胤听后，觉得回答巧妙，遂拊掌大笑，继续与大家喝酒作乐，此事也从此打住。事后，王彦超还担心赵匡胤会对自己不利，但最终什么事也没有发生，王彦超的官场生涯一直比较顺利。

赵匡胤在流浪期间遇到的另一件尴尬的事情是在随州（今湖北随州）。时任随州刺史的董宗本也是赵匡胤父亲的老友，他虽然顾及老友的面子，收留了落难的赵匡胤，但他的儿子董遵诲却打心眼里看不上赵匡胤这个远道而来的流浪者，经常借故羞辱、打击赵匡胤。赵匡胤经过磨砺，也深知人在屋檐下，不得不低头的道理，所以处处忍气吞声，让着董家少爷。

赵匡胤当上皇帝后，董遵诲也在朝中为臣，任骁武指挥使，每次见到赵匡胤都心惊胆战，生怕赵匡胤提及旧事，治自己的罪。有一次，赵匡胤在便殿召见董遵诲，董遵诲以为赵匡胤要和他算老账，自忖死罪难逃，便要自杀。他的妻子却表现出了不凡的见识："等到皇上要你死时，再去死为时不晚。万乘之主，岂会小肚鸡肠，同你计较过去的一点儿私嫌旧怨？"在董遵诲朝见之时，有人因为听说皇上的旧事，以为赵匡胤要治罪于他，便趁机上奏董遵诲的不法罪状十余条，企图落井下石，置董遵诲于死地。然而，出乎大家意料的事情发生了。赵匡胤不但没有治罪于董遵诲，反而令左右将他搀扶起来，和颜悦色地对董遵诲说："我现在正在赦罪赏功，怎么还会算计以前的不快之事呢？你不要有什么顾虑，我仍然会重用你的。"董遵诲听完，深受感动，感激赵匡胤不念旧恶的宽大胸怀，决心以死效忠于皇上。

后来，董遵诲受命镇守边地，为通远军使，十分尽力，屡立战功。当董遵诲派人赴京向赵匡胤进献良马时，赵匡胤将自己所穿的珍珠盘龙衣脱下来赏赐给他。大臣们纷纷反对说，臣子不能穿这么贵重的衣物。赵匡胤却说："我与董遵诲的关系不同于一般人，用不着计较很多。况且，我派他为国家戍守边地，也不能计较太多。"

另外，当赵匡胤得知董遵诲的母亲流落在契丹人控制下的幽州，母子多年未得相见的情况后，多方设想，重赂边民，将他的母亲偷偷地接回来，使母子二人团聚。所有这些，都让董遵诲一家感激涕零，还怎能不为皇帝肝脑涂地、鞠躬尽瘁呢?

赵匡胤一向治军严明，对于胆敢违抗军令、不服从军纪的将士，他绝不纵容姑息，一律按军法从事。即使是屡立战功的宿将老友，赵匡胤也能功过分明，奖功罚过。王全斌在国家统一过程中战功卓著，屡次受到嘉奖，并得到雪夜千里送裘衣的殊荣。但他在伐蜀时违背军令，擅自妄为，造成极其恶劣的后果，遭到赵匡胤严厉斥责，最后丢官去爵，老死乡里。

对于读书人，赵匡胤一向是宽厚大度的，这不仅大大提高了文人的社会和政治地位，而且文人犯了过错，一般都会得到较轻的处罚。然而，人贵在有自知之明，如果一而再、再而三地犯错误，那么等待他的将是严厉的处罚。

对于违反法令的官员，赵匡胤依律办事，尤其对那些贪赃枉法之徒，用《宋史·刑法志》中的话来说，就是"宋兴，承五季之乱，太祖、太宗颇用重典，以绳奸慝"。

赵匡胤对玩忽职守的官员，或减俸或免官，或除名或降职。建隆二年（961年），大名府馆陶县民郭赟状告官员括田不均。赵匡胤当即派人前往核查，查清后，将县令程迪施以杖刑并流放海岛，将括田使常准连降两级。

对枉杀百姓、草菅人命的官员，大多处以极刑。即使当时没有发现，后来被人告发属实的，也同样予以追究严惩。据记载，开宝元年（968年），监察御史杨士达因"鞫狱滥杀人"而被处以弃市之刑。

对于贪赃受贿、以权谋私的官员，大多视其贪略的数量而量刑，一般处罚都比较严厉。因此，死于此事的官员也相对较多。仅开宝四年、五年这两年中，就有六位大臣犯此类罪行而被处以弃市或杖杀。其中，有右千牛卫大将军桑进兴因"监陈州仓受贿"而被弃市，监察御史间丘舜因"通判兴元府盗用官钱九十万"而遭弃市，太子洗马王元吉因"知英州受赃不法"而被弃市，殿中侍御史张穆因"通判定州犯赃钱百万"而遭弃市，右拾遗、夔州通判张恂因"受赃"而被弃市，内班董延谔因"监车营务盗粟，累赃数十万"而遭杖杀。

严于律己，宽以待人，一直是儒家治世的千古良言。对别人宽容，并不是说明自己软弱，而是一种心态、一种修养。它包含的哲理其实非常深奥，也只有懂得此理的人才能够熟练地运用这种技巧。俗话说，与人方便，便是与己方便；得饶人处且饶人，不要穷追猛打。宽容之心与狭隘之心对比，更能显示出不同的效果，一个是收天下之心为己用，一个是夺己之财富于无形。对于智者而言，大多以宽厚见长，因此也为自己留下一个宽厚的好名声。

佑文抑武

从后周世宗柴荣身上，赵匡胤看到：想当一个好皇帝，仅凭自己的辛劳是远远不够的，还要发挥其他人的积极性，共同努力，才能治理好国家。

周世宗是历代帝王中比较有思想的一位政治家，他在继位第二年，便下令朝中诸官员，每人写一篇《为君难为臣不易论》和《平边策》，从百官的建议中寻找治理和统一国家的良方妙策。对内，周世宗继续推进并深化周太祖实行的改革，修明内政，改革军队；对外，致力于统一大业，数次御驾亲征以鼓舞士气。但是，周世宗的缺点也同样明显，就是事无巨细，大多亲自过问，对于百官不太信任。这样一来，势必牵扯了太多的时间和精力，时间一长，身体便吃不消了。终于，在他三十九岁那年，便因操劳过度而撒手西去，将江山留给年仅七岁的儿子柴宗训，统一全国的愿望最终也没有能够实现。

赵匡胤继位后，他吸取周世宗的教训，重用一批文臣武将，将自己肩上的担子与他们分担，大大减轻了自己的压力。虽然赵匡胤也有疑心，唯恐手下的文臣武将权力过大而威胁到他的皇位，但他深信，只要控制得好，便不会发生这种情况。而且，如果没有一批能干的文臣武将为自己办事，统一天下和治理国家的愿望将永远不可能实现。

用人问题一直是当权者最为关注的问题，古今中外，概莫能外。人才，对统治者来说，尤其是对那些锐意进取的统治者来说，是一笔极为宝贵的财富。有了他们，自己治理下的国家才会繁荣稳定，走向强盛之路。

任用一个人才，在政治上可以辅佐君主治理好内政，使国内政局稳定，人民安居乐业。在军事上任用一个良将，可以为君主驰骋疆场，杀敌卫国。但是，一旦用人失察，负面的效果很快就会显露出来，小则搅乱政局，贻祸百姓；大则丧权误国，导致亡国之恨。

对人才的任用，需要不拘一格，要充分发挥他们的作用，使之最大限度地为国为民造福。而对于那些善使诡术的小人，则要远离他们，切不可被他们的伎俩所迷惑，阻塞视听，否则，就会出现"一叶障目而不见泰山"的后果。

赵匡胤对文人的态度，有一个从看不起到尊重，继而到重用的转变过程。

赵匡胤是武人出身，看不起文人。他认为文臣起草皇帝的诏书，不过是用前人旧本，略加改动而已，依样画葫芦，并非真有多大学问。一次赵匡胤到太庙，见到里面陈列不少笾豆礼器，便问："这都是些什么东西？"有人告诉他这是在太庙举行祭祀时所用的礼器。赵匡胤说："我祖宗谁认得这些东西！"命人尽数撤去，只用一般的食器，向祖先祭祀。儒家认为，国家的大事，莫过于打仗和礼法，而在务实的赵匡胤眼里，礼法没什么作用。

不过后来赵匡胤也确实感觉到，儒家的学问对自己治国有用。因为封建国家、皇权制度，总是需要进行礼仪活动，于是有关的种种规定与讲究，就非要儒家人士为之操办不可，所以赵匡胤逐渐认识到儒生文士是皇权这部车子上不可缺少的一个车轮。而且，赵匡胤还发现重用文臣更有抑制武将的作用。他问赵普，文臣中有没有精通军事和武略的，赵普回答说，左补阙辛仲甫就是这样的人，赵匡胤就任用辛仲甫为四川兵马都监。

赵匡胤对赵普说："五代的藩镇非常残暴，人民深受其害，我现在任用了一百多名文臣中能干的人去治理各地的大藩镇，他们就是贪污卑浊，也不及武臣的十分之一。"从不喜欢到养士重用，正是赵匡胤克服自我，服从治国规律的表现。

对文人的态度转变后，赵匡胤开创了自宋代以来的"养士"之风。优待文人，这在整个中国历史上都是不多见的。这股风气在他孙辈仁宗时见了回报，出现了范仲淹、欧阳修、韩琦、富弼等一大批杰出的人才，他们以天下为己任，品学兼优。

对内政，赵匡胤重用读书人，让他们担任中央及地方的各级官员。他知道，文人都是长期受儒家学说教育的，深知忠信仁义等美德，而且大多聪明机敏，能够胜任所担负的责任。武将们则不然，他们的思想单纯，目光短浅，只知道使用蛮力拼杀疆场，对治理地方缺乏经验和能力，而且一旦地位升高，便会产生异心，导致变乱，危害国家的安定。所以，赵匡胤不仅将地方的行政权和财权交给文臣，而且将地方的兵权也一并交由文臣负责。

赵匡胤对人才的重视，从识人、运用科举制度选拔人才、爱护手下人才和提防小人四个方面体现出来。

用人首先必须识人。只有通过仔细观察和详细了解，明白无误地认识一个人的本性和能力，才可以放心大胆地把工作交给他，才可能取得预期的成功。倘若所用非人，或是被他人的甜言蜜语所迷惑，那么，失败就是必然的了。

宋王朝与其他王朝相比，最大的特点就是重文轻武，以文人治国。在选拔人才上，赵匡胤尤其重文。他一方面诏令翰林学士、文班常参官及诸州县长官向朝廷举荐，另一方面加大科举力度，希望从科举中选拔出一批有用的人才。

虽然赵匡胤对人才如饥似渴，但也不是良莠不分，一并收纳。

为了更真实、更有效地甄选人才，赵匡胤恢复了武则天创立的殿试制度，亲自考核中举的进士，以防舞弊之举。

在人才选拔上，赵匡胤有自己的眼光和方法。他识才别有慧眼，并不看谁和他走动亲近，也不看谁是哪个派系的，而常根据一些细节评判人。

曹彬是赵匡胤手下第一儒将。不过，曹彬发迹前只是个管茶酒的小官，又是后周皇妃的亲戚，似乎有些裙带关系。赵匡胤统率禁军时，曹彬不怎么接近他，没有公事从不拜访。有一次，身居高位的赵匡胤家里办酒席，向曹彬要酒。曹彬拒绝了：这是官酒，不敢给你。但随后又自己出钱买酒送给赵匡胤。虽然这只是一件小事，但赵匡胤却非常感动。继位后不久，他在一次公开场合说："周世宗的旧臣中，不欺主的只有曹彬一个。"赵匡胤个性豪迈，却很喜欢这个清廉谨慎的人，因此让他掌军权，曹彬最终成了一代名将。

对于特殊人才，赵匡胤常打破陈规，破格擢用。宋初文坛上有一位大家柳开，博学多才，尤其在古文上有极高的造诣。但由于命运的捉弄，柳开参加科举考试屡试不中，头发都快白了，仍然只是一个举人。有人向赵匡胤推荐柳开，说他才华出众，只是因为篆书写得不好，所以考试屡次落第。赵匡胤听后，立即召见柳开，并对其学识之广博极为赞叹，破例擢升柳开。

赵匡胤爱才、护才，他的理念是：用其所长，避其所短，最大限度地发挥一个人的才能，再用法制、君威等约束限制他们的缺点。如果发现了他们的错误，也会视性质、情节加以回护。毕竟，因为一些小事而失去辛苦培养起来的人才，对统治是不利的。人无完人，用人者如果求全责备，那么没有一个是入眼的人才。

赵匡胤起于草莽，兴于行伍，周围武人居多，身边缺少能规划天下、崇文兴礼的人才。加之五代时期，世风堕落，很少出有品德、有才能、有学识的治世之才。所以，赵匡胤初得天下后十分爱惜人才，对臣下优厚，绝少滥杀，并注意从下层选拔优秀的人才。

勤政好学

赵匡胤具有较强的朴素节俭意识。后蜀平定后，赵匡胤得知其国君孟昶生活奢侈，溺器也用珍宝来装饰，于是命令左右将其打碎。他说："蜀主用七宝装饰溺器，那应当用什么来盛食物呢？自奉如此，想不亡国，可能吗？"赵匡胤把俭朴提高到国家兴亡的高度来认识，确实具有远见卓识。他认为皇帝及其皇室成员不能带头过奢侈华靡的生活，这样影响很不好。他多次下令除掉乘舆、衣服、帽子上面的珠宝之类的饰物。他的女儿曾经穿着贴着绣花用翡翠羽毛装饰的衣服进入宫中，赵匡胤看见了，便对她说："你把这件衣服脱下来给我，从今以后不要再制作穿戴这样的装束了。"公主笑着回答说："这样一件衣服，能用得了多少翠羽？"赵匡胤说："问题不是这样简单，公主穿上这种衣服，宫里宫外的人都会纷纷效仿你，京城翠羽的价格就会因此而增高。百姓为了追逐利益，辗转贩易，杀生害命的人就会多起来，这完全是由你引起的。你生长在富贵之家，应当珍惜幸福，怎么能开这种坏事的头呢？"

有一次，皇后、公主看到赵匡胤的乘舆不豪华富丽，便议论说："当了皇上这么久了，难道还不能用黄金来装饰车子吗？"赵匡胤听到后说：

"我以四海之富，宫殿全部用金银来装饰，也可以办得到。但我是为天下守财，怎么可以妄用！古语说得好：以一人治天下，不以天下奉一人。当皇帝的如果只想到把自己奉养好，那么天下的人靠什么生活呢？你们以后不要这样说了。"赵匡胤对自己所处的地位及自己的行为有可能带来的后果的认识是比较清醒的。所以，赵匡胤不仅能在思想认识上树立节俭的意识，而且能以身作则、躬履俭约。穿的衣服经常是浣濯再三的旧衣服，而且没有华丽的色彩，多是素色。寝殿的苇帘，缘用青布，少有艳丽的装饰。宫闱帝幕也无文采之饰。赵匡胤经常拿出麻屦布裳赐给部属左右，说："这是我过去穿过的。"弟弟赵匡义有一次参加宫中宴会，不经意说了句："陛下服用太草草。"赵匡胤却严肃地回答说："你不记得住夹马营中的日子了？"这是提醒弟弟及自己要记住过去艰苦的日子。赵匡胤作为一国之君，能这样想、这样做，实在是难能可贵的。

赵匡胤自己重视节俭，也要求广大人民发扬俭朴这一中华民族的传统美德。他多次下令，劝民勤耕，收打粮食过程中注意节约，不要浪费，丰收之年也不要轻易捐弃粮食，应乘势多储积一些粮食，嫁娶丧葬应从简办事。

赵匡胤"严重寡言"，性格比较内向。他虽然出身行伍，但与那些缺少文化素养的赳赳武夫有所不同，他酷嗜观书，虽行军打仗，也手不释卷。听说民间有奇书，往往不惜千金购得。后周显德年间，跟随周世宗攻打淮南，有人在周世宗面前揭他的短，说："赵匡胤攻下寿州，私自运载货物，达数车之多，都是一些贵重的东西。"周世宗将信将疑，派遣使臣前往检查，打开所有的箱子一看，只有书籍数千卷，没有其他东西。周世宗急忙召见赵匡胤，对他说："你刚刚做我的军事将帅，为我开疆辟土，应当努力坚甲利兵，要这么多书干什么？"赵匡胤顿首道："我没有奇谋上赞圣德，承蒙皇上重用为将帅，常常害怕完不成任务，因此聚书观看，为的是从中学到知识，广见闻，增智虑。"

即位后，赵匡胤更喜欢读书，经常派人到史馆去借书看。兵部郎中、知制造卢多逊担任史馆修撰、判馆事后，总是预先派人打听赵匡胤所要借阅的书目，然后及时通读，在心中记下有关书籍的内容，等待赵匡胤问询。而每当赵匡胤问到涉及书中内容的问题时，卢多逊自然是对答如流，往往令同僚佩服不已。

赵匡胤不仅自己好学不倦，还劝导文武臣僚和皇室子弟读书。赵普听从他的劝导，养成了读书的习惯，终日手不释卷。赵普在年轻时，没有多少学问，只是对吏事较为精通。做了宰相后，赵匡胤经常劝他多读点书，否则在朝廷难以立足。赵普于是有了好学不倦的习惯，每天处理完政事回到家中，就关起门户，从书箱中取出书来，"读之竟日"。由于有了丰富的书本知识，"少习吏事"的赵普临政处事，更是如虎添翼，得心应手。赵普去世后，家人打开箱子一看，原来是《论语》二十篇，所以民间有赵普半部《论语》治天下的说法。对于武臣，赵匡胤也鼓励他们读书，他说："今之武臣，欲尽令读书，贵知为治之道。"皇室子弟也应读书，他曾对秦王侍讲说："帝王的后代，应当多读经书，知道历史上治乱的情况。"

赵匡胤读书的目的十分明确，即"广见闻，增智虑"。劝导文武臣僚读书的目的也十分明确，就是知为治之道，知治乱大体。这两点说得具体一点，就是吸取书本上的知识及历史上的经验教训，提高自己的知识水平和办事能力。读过书后，他经常与大臣一起讨论历代王朝的治乱兴衰及其帝王君主的得失。开宝七年（974年）闰十月二十，监修国史薛居正等呈上新修的《五代史》一百五十卷，第二天，宋太祖就谈出了自己的心得体会，他说："昨观新史见梁太祖暴乱丑秽之迹，乃至如此，宜其旋被贼虐也。"乾德四年（966年），赵匡胤策试制科举人的时候，同翰林学士承旨陶谷等人一起谈到历代帝王得失问题，他说："则天，一女主耳，虽刑罚枉滥，而终不杀狄仁杰，所以能享国者，良由此也。"史称赵匡胤"留意听断，专事钦恤"，对御史台、大理寺等部门的官员的选择尤其严格审慎，这与赵匡胤注意吸取历史上的经验教训有关。他曾对御史台官员冯炳说："我每读《汉书》，见张释之、于定国治狱，天下没有冤民，这正是我所期望于你的。"赵匡胤曾立有一条"家法"，即不杀士大夫及上书言事人，这条家法的出现也是赵匡胤善于吸取历史上的经验教训的结果。

赵匡胤爱好读书，对书籍的搜集和收藏非常重视。唐末五代之际，兵火战乱相继，图书散亡甚多，部分流落民间。在统一战争过程中，赵匡胤对各国的图书极为珍视，想尽办法加以保护。平蜀后得书一万三千卷，平江南后得书两万卷。乾德四年（966年），赵匡胤专门为搜集民间藏书颁布诏令，凡是官吏、百姓献上的书籍，由史馆查看篇目，凡馆中没有的书就加以收纳。为了鼓励人们献书，规定献书人都可到学士院接受关于做官的道理的策试和询问，适合担任相应官职的，记录下姓名，然后上报。这一年，涉弼、彭干、朱载应诏献书，共计一千二百二十八卷，受到奖励，赐给科名。通过向民间征集书籍，迅速丰富了国家藏书，仅史馆藏书量就很快增至八万卷。丰厚的藏书为随后大型类书的编纂准备了物质条件。

烛影斧声

第八章

家庭生活

赵匡胤的祖先没有给他留下显赫的门第、高贵的血统，甚至也没有给他留下丰厚的家产。因此，如果赵匡胤没有坐上皇帝的交椅，有关他的家庭的一切都会被埋没于厚重的历史尘土之中。

但偏偏赵匡胤做了皇帝，而且是开国皇帝，这种历史的幸运，不仅使赵匡胤本人在众多御用史家眼里非同凡响，而且关于他的家庭的一切也顿时变得格外神圣起来。这其实并不是赵匡胤时代的创造，二十四史的传记，大多是以皇帝的家庭开篇的。

赵匡胤的家庭人丁兴旺。父亲赵弘殷共生五男二女。长子光济早夭，二子匡胤，三子匡义（赵匡胤做皇帝后，改名光义），四子廷美，五子光赞幼亡。母亲杜氏，定州安喜人。关于赵弘殷与杜氏的婚姻，按照宋人笔记《烬馀录》的记载，颇具戏剧性。据说赵弘殷年轻时，一次路过定州安喜杜家庄，因下大雪，便到杜家院门外避雪。杜家仆役见此人状貌英伟，仪表非凡，便引入院内热情招待，主人见赵弘殷很有教养而且手脚勤快，决意招他为婿，于是便将第四个女儿许配给他。杜家门前有一个大水洼，人称"双龙潭"，后来赵匡胤和赵光义先后做了皇帝，这一称呼便得到了印证。

据《宋史·后妃传》的记载，杜氏是杜家的第一个孩子，而不是杜家四小姐，显然，我们有理由相信，这个貌似巧合的故事实际上是一种典型的牵强附会。

附会归附会，不能否定的是，赵匡胤的母亲对他本人甚至对宋初的历史，都曾产生过比较重要的影响。

在以男权主义为中心的古代社会，一般家庭的组合往往是"严父慈母"型居多，但赵匡胤的家庭似乎是一个例外。史称杜氏嫁给赵弘殷后，"治家严毅有礼法"，只字片言，透露出杜氏不是一般的家庭妇女，而是有胆有识、果敢自信的女中强人。

知子莫如母，杜氏对赵匡胤是了解和欣赏的。当年陈桥兵变时，赵匡胤预先将家人安顿在寺院以防不测，听到兵变消息后，赵匡胤的妻子王氏惊恐不安，担心大祸将至，但杜氏却镇定自若，给儿媳妇打气说："吾儿平生奇异，人皆言极富贵，何忧之有！"当赵匡胤黄袍加身，回师京城时，预先有人向她报告这个成功的消息，杜氏也没有流露出太多的惊喜，只说儿子"素有大志，理当如此"，仿佛一切都在意料之中，颇有些遇事不惊的大将风度。

杜氏生逢乱世（902—961年），历经梁、唐、晋、汉、周五朝（907—959年），阅人颇多，阅事也不少，对于儿子刚刚建立的新王朝的命运强烈担忧。丈夫赵弘殷已在四年前（956年）去世，杜氏成了赵氏家庭的一家之长，为了赵宋王朝帝业永固，她以参与和介入政治的方式给赵匡胤施加影响。

赵匡胤正式登上帝位后，新王朝的大臣们纷纷向这位太后表示祝贺，杜氏全然没有那种"母以子贵"的荣耀和骄傲，相反却变得"愀然不乐"起来。她对赵匡胤君臣说："古人云'为君难'，皇帝看起来居于万人之上，尊贵至极，却不知道天子难做，若统治得道，则此位可尊，若驾驭失法，则是求做匹夫百姓都难呀！"杜氏的提醒，对于仍然沉浸在兴奋之中的赵匡胤来说，不啻一副及时的清醒剂。

杜氏还担心儿子初做皇帝没有经验，因而亲自参与决策，同赵匡胤一道共同商议军国大事。她对赵匡胤的主要谋臣赵普十分器重，每逢议事，杜太后为了显得关系亲近，从不以官衔称呼赵普，而是沿袭赵普在儿子幕府的旧例，称他为"赵书记"，甚至还这样嘱托赵普："我儿年轻，不明事体，赵书记一定要尽心辅佐。"传说杜氏为了确保赵宋王朝的长治久安，还亲自让赵普记下太祖誓约，藏之金匮，为大宋王朝选定第二第三任接班人，可以说杜氏对赵宋王朝的深切关注和殷殷期待确是一个不容怀疑的事实。

杜氏颇有政治眼光。按说儿子做了皇帝，自己一脉的亲戚从此可以凭借皇亲国戚的身份飞黄腾达，事实上这也是许多朝代的例行做法，但杜氏却不愿为新兴的王朝埋下祸根与隐患，断然拒绝他们利用特殊身份为所欲为。所以其兄杜审琼、其弟杜审肇、杜审进，虽贵为国舅，当杜氏健在时，都仍"家于常山"，未授官爵。至于杜氏之后，更是"阀阅微替""子孙不在仕版"。有宋一代，始终无外戚专权之祸，就是杜氏开的好头。《宋史·后妃传序》中赞扬杜氏有"内助之贤，母范之正"，开启了宋世之基业，从某种意义上来说并不夸张。在中国历史上，"母后临朝"，外戚与政往往祸乱国家，杜太后和历史上其他一些杰出女性的作为，完全改写了这一结论，而以自己的能力、才识和胆略构成了另一种历史景观，这实在是历史的大幸。

赵匡胤虽说贵为天子，敢做敢为，但对母亲却极为尊敬和孝顺。杜氏一番"为君难"的训诫，赵匡胤心悦诚服，恭恭敬敬地表示要谨记教诲。杜氏器重赵普，赵匡胤便"宠待"他如左右手。当后来赵普"强市人宅第，聚敛财贿"遭到御史中丞雷德骧的弹劾时，赵匡胤不仅不加处理，反而以"社稷之臣"为由，明显袒护，将检举者拷打了一顿。建隆二年（961年）杜氏病重时，赵匡胤在其身边亲奉汤药，"不离左右"，直到母亲去世。杜氏殁后，赵匡胤将其谥封为"明宪"太后，乾德二年（964年）又更谥为"昭宪"太后。

除三个弟弟外，赵匡胤另有一姐一妹。据《宋史·公主传》记载，其姐未及笄即夭逝，建隆三年（962年）被追封为陈国长公主。其妹初嫁米福德，不幸夫亡，寡居在家，赵匡胤即位后，封她为"燕国长公主"。出于政治需要，赵匡胤在建隆元年（960年）将其改嫁给亡妻的忠武节度使高怀德，促成了一桩政治婚姻。赵匡胤与他这位唯一的妹妹感情深厚，开宝六年（973年）十月，燕国长公主不幸去世，赵匡胤深为悲痛，亲扶灵柩哭悼，并为之废朝五日。

据司马光《涑水记闻》记载，显德七年（960年）新年，赵匡胤奉命出征前夕，京城谣言四起，盛传"出军之日，当立点检为天子"，赵匡胤由此恐惧不安，跑到家里商量对策，此时"太祖姊或云即魏国长公主，面如铁色，方在厨，引面杖逐太祖击之，曰：'大丈夫临大事，可否当自决胸怀，乃来家间恐怖妇女何为邪！'"赵匡胤于是"默然而出"。司马光在这里把促其早下决心的人说成是赵匡胤的姐姐显然是张冠李戴。赵匡胤预谋兵变时，陈国长公主绝不可能死而复活。一说是他的"姑姑"，但《宋史》中并没有太祖姑封魏国长公主的记载。寻其果敢的语气，与杜太后的性格相吻合，观其对燕国长公主的感情，此人是赵匡胤的妹妹也有可能。

赵匡胤的大弟赵匡义，日后通过种种手段篡夺了帝位，是御用史家重点美化的对象，我们在以后也还要涉及，这里暂且略去不谈。二弟廷美，字文化，本名光美，赵匡义做皇帝后，因避讳改为廷美。

赵匡胤比赵匡义大十二岁，比赵光美大二十一岁，是地地道道的兄长。长兄如父，他对两个年幼的弟弟一向关怀照顾，可谓情深义重。即位当年，十四岁的光美被授予嘉州防御使，次年，又升为山南西道节度使，乾德二年（964年）又加官为同中书门下平章事，享受宰相待遇，开宝六年（973年）又出任京兆尹兼永兴军节度使。赵匡义以非常手段夺得帝位后，廷美成为前宰相赵普与卢多逊争权夺利和赵匡义稳定统治的牺牲品，贬徙房州，三十八岁便郁闷而亡。

同历朝皇帝一样，赵匡胤也拥有众多的后妃宫人。《涑水记闻》卷一记载说："太祖时，宫人不满三百，犹以为多，因久雨不止，故又出其数十人。"据李焘《续资治通鉴长编》卷十三记载，当时的宫人其实不止三百，开宝五年（972年）因霖雨不止，在三百八十余宫人中放出一百五十余人，至此才真正不满三百人。但以如此众多的宫人侍奉一个皇帝，很难说不是一种历史的残酷。

赵匡胤本人一生经历三次婚姻。后晋开运（945—946年）初年，由父亲赵弘殷做主，聘娶赵的战友、后晋禁军军校贺景思的长女为妻。当时赵匡胤十九岁，贺家小姐十六岁。贺氏年龄不大，但懂事颇早，而且具有良好的教养，据说她性格"温柔恭顺，动以礼法"，很有小家碧玉的风采。显德三年（956年），赵匡胤因战功升任定国军节度使，一时夫贵妻荣，贺氏被后周朝封为会稽郡夫人，可惜好景不长，在生下二女一子后，于显德五年（958年）因病去世，终年三十岁，这是赵匡胤的第一次婚姻。赵匡胤继位后，为了纪念这位与自己相濡以沫的夫人，在建隆三年（962年）追封贺氏为皇后，乾德二年（964年）又追谥她为孝惠皇后。

贺氏死后不久，赵匡胤于显德六年（959年）六月升任殿前都点检，正当盛年的赵匡胤新官上任，志得意满之际耐不住寂寞，在好事者的撮合下，又新纳彰德军节度使王饶的第三女为妻。同死去的贺氏相比，新妇王氏的门第显然要高贵得多，而赵匡胤也从一名默默无闻的军队子弟跃升为禁军统帅，是众人瞩目的"政坛黑马"。因此，这段姻缘被普遍认为是一桩美满如意的婚姻，连赵匡胤的上司张永德也"凑钱数千"为他助兴。

王氏显然有大家闺秀的风姿。除"恭勤不懈，仁慈御下"外，还时常"服宽衣，佐御膳"，有时兴起，还能"弹筝鼓琴"，露上一手。她经历了所有女人一生中最大的荣耀：在后周朝，周世宗柴荣曾亲赐冠帔，封她为琅琊夫人；丈夫当上皇帝后，又被正式册立为皇后。对于众多的女人来说，夫贵妻荣者不在少数，但能取得"母仪天下"的皇后身份的却不多见，而能以开国皇后奠立"第一夫人"地位的更是寥寥无几。幸运的是，这几样她全都占齐了，虽然她才只有十九岁。

自古红颜多薄命。王氏虽尊贵天下，也颇得杜太后欢心，但命运偏偏同她过不去，据记载，"王氏所生子女三个皆夭"，王皇后方风光了两年，便在乾德元年（963年）十二月一病不起，二十二岁就离开了人世。这是赵匡胤的第二桩婚姻，王氏死后，被谥为孝明皇后。

此后赵匡胤过上了孤身生活。这期间，赵匡胤虽然亡妻，但因有众多后宫佳丽侍奉，所以并不寂寞。特别是在平蜀后挖空心思霸占后蜀皇妃花蕊夫人，显示出这位武人出身的皇帝，仍难以逃脱"英雄爱美人"的套路，现出了好色的本性。

乾德三年（965年）初，后蜀国王孟昶在宋军逼迫下投降，赵匡胤派参知政事吕余庆等接管政权后，命蜀主孟昶速率家属来京"授职"。孟昶不敢怠慢，便挈族属启程，由峡江而下，径诣汴京，待罪阙下。对于这位亡国之君，赵匡胤表现出一种过于做作的客套。孟昶未到汴京之前，他即派使臣去江陵等候迎接，同时在汴京大兴土木，为孟昶造宅五百间于汴水河边，孟昶一到江陵，又赐予鞍马车乘，到京师后，特意又派皇弟赵匡义在玉津园设宴洗尘。此后又亲口保证：不再追究往事，使孟昶一家永保富贵。还面封孟昶为检校太师兼中书令，授爵秦国公。

这种做作的礼遇，掩盖着赵匡胤的真实意图。他除了对后蜀土地财富念念不忘之外，还对孟昶宠妃花蕊夫人大感兴趣。宋人吴曾记载说：

"徐巨璋纳女于昶，拜贵妃，别号花蕊夫人。意花不足拟其色，似花蕊轻翻也。又升号慧妃，以号如其性也。太祖闻其名，命别护送。"如此说来，花蕊夫人的绝色天姿和善解人意，赵匡胤早有所闻且渴慕已久。孟昶携眷属来京，赵匡胤一见徐氏（一说姓费）果真艳丽无双，于是决意据为己有。

乾德三年（965年）六月初五，赵匡胤为孟昶授官，至十七日，在汴京仅十余天的孟昶竟不明不白地因病死亡，年仅四十七岁，这显然是赵匡胤令人做的手脚。孟昶之母李氏心里最清楚，儿子死后，她并不号哭，只以酒酹地说："汝不能死殉社稷，贪生至今日，吾所以忍死者，为汝左耳，今汝既死，吾安用生！"于是绝食数日而死，赵匡胤终于如愿以偿。

最值得同情的还是徐氏本人，她原本与孟昶十分恩爱，亡国之痛已使她伤心万分；不料夫君孟昶又因她的姿色丢掉了性命，更为可恨的是，在孟昶家破人亡之际，她还得违心地去伺奉当今皇帝。这种屈辱的生活，在宋人的一些笔记中颇有反映。《后山诗话·宋诗纪事卷》中记载说，徐氏在蜀亡后随孟昶入京，行至葭萌驿时，悲愤不已，曾举笔题诗于墙，称"将离蜀道心欲碎，离恨绵绵，春日如年，马上时时闻杜鹃"。待她身不由己奉召入宫，回答赵匡胤诸如蜀国为何而亡的问题时，不由得怒从心生，借机作诗大骂天下男人，以发泄心中的怨愤。她说："君王城上竖降旗，妾在深宫哪得知。十四万人齐解甲，更无一个是男儿。"

怒骂归怒骂，徐氏最终还是身不由己地屈从了这种生活，在一个以男性为中心的社会里，在一个实行强权主义的年代，女性很难真正按照自己的意志行事。徐氏既不想就此了结生命，就只得违心地适应和服从于现实。这与其说是徐氏本人的悲哀，毋宁说是那个时代的悲哀。

徐氏最后的结局很凄惨，她虽应召入宫，却没有被赵匡胤扶立为皇后，取得正式的名分。赵匡胤当初如此煞费苦心地将她霸占，几年之后却又渐生厌倦，最终予以舍弃而另纳新妇。徐氏被抛弃不说，最终还死于非命，终究没有摆脱命运施加于她的磨难。

徐氏之死，说法不一，比较普遍的传说是徐氏应召入宫后，深得赵匡胤宠爱。赵匡胤由此不理朝政，沉溺于儿女情长之中，皇弟赵匡义屡劝其兄"宜为社稷自重"，赵匡胤听不进去，于是在一次后苑宴射活动中，赵匡义拉弓架箭，佯装瞄准兽物，乘人不备，忽然回弓直射徐氏，徐氏中箭气绝身亡。这种貌似合理的传说，其实难以令人信服，以赵匡义所处的地位和所具有的影响及他一贯的行事方式，他不可能有如此大胆的举动。比起被赵匡义射杀，徐氏因失宠而郁闷得病而死，应该是一种更符合史实、更有可能的一种猜测。

《烬馀录》还提供了一种更为离奇的说法。据说徐氏因得赵匡胤的"盛宠"，终日不离左右，开宝九年（976年）赵匡胤病重时，时至深夜，赵匡义呼之应，于是趁机调戏徐氏，徐氏不从，推搡之间，赵匡胤惊醒，见赵匡义如此无礼，遽以玉斧斫地，皇后、皇子闻讯而至，赵匡义仓皇逃离，次日清晨，赵匡胤驾鹤西归。

如果这一传说可信，则赵匡胤显然是被其弟弟的非礼行为活活气死的。

尽管这种传说可能是好事者的渲染，但赵匡义同他哥哥一样耽于女色则显系事实。明人《万历野获编》记载说，赵匡义见南唐国主李煜后妃小周后秀色可餐，顿生歹念，强行召其入宫。当时即有人绘有《熙陵幸小周后图》，图上的宋太宗"头戴幞头，面黔色而体肥"，相比之下，周后"肢体纤弱"，不得不让"数宫人抱持之"，而周后则"作蹙额不胜之状"。据此可知，所谓的"召"和"幸"，不过是一种发泄兽欲的野蛮强暴。以致元人冯海粟作诗讽刺说："江南剩有李花开，也被君王强折来；怪底金风吹地起，御园红紫满龙堆。"

对于赵匡胤兄弟的如此恶行，官修国史不载一字，恪守着"为君讳恶"的修史原则。尽管正统史书极力遮掩，但终究不免露出蛛丝马迹。且不说稗官野乘已遍录逸闻，即便钦定《国史》也含混指出后蜀宫人入内，后蜀宫人又常得为皇上所"幸"者，显然就是指的这位徐氏，不过为了皇帝的尊严，不便明言花蕊夫人罢了。

徐氏的失宠同赵匡胤的第三次婚姻有关。王氏去世后，赵匡胤虽说占有了花蕊夫人，但他的身份显然不允许他将一位亡国之君的后妃册立为皇后，手下人于是又忙于张罗着为他再续姻缘，左挑右拣，选中了左卫上将军宋偓的长女。赵匡胤其实与这位宋小姐打过交道，乾德五年（967年），赵匡胤生日，宋小姐曾随母来朝廷恭贺长春节，被赵匡胤召见，并赐以冠帔。当时宋偓任华州节度使，长春节后，宋氏随母归镇。开宝元年（968年）二月，赵匡胤决定正式娶宋女为妻，册立为后。是时宋氏年十七岁，赵匡胤年四十二岁，是典型的老夫少妻。宋氏立后后，对赵匡胤悉心照顾，每值太祖退朝，必整衣候迎，所有御撰必亲自检视，旁坐侍食，因而颇得赵匡胤欢心。赵匡胤去世后，宋氏被册封为开宝皇后，迁居洛阳。至道元年（995年）四月去世，终年四十四岁，后被谥封为孝章皇后。

据《宋史·宗室传》和《公主传》记载，赵匡胤共生育有四子六女。其中二子三女早夭，存活的有燕懿王德昭、秦康惠王德芳、昭庆公主、延庆公主、永庆公主二子三女。

赵德昭，字日新，为贺氏所生，乾德二年（964年）出阁，首授贵州防御使，开宝六年（973年）担任兴元尹、山南西道节度使，同时加封检校太傅、同中书门下平章事。赵匡胤去世时，赵德昭二十五岁。叔父赵匡义取得帝位后，曾担任京兆尹，移镇永兴，兼任侍中，首封为武功郡王。同另一叔父赵廷美位列宰相之上。太平兴国三年（978年）娶前宰相王溥之女为妻。太平兴国四年（988年）赵匡义北伐幽州，赵德昭随征，高梁河一战，宋军溃败，赵匡义和主力部队失散。宫中诸将怀疑皇帝遇难，觉得军国不可无主，商量立赵德昭为皇帝。后来得知赵匡义还活着，立帝之事就不了了之。

但不久这一拟议中的立帝风波很快传到了赵匡义的耳朵，由此触犯忌讳，使赵匡义心里很不痛快。按照惯例，宋军出征班师，每次都要论功行赏，这次还京多日，毫无颁赏之迹，军中议论纷纷，诸将不免口有怨言。赵德昭见状，主动入见叔父，请求对将士叙功行赏。赵匡义不待赵德昭说完，便勃然大怒说："打了败仗回来，还有什么功劳，还行什么赏赐！"赵德昭分辩道："征辽虽然失利，但是平定了北汉，再说各军也不可一概而论，陛下还是应当加以甄别，量功行赏。"话犹未落，赵匡义怒气冲冲地吼道："等你自己当了皇帝再赏赐好了！"一闻此言，赵德昭顿感惶恐，他只得低头垂泪，默然出宫。他所处的地位本来就很微妙，现在叔父分明是在猜疑他有夺位的野心。回到住处，越想越觉得凄凉：父母早逝，没有依靠，虽有继母宋氏和弟弟赵德芳，但宋氏已迁往西宫，出入行动都不自由；弟弟年纪又小，不懂事理。自己满腹幽衷，却无处可诉，只好一死了之。他跑到茶酒阁上，操起削果刀，关上房门，咬牙往自己颈上刺去，等别人开门来救时，这位二十八岁的王子早已气绝身亡。赵匡义见侄儿自寻短见，心里掠过一阵快意，又装模作样地哭叹了一番，便下令厚葬，并颁诏追赠赵德昭为中书令，追封为魏王，算是最终了结了一块心病。

秦康惠王赵德芳，是赵匡胤的第四子，也是他最小的儿子。开宝九年（976年）出阁，首授贵州防御史，次年，改任兴元尹、山南西道节度使、同平章事。太平兴国三年（978年）加检校太尉，太平兴国六年（981年）在他的哥哥死去两年之后，更加无依无靠的赵德芳也在抑郁中离开了人世，年仅二十三岁。

赵匡胤作为男人、丈夫、父亲，也希望像所有普通人一样看重他的家庭，关心他的子女。但身为皇帝，在处理家庭事务问题上，却又常常不得不把亲情抛到一边而服从于政治的需要。

长女昭庆公主的婚姻是他一手包办的一桩政治联姻。

赵匡胤军中义社十兄弟之一的王审琦，因拥戴赵匡胤有功，赵匡胤即位后出任殿前都指挥使，成为禁军的实际统帅（殿前都点检空缺）。在任期间发生的一件小事，使王审琦丧失了这一职务。一次皇宫失火，王审琦出于职责，也出于本能，不待招呼即领兵入救，结果火是扑灭了，但王审琦却遭到御史台的弹劾。擅自动用军队进入宫禁的罪名谁也担当不起，赵匡胤虽清楚王审琦救火的一片好意，却感到这种私自调兵行为不能鼓励，因而将他免除职务，授予他忠正军节度使，出镇寿州。辞别之前，赵匡胤召见王审琦，称"你不待召以兵入卫，忠也；台臣有言，不可不行，第归镇，吾当以女嫁汝子承衍"。表面上看，赵匡胤是以嫁女来抚慰王审琦解除军职的失落心情，然而从更广阔的背景上来说，赵匡胤则是要与手握重兵、在军界有广泛影响的将领结成"儿女亲家"，以防止可能发生的政权颠覆。有意思的是，王审琦之子王承衍在此之前已娶妻乐氏，对于皇帝的这番"美意"，王承衍不得不婉然拒绝。但赵匡胤执意不肯，他提出："汝为吾婿，吾将更嫁乐氏。"结果王承衍到底还是被赵匡胤派人用御马载归入宫，同昭庆公主成婚，可怜的乐氏则另"厚资嫁"改适他人。完婚之后，赵匡胤对王承衍说："这下你父亲可以不必为性命担心了。"真是一语道破天机。

次女延庆公主，也按照这一模式，在开宝四年（971年）嫁给了军中大将石守信的儿子石保吉。从人品上来说，赵匡胤的这位"乘龙快婿"并不是理想的人选。史传称他虽然外表"姿貌瑰硕""颇有武干"，有乃父之风，但实际品格却"好治生射利""性尤骄倨，所至峻暴好杀，待属吏不以礼"。很难想象，将女儿嫁给这样的粗暴之人能有多大的幸福。但比起政治，比起政权的稳固来说，女儿的幸福自然只能做出牺牲，为之让步了。

第三女永庆公主的婚姻则是按照昭宪杜太后的旨意确定下来的。当时赵匡胤还没登帝位，杜太后也还没有成为太后，大概赵家同宰相魏仁浦家关系较好，两家往来较多，杜氏曾经常到魏家走动，每至魏家，见魏仁浦年幼的儿子魏成信总侍立在魏妻身旁，孝顺有礼，又长得一表人才，便萌发了将孙女许配给他的念头。赵匡胤做皇帝后，这门亲事成了魏家求之不得的喜事，但赵家似乎有些漫不经心起来。开宝中，时任开封尹的赵匡义或许受魏家请托，接见了魏成信，并让他同首都卫戍司令觉进一同较射，似乎想看看魏成信的武功如何。大概比赛的结果不坏，魏成信最终通过了这门特殊的"考试"，在开宝五年（972年）七月终于迎娶了永庆公主，幸运地成为众多皇亲国戚中的一员。

赵匡胤的一家，虽然尊贵天下，是名副其实的"第一家族"，但实际上这种生活并不令人钦慕，它没有普通人家的自由和快乐，也缺少生活情趣，弥漫于整个家庭的是无所不在的政治空气和阴谋气息，由此给整个家庭成员的命运所投注的浓浓阴影，大大拉开了同"幸福"两字的距离，使它最终成为一个十分虚幻和渺茫的目标。

神秘预言

开宝九年（976年），是赵匡胤当皇帝的第十七个年头。这年正月，曹彬以江南国主李煜及其子弟、官属等四十五人来献，南唐灭亡。二月，吴越王钱俶及其子弟惟濬等人入宋朝见。此时，吴越已同郡县，钱俶已同宋臣，吴越入宋只是个时间问题了。

回顾起十七年的不寻常经历，赵匡胤禁不住百感交集。在他刚登帝位的时候，那是怎样一幅残破凋敝的图景啊：国中人心未附，叛乱此起彼伏，赋敛严苛繁重，百姓生计维艰。环顾四周，则是各割据政权环绕，与宋分庭抗礼，北方契丹则虎视眈眈，不断侵扰掠夺，可谓内外交困，矛盾重重。但在很短的时间内，赵匡胤即顺应历史的发展和人民的愿望，迅速平定了内乱。接着又加强皇权，整顿吏治，务农兴学，慎刑薄敛，使动荡已久的社会粗致太平。与此同时，又指挥千军万马，展开了"先南后北"的统一战争，先平荆湖，后灭西蜀，继而是南汉、南唐，尽入宋朝版图。这中间，赵匡胤或坐镇运筹，或御驾亲征，殚思竭力，甘苦备尝，真是一言难尽！

令赵匡胤大感欣慰的是这一切已成过去，此时的宋王朝已是大业初定，国泰民安，往昔的动荡与贫困，兵燹与危机已成昨日的记忆，宋王朝的国力、军力已得到空前的增强。

面对这来之不易的成功，国人为之振奋，朝臣为之欢腾，纷纷上表请求加尊号以志奇功。似雪片般飘来的奏表都是辞章华美，热情洋溢，极尽歌功颂德之能事，连篇累牍地引经据典，不厌其烦地罗列出一条又一条的理由和根据。

关于何种尊号最为适宜，大臣们众说纷纭，比较一致的意见是，应加尊号曰"一统太平"，其含义是：赵匡胤扫平群雄，中原和南方实现了"天下一家"，战乱已不复存在，天下已经太平。群臣们说，这既是对以往的总结，又是对未来的祝福，天下万民都希望大宋的一统江山固若金汤，永远太平。

赵匡胤看过了这些奏表以后，按捺不住心中的激动。他觉得，朝臣们这些颂扬之词虽不无溢美之处，但所言也基本属实。这十七年，他没有辜负上天授予他的皇权，他的一切努力无不与"一统太平"这一神圣目标有关，他可以无愧地说，现在已经基本上实现或接近了这一目标，就功业而论，他是无愧于与历代明君圣主比肩的。但是，赵匡胤在兴奋和激动之余，却也不能不给自己提出这样的问题：天下真的一统太平了吗？

自尊心甚重的赵匡胤在冷静地镇定了自己的情绪之后，深觉现在还远不能做出肯定的回答。这是因为，南方虽平，但北方未复，"先南后北"的统一大计只能说完成了一半。北汉和契丹仍然傲然于宋王朝北方，岂可轻言一统太平？

出于这样的考虑，赵匡胤没有接受这个尊号。他坚持说，为人君者不可好大喜功，倾慕虚荣，若妄加尊号，名不副实，只能贻笑天下，于心难安。群臣见赵匡胤执意不许，又请求改称"立极居尊"。赵匡胤想了想，勉强答应下来。

赵匡胤拒受"一统太平"尊号大可视为严于责己之举，同时也反映出他决心真正实现"一统太平"的雄心壮志。赵匡胤并不欣赏徒有虚名的尊号，他希望看到的是一统太平的现实。

依实而论，赵匡胤即位以来始终没有忘记收复幽蓟，统一北方，或者可以说，这是宋王朝久已制定的国策。这是因为，自从石敬瑭将燕云十六州割让给契丹以后，中原王朝的北方国防失去屏障，契丹铁骑随意南犯，河北终无安枕之日。当初，后周世宗柴荣曾积极筹划收复失地，不幸中道崩殂。赵匡胤决心继承周世宗的遗志，彻底解除北方威胁。

还是在建隆二年（961年）的时候，赵匡胤即下诏免除登州沙门岛居民的租赋，令其专造舟船，用来运送女真人的贡马。赵匡胤的考虑是：契丹善骑射，作战急需马匹，这一举动可视为最早的军事准备。

赵匡胤还曾打算用经济赎买的办法达到收复失地的目的。他平日力行节俭，对家人也要求甚严，便是为了积攒钱财，以备大用。当臣下劝他不要太苛求自己时，赵匡胤这样表白："石晋割幽燕以赂契丹，使一方之人独限外境，吾甚悯之。欲俟各库所蓄满三五十万，即遣使与契丹约，苟能归我土地民庶，则当尽此金帛充其赎值。如曰不可，朕将散滞财，募勇士，俾图攻取耳。"赵匡胤精打细算，积攒钱财，以备大用，可谓用心良苦！

早在建隆初年，国家贡赋即全部收入左藏库。及至取荆湖、下西蜀，储积渐充足，赵匡胤便对臣下说："军旅饥馑，当豫为之备，不可临事厚敛于民。"赵匡胤数年来一直在为收复幽蓟做准备，使后来继任大位的赵光义也大受感动。他见府库储积甚丰，曾对宰相说："此金帛如山，用何能尽！先帝每焦心劳虑，以经费为念，何其过也！"

赵匡胤除了积极备战之外，对契丹还采取了攻心战略。他注重与契丹的友好交往，每当契丹遣使来访，赵匡胤都要亲自接见，并赠送大量礼物，还派使者回访，以至于在一段时间内，双方友好使者络绎不绝。他还热诚欢迎契丹吏民的归附，有理有据地对契丹采取防御政策，力争以和平方式解决问题，万不得已时再诉诸武力。这些策略在当时尚无足够力量进行军事斗争的情况下还是有一定积极意义的，它保证了边境的安宁，为宋王朝统一南方，增强国力，创造了有利的条件，争取了宝贵的时间。

对于契丹羽翼下的北汉，赵匡胤在第二次亲征以后也采取了攻心战术。不过，赵匡胤对于北汉却不满足于分化瓦解，在第二次北征无功而返之后，又于开宝九年（976年）八月发动了对北汉的第三次进攻。赵匡胤命党进为河东道行营马步军都部署，以潘美为都监，以杨光美为都虞候，与牛思进、米文义等率兵分五路进攻北汉。八月二十二日，诸军进至太原，赵匡胤又命郭进等分攻忻、代、汾、沁、辽、石等州。九月，党进大败北汉兵于太原城下，宋军士气大振。北汉主刘继元为挽救败局，又向契丹求援。数日后，契丹派出的以南府宰相耶律沙、冀王塔尔为首的援军气势汹汹地向太原开来。

此次攻伐北汉，赵匡胤没有御驾亲征。但是，他对此战的胜利却充满了信心。他寄厚望于党进、潘美等精兵强将，他相信经过了开宝二年（969年）那次打击之后，北汉已不堪一击，即便契丹来援也无济于事。他还雄心勃勃地想，一旦刘继元被擒，便乘势向北，收复幽蓟，实现多年的夙愿。

赵匡胤的这一宏大设想在太原城下大捷之后变得更加坚定了。他一方面密切关注着前方战事，另一方面积极准备迎接北征军的凯旋，他认定，这一天不会远了。

然而，就在他沉浸在即将大功告成的喜悦中时，一个神秘的警示却使他的心头蒙上了一层阴云。

此事发生在九月里。这日，赵匡胤前往洛阳巡幸，车驾行进途中，忽见一个衣着邋遢的道人坐在洛河边的树荫下，赵匡胤觉得此人有些面熟，不由得看了看他。那道士则迎上前来，笑问："别来喜安？"护驾侍从见这脏道士在皇帝面前如此放肆无礼，不禁火冒三丈，大声呵斥其走开，那道士却也不生气，仍旧嬉笑着对赵匡胤说："一别二十多年，难道不认识了？还记得关中聚饮吗？"

赵匡胤定睛一看，忽然大喜过望，脱口道："原来是你，久违了！久违了！"

赵匡胤遂命停下车驾，上前相见，并拉着那道士的手坐到树荫下，像久别重逢的老朋友一样叙谈起来。

这道士是赵匡胤未得志时结识的，曾与他在关中地区交游。道士自称"混沌"，有时又称"真无"，极喜饮酒，二人经常聚饮烂醉。道士喜歌吟，时或没头没脑地唱上几句，叫人颇费思索。某日，混沌道士歌曰："金猴虎头四，真龙得其位。"赵匡胤问其何意，道士笑而不答。及至建隆元年（960年）正月初四赵匡胤当了皇帝，想起道士这两句歌词，才恍然大悟：这不是一个绝妙的预言吗？这年正是猴年，又恰好是正月初四！

于是，赵匡胤颇以为奇，便下诏四处寻访此人，但混沌道士独来独往，行踪不定，根本找不到他。意想不到的是，竟在洛阳道上相逢！

赵匡胤历来平易近人，对这位老朋友更是格外亲热，他令人弄来一些酒菜，与道士席地而坐，抵掌狂饮，仿佛又回到了二十多年前。

酒至半酣，赵匡胤问道："我久欲见汝，决克一事，未知可否？"

混沌道士道："尽管讲来！"

赵匡胤道："无他，我寿还有几多在？"

混沌道士想了想，诡秘地说："但今年十月二十日夜，可静观天气之变，晴可延寿十二年；不然，则当速措置。"

赵匡胤听罢，举到嘴边的酒杯又放了下来，心里像压了块大石头。他已无心饮酒，却情不自禁地望了望天空。

混沌道士见赵匡胤眉头紧锁，心事重重，缓缓地站起身来，道："酒足矣，我还有他事，恕不奉陪。"说罢，唱唱咧咧地走开了。赵匡胤依然愣愣地坐着，这个未卜吉凶的预言对他来说实在是太沉重了。

赵匡胤再也没兴趣西游洛阳，也无暇再惦记着北征的事，他只关心着十月二十日夜晚，关心着那片不知是阴是晴的天空。

十月二十日这个令人心悸的日子终于到来了。这天，由于心理压力太大，赵匡胤整日默然无语，饮食也极少。平日，不管怎么忙，他总是要读几页书的，有时，也会到庭院中去蹴鞠。他很喜欢这种运动，技艺令朝臣叹服。心情好时，他还喜欢去郊游，去宴射，或与皇后嫔妃对弈一会儿。但现在，他什么心思也没有了。他只是在万岁殿的寝宫中临窗而坐，眼睛木然地望着窗外，像是在等待，又像是在祈祷。

性情柔顺的宋皇后提着一颗心站立在他的身后，她不知道皇帝为什么会是这样，为什么一言不发。她暗自揣摩：难道朝中出了什么事？难道北征大军打了败仗？难道……所有的疑问都找不到答案，她也不敢去问，生怕会惹得龙颜大怒。这位年轻美貌的皇后年方二十六岁，自开宝元年（968年）二月被册为皇后以后，一直小心谨慎地服侍着皇帝。她从不过问政事，认为妇人之职不过谨守妇道而已，牝鸡司晨绝非国家之福。但今天，宋皇后却觉得自己以往的做法多少有些偏颇。要是她平日也了解一些国家大事，要是她能够具备一些处理问题的本领，不是可以为君王分忧吗？但现在，她只能在一旁着急，不能为君王效力！

花蕊夫人也和宋皇后一样心神不宁。花蕊夫人体态娇柔，天生一副笑颜，妩媚多情，善解人意，赵匡胤有时心情不快，经她几句说笑往往就会云开雾散，因此，赵匡胤亲昵地称她"花蕊"。但今天，花蕊夫人却犯了难，她曾多次试探着和赵匡胤说说笑话，以期帮他化解忧郁，但赵匡胤像是没听到，甚至连目光都舍不得在花蕊夫人那光彩照人的脸上多停留一会儿。

昔日充满温馨和欢悦的万岁殿被一种压抑和愁惨的气氛笼罩着。在内侍和宫婢的记忆中，这种气氛只是在十三年前出现过。那一年，皇帝宠爱的年仅二十二岁的王皇后驾崩了，皇帝深深怀念这位笑口常开、颇知音律的皇后，惋惜她那鲜花般的年纪，哀叹再也听不到她优美悦耳的筝琴声。那一年，皇帝征伐北汉失利，这也是一个不小的精神打击。但是，转过年以后，情况就大变了。西川传来捷音，后蜀被王全斌攻灭，接着，花蕊夫人又给万岁殿带来沁人心脾的花香和绚丽迷人的春天，皇帝的心情也如冬去春来，焕发出勃勃生机。

内侍、宫婢们惊异于皇帝的抑郁，却同样不敢贸然询问，他们远远地站立着，目光注视着皇帝，仿佛注视着瞬息万变的天气。

天渐黑了，大内宫城悄无声息。这时候，赵匡胤忽然起身步出万岁殿，向御花园太清湖走去，宋皇后、花蕊夫人及内侍、宫婢们只好紧随其后，缓缓前行。他们不知道皇帝要做什么，也无须打探，因为皇帝的意志便是他们的主宰，他们的一切都是属于皇帝的，服侍皇帝是他们生命的全部。

初冬的太清湖已结了一层薄冰。赵匡胤在湖边走了一会儿，随即登上了太清湖畔的太清阁。他仰望着天空，凝神于每一片云，每一颗星。忽然，赵匡胤像发现了稀世珍宝一样欣喜若狂地大声喊道："云将消散，星必满天，今夜晴也！"

宋皇后和花蕊夫人都惊呆了，内侍、宫婢更是莫名其妙，不知皇帝因何这样大发感慨。阴晴雨雪这不过是天气的正常变化，司空见惯，何奇之有？皇帝今天到底是怎么了？但是，他们在短暂的惊愕疑惑之后便很快被皇帝的欢悦情绪感染了，整整一天，皇帝还是刚露笑颜，初开金口，何其难得！

于是，欢笑声打破了压抑和沉寂，几乎凝固了的空气像是突然间缓解了，一切又恢复了原状，一切又归于正常，大家如释重负，长长地舒了一口气。

　　御膳房早已为赵匡胤准备好了丰盛的酒菜，他们巴不得让皇帝多吃一点儿，吃得好一点儿，以便振作精神，继续明天的政务。

　　宋皇后、花蕊夫人一如既往地陪伴着赵匡胤用膳，二人轮流为赵匡胤斟酒，间或说笑几句。赵匡胤的心情异常好，与白天相比判若两人。

　　晚膳过后，宋皇后推说她有些累了，拜辞皇帝回到自己宫中，花蕊夫人则留在万岁殿侍寝。

　　半夜，赵匡胤忽然醒来。他做了一个梦，梦见了那个混沌道士。道士仿佛是从九天之上飘然而降的，还是那么邋遢，还是那么肮脏，只是不似先前那么笑笑呵呵，幽默逍遥。他紧皱双眉，满面忧凄，问赵匡胤道："你睡得好安稳啊，怎不关心阴晴之变？"赵匡胤惊问："我已四下望气，虚空碧静，星斗明灿，难道……"混沌道士惨然一笑："斗转星移，风雨无常，你可再望之！"

　　说罢，倏忽不见。赵匡胤吓得出了一身冷汗，"腾"地从御榻上坐了起来，胡乱地披上一件衣服急步向殿门走去。打开殿门的一刹那，他惊呆了：只见天空阴云密布，大雪纷飞，地上已落了厚厚的一层，一座座宫殿银装素裹，天地间成了白色的世界。

　　赵匡胤望着这飘飞的大雪，禁不住一阵战栗，颓然倚靠在门框上。他已经没有了一点力气，情绪一下子滑落到谷底，他默然问天：那繁星呢？那残月呢？都躲到哪里？飘向何方？难道上天真的要召我吗？我还要攻北汉、讨契丹、安天下、治国家，还有好多事在等着我呢，无情的上天，相逼何太急！

　　赵匡胤是迷迷糊糊地被人扶进殿内的。他睁开眼睛，第一句话就说："快召张守真来！"内侍不敢怠慢，应诺而去。

　　这张守真原是一介乡民，据说有神降在他家，于是自称天之尊神，号"黑杀将军"，是玉帝的辅佐。张守真后来做了道士，专门为人请神，祈福消灾。每次斋戒祈请，神必降于室中。神乘风而来，至室肃然，声若婴儿，他说，这是神在和他对话，内容只有他一人知晓。赵匡胤听说这件事，便将张守真召至宫中，敬若神明。今天，赵匡胤急召张守真，是想让他召神，祈请天神赐福。

不多时，张守真到。他在万岁殿前的廊下摆上了祭案，点燃了几炷香，接着，煞有介事地挥舞起旗幡，口中念念有词。赵匡胤急不可耐地问："神至否？"张守真没有立即回答皇帝的发问，而是又向空中张望了一回，没头没脑地说："天上宫阙已成，玉锁开，晋王有仁心。"说罢，便不再降神。

赵匡胤似乎意识到什么，心情沉重地低下了头。少顷，对内侍说："速召晋王进殿！"

晋王赵匡义来到万岁殿时，闲杂人等都让赵匡胤打发走了，只有花蕊夫人没有走，奉命在侧室内守候。

赵匡胤和赵匡义对坐在一张桌案前，上面摆了一壶酒，几碟小菜。赵匡胤先和赵匡义同饮了一杯，然后怀恋地说："弟还记得幼时之事吗？"

赵匡义道："怎不记得？想我兄弟年幼之时，皇兄对我至亲至爱，凡事都让着我，有一次，我被顽童欺侮，皇兄竟将那顽童狠狠教训了一顿。长大后，皇兄更是慈爱如父，我有病，皇兄为我灼艾分痛；皇兄不忍让我居官在外，赐我开封府尹要职，至今已十六载。皇兄大恩，永志难忘！"

赵匡胤笑了笑，道："往事已矣。然不知为何，朕近来时常思念洛阳故土，乡风乡俗，山山水水，常在梦中！或许这是年老使然？"

赵匡义道："思乡之情，人皆有之，弟亦无时不在怀恋家乡。"说到这里，赵匡义忽然记起了什么，问："听说皇兄有意迁都洛阳？"

赵匡胤点了点头，道："我将西迁，别无他故，只是想据山河之险而裁汰冗兵，循周、汉故事以安天下也。"

赵匡义道："开封有汴渠之漕运，每岁可致江、淮米数百万斛，都下兵马数十万人皆仰其给，皇兄居此，将安取之？况且，府库重兵，皆在开封，根本安固已久，不可动摇，何必要迁都呢？弟又闻之，在德不在险，请皇兄三思之。"

赵匡胤道："弟之言固善。然不出百年，天下民力竭矣！"

赵匡义道："皇兄上承天命，下驭万民，开封帝王之居，人杰地灵，必不致如此。"

赵匡胤苦涩地摇了摇头，道："我或许是多虑了。不过，我是真心希望大宋江山永固啊！但愿上天再赐我一些时日，让我再振雄风，再展宏图……"

赵匡义觉得赵匡胤的话有些不对劲儿，急问："皇兄何出此言？"

赵匡胤道："天命有常，非人力所为。好了，不说这些，我们还是饮酒吧。"

酒杯又被斟满，二人一饮而尽。

死亡之谜

或许是酒醉失言，赵匡胤向赵匡义说起了那位混沌道士。不过，他没有细说实情，只是讲述了一个重新编造的故事。他说，这混沌道士是他微贱时结识的朋友，二十多年后又在洛阳道上遇见了他。这混沌道士善卜吉凶，颇知天命，说大宋江山不可子继父，而应弟代兄，如此方能帝业久长……

赵匡胤说这番话的时候，目光一直注视着赵匡义，像是在审视，又像是在探寻。

赵匡义吓慌了，额头上浸出了冷汗，战战兢兢地想："皇兄深夜召我前来莫非怀疑我有异图？或者有人告发了我什么，皇兄这是敲山震虎？或许……"

赵匡义不敢再往下想了。自古以来，皇位之争惨烈无比，父灭子，兄屠弟，史不绝书。十六年来，赵匡义一直小心谨慎，不敢过分展示自己的才能，唯恐功高盖主，带来杀身之祸。在赵匡胤面前，他总是表现得谦恭备至，尊崇有加。又特别注意与皇子赵德昭、赵德芳的关系，极力避免与他们产生冲突。他知道，皇家从来不平静，内中关系更是错综复杂，一旦风行水上，就会掀起轩然大波，随时都可能祸起萧墙，喋血宫门。

在此之前，赵匡义一直认为皇兄是信任和器重他的，两位皇侄也与他关系十分融洽，至于朝中大臣，十六年来也都和睦相处，并无怨敌，不过此刻，赵匡义却有点把握不准了。知人知面难知心，怎能担保包藏祸心的密奏不会出现在皇帝的御案上呢？赵匡义忽然想到一个人，他叫田重进，后周时曾隶太祖麾下，陈桥兵变后渐至刺史，赵匡义曾派人给他送去些酒肉，但田重进却拒而不受，对来人说："为我谢晋王，我只知有天子！"当赵匡义胡猜乱想的时候，不禁暗自思忖：田重进能否背后插刀呢？

赵匡义不无担心地想，这些年来，很多人都在向他靠拢，他也注意联络他们，难道皇兄发现了什么蛛丝马迹？难道有人借此大作文章？

赵匡义越想越害怕，惶恐万状地站起身来，"扑通"一声跪倒在赵匡胤面前，叩首道："陛下万不可轻信荒唐道士的一派胡言，陛下龙体康健，万民拥戴，微臣断然不敢有非分之想！"

赵匡胤道："弟何必惊慌？弟继兄位，古已有之，并不为奇。再说，昭宪太后……"

赵匡胤说到这里，却打住了，改口道："快起来吧，今日是兄弟相聚，不必拘礼，我们还是饮酒吧！"说着又自饮了一杯。

赵匡义见赵匡胤欲言又止，心中又起疑团，但他来不及多想，又起身回到位子上。

过了一会儿，赵匡胤忽然向侧室唤道："花蕊，快出来为我们斟酒！"

一听赵匡胤唤花蕊，赵匡义不禁打了个冷战，刚刚稳定的情绪又波动起来。他实在害怕在这个时候听到花蕊夫人的名字，更怕和她见面！他甚至胆战心惊地想，今天怕是出不了这万岁殿了，皇兄很可能会治他淫乱后宫之罪，将他置于死地！

说起赵匡义与花蕊夫人的关系，宫中已有传闻。有人说，花蕊夫人颇倾心于赵匡义，赵匡义也对花蕊夫人一往情深，他们两人经常在宫中幽会。就在前一天，赵匡义还去过花蕊夫人宫中，出来时，满面羞惭，不知发生了什么事。还有位宫女印证说，有一天，赵匡义正和花蕊夫人亲昵，皇帝突然到来，吓得二人魂飞魄散，慌忙躲避。好在皇帝是极宽容的，佯装没看见，转身走了，但赵匡义却慌了神儿，出门时显得十分狼狈不堪。

对于这些传闻，赵匡义采取了听之任之的态度，他没有去追究是从哪里传出的，不想把事情闹大。因为他自己心里清楚，这传闻并非都是无稽之谈！

俗话说，做贼心虚。此刻，赵匡义心里就直发毛。他想，皇兄让花蕊夫人出现，很可能是别有用心，说不定，今日夜宴暗藏杀机！

花蕊夫人缓缓地从侧室中走了出来。她的步子很沉重，不敢正视赵氏兄弟，很显然，她已知道赵匡义也在这寝宫之中！

花蕊夫人是强作笑颜为二人斟酒的，她的手在抖。当她的目光偶然与赵匡义相遇时，险些惊叫出来。

赵匡胤敏感地发现了这一幕。他显得有些痛苦，轻轻地叹了口气，随即，摇摇晃晃地步出殿外，以柱斧戳雪，连击数声。这声音像一声声惊雷，震响在赵匡义和花蕊夫人心中，他们六神无主，惶恐失措，僵立一旁，他们觉得，灾难已是不可避免了。

然而，那柱斧声却停息下来，一场雷霆也戛然而止。只听赵匡胤喃喃地说："好做！好做！"然后，便返转回来，困倦不堪地向御榻走去。

赵匡义、花蕊夫人赶紧上前扶他，帮他宽衣解带，盖上被衾。

赵匡胤看来实在是太困乏了，刚刚躺下就鼾声大作，沉沉地睡着了。

万岁殿又归于沉寂。桌案上的菜肴冷了，寒气从外面袭入，使这天子寝殿变得冷清和阴森。闪耀的烛光更增加了几分恐怖，几分萧条。

有人从窗外看到了烛影，听到了斧声，也有人发现，在赵匡胤安寝后赵匡义和花蕊夫人便都离开了，他们出殿门时的脚步很轻，像是怕惊醒了熟睡的皇帝，又像是怕惊动了不相干的人们。

没有人知道这一段时间里天子寝殿内发生了什么，"烛影斧声"成了这个历史性的夜晚的命名，留下一个永难解开的谜团。

报时的更鼓声响了，整整四下。声音闷闷的、沉沉的，像是来自另一个世界，令人毛骨悚然。

四鼓刚过，忽有一小内侍匆匆来到宋皇后寝宫，带着哭声向宋皇后禀报："大事不好，皇上……皇上驾崩了！"

宋皇后如遭当头棒喝，惊问："什么？你说什么？"

小内侍痛哭失声："皇上驾崩了……"

宋皇后呆住了，颓然坐到地上，她无力地挥着手，断断续续地说："快……快去叫王继恩来……"

这王继恩是宫廷中的内侍总管，此人精明乖巧，极善逢迎讨好、趋利避害，又能说会道，见机生情，所以深得赵匡胤、宋皇后喜欢。王继恩在朝中大臣中印象也很好，他平日谁也不得罪，见谁都是笑脸相迎，顺情说好话，只有他自己才知道和谁近些，和谁远些，和谁靠近有利可图。

这夜，王继恩没有去万岁殿。当他得知赵匡胤驾崩的消息后不禁痛哭失声，与此同时，这位熟知皇家事的内侍总管也暗自焦虑地盘算：皇帝驾崩后朝廷将是什么样子，御座上该会是谁，自己应该何去何从……

宋皇后远不像王继恩想得这么复杂，她催促王继恩赶快把秦王赵德芳找来，以便商议后事。

赵德芳是赵匡胤的小儿子，虽非宋皇后所生，但宋皇后很钟爱于他。所以，宋皇后得知赵匡胤还没有来得及指定继承人时，便马上做出这样的选择，准备让赵德芳继位，至于燕王赵德昭和大臣们的意见，就顾不了许多了。她主意已定：当此之时，必须先入为主。

王继恩对于宋皇后的懿旨满口应承，但他离开宋皇后寝宫以后却没有去召赵德芳，而是径直前往开封府尹赵匡义的府邸。

在赵匡义的府门前，王继恩意外地遇见了医官程德玄。王继恩问："程医官为何深夜来此？"程德玄道："今夜二鼓，有人敲我宅门，并大呼'晋王有召'，但我出来一看，却静无一人。如此竟三次。我担心晋王得了病，故前来探视。"

王继恩很惊异，遂将皇帝驾崩的消息告诉了他，并说："国有大事，风云莫测，晋王功高朝野，威望无人能比，依我看来，大宋天下，非晋王莫属。有道是，识时务者为俊杰，我等莫不如去召晋王继位，免生变故。"

程德玄久在宫中，熟知宫闱之事，在经过了一番短暂的权衡比较之后，他很快做出选择，和王继恩一起叩响了晋王的宅门。

赵匡义还没有睡，他是刚刚从万岁殿回来。他看上去有些心绪不宁，目光中隐含着不易察觉的惊慌。待王继恩说明来意，赵匡义犹豫不决地说："待我和家人商议一下。"王继恩焦急地说："须当直前，不可久等，否则将落后于人！"赵匡义想了想，遂与王继恩等冒雪步行前往宫门。

王继恩让赵匡义暂在宫门外等一下，待他先入报后再来召他。王继恩有他的想法：宋皇后是让他召赵德芳的，他应该先向宋皇后有个交待。宋皇后此时已在万岁殿，她见到王继恩，开口便问："德芳来了吗？"王继恩道："晋王至矣！"宋皇后很吃惊，自知事情已不可逆转，颓丧地叹了口气。

少顷，赵匡义进殿，他是带着哭声疾步走进的，他没有和宋皇后打招呼，号啕着扑向御榻，扑向赵匡胤已经冰冷的遗体，泣不成声，捶胸顿足："皇兄啊……你怎么这样就舍我而去啊……大宋江山该如何是好啊……"

赵匡义的哭声引来了一片哭的声浪，宋皇后、王继恩、程德玄及内侍、宫人们也都跪地大哭。哭声震撼着万岁殿，也震撼着赵匡胤那僵直的遗体。

众人哭了一阵，宋皇后对赵匡义说道："从今以后，我母子之命都托给官家了！"

"官家"是对皇帝的称呼。赵匡义一听，先是一愣，却又很快镇定下来，安慰宋皇后说："共保富贵，勿忧也！"

赵匡义说这话时，眼泪早已擦干。人们发现，尽管他极力掩饰，但不可名状的得意和庆幸还是鲜明地显露着。这欢笑挂在他的嘴角，隐藏在他那莫测幽深的目光中。

趋炎附势、明哲保身的人们也擦干了眼泪，异口同声地齐呼"官家"，黑压压地跪倒在这位莫名其妙地承继大位的新"官家"面前。

细心人发现，只有一个人没有跪。他远远地站立在庭院里，站立在风雪中，静静地观看着万岁殿这戏剧般的场面，注视着那摇曳不定的鬼火般的烛影，在他的耳边还残留着二鼓时分那神秘的柱斧声……

他是一位不知名的小内侍，他在无意之中洞悉了“烛影斧声”的奥秘，他知道这将意味着什么，所以，在这个冷寂的夜晚，他突然消失了，消失得无影无踪。

此后，人们再没有见到他，惊心动魄的“烛影斧声”也成了一个永远的谜。

附 录

赵匡胤一生年表及大事件

公元927年

赵匡胤出生于洛阳夹马营（今河南省洛阳市瀍河回族区东关）

公元939年

弟赵匡义出生

公元945年

受父母之命娶右千牛卫贺景思长女为妻

公元948年

一路北行，来到邺都

公元949年

投军于郭威麾下

公元951年

郭威灭后汉即帝位，建后周，是为后周太祖。是年，赵匡胤因得郭威赏识，提升为东西班行首

公元958年

原配夫人贺氏去世，后谥为"孝惠皇后"

公元960年

陈桥兵变后，赵匡胤被立为帝，建立宋朝，即宋太祖

公元976年

赵匡胤去世，享年五十岁